叢書・ウニベルシタス　415

われわれのあいだで

《他者に向けて思考すること》をめぐる試論

エマニュエル・レヴィナス
合田正人／谷口博史 訳

法政大学出版局

Emmanuel Levinas
ENTRE NOUS
Essais sur le penser-à-l'autre

ジャン・アルペランに

目次

凡例

一、本書は Emmanuel Levinas : *Entre nous*, Grasset, 1991, 270pp. の全訳である。

一、原文における大文字は〈 〉、《 》は「 」、( ) はそのままで表示し、イタリックの箇所は傍点を付して示した。( ) は原語を挿入する際にも用いた。訳文中の《 》は、大文字でかつ《 》で括られている箇所ならびに、l'un-pour-l'autre などハイホンで連結された表現のうち重要と思えるものを表示するために用いた。

一、訳文中の〔 〕は訳者による補足を表している。

一、訳文をより分かりやすいものにするため、語句を補って訳出した箇所、ひとつの文を複数の文に分けて訳した箇所、訳語を「 」で括った箇所などもあるが、一々断らなかった。

一、原著者の註は(1)、(2) …と番号を付し、各論文の末尾に収めた。

序言

本書に収録された諸論考は、それらがさまざまな出版物に発表された年代順に配列されている。「存在論は根源的か」と題された論文は一九五一年に遡るもので、それにつづく数々の論考での論議の基本的な針路を提示している。「存在論は根源的か」を端緒とするこれらの論考では、人間同士の関係のうちに、一者から他人への連関のうちに、「他人のために」の超越のうちに、人間の心性の合理性が探し求められている。このような関係や超越によって、「倫理的主体」が創設され、われわれのあいだが創設されるのだ。

とはいえ、ひとびとの善き行いや公共の領域や国民同士の平和といったものの構造と規則がまずもって書き込まれるようななんらかの規範をまったく新たに練り上げるという目的ゆえに、倫理への回帰が急務と化すのではもちろんない。いま挙げた項目に内包された倫理的な価値がどれほど根本的なものにみえようとも、この点に変わりはない。ここで試みられているのは、なによりもまず、存在に内在する知の合理性、西欧の哲学的伝統にあって第一義的なものとみなされてきたこの合理性との関係において、倫理を考えることである。最終的には倫理は、存在論の諸形態および諸規定をはみ出し、知解可能性のいまひとつの構えに、叡知を愛するいまひとつの仕方に、そしておそらくは『詩篇』一一一・一〇にいう叡知の愛し方にさえ至りうるものであり、しかもその際〈理性的なもの〉の平和が否認されることはないのだが、ここでは、そこまで歩を進めることはせず、あくまで存在に内在する知の合理性との関係において倫理が考えられている。

私の出発点となるのは動詞としての存在である。事物や生体や人間の個人といった「存在者」でもなければ、なんらかの仕方でそれらすべてを包摂する自然の総体でもない。

私の出発点となるのは動詞としての存在である。いうなれば、存在するというプロセスとして、存在するという出来事ないし冒険として、存在が捉えられるのである。目をみはるべき冒険ではある！ 存在することへの配慮のうちに、存在するという出来事は存している。したがって存在するという出来事は、存在することへの配慮に没頭したものとして、「存在たるがゆえに本質的に」有限な跳躍のうちにのみ存することになろう。存在するという出来事のうちで問題となるのは、ある意味では当の存在だけである。そもそもの初めから、存在することとしての存在することは汲々として存在することであり、それはあたかも、存在することを気にかけずに存在者として存在するためにもすでに、なんらかの弛緩が、なんらかの「鎮静剤」が必要であるかのようである。存在すること、それはすでにして存在することへの固執である。存在することの展開と合致し、また、この展開を存在することの冒険のうちで保護し維持するような「保存本能」が、存在することの意味であるかのようだ。se という再帰代名詞が結節するのは、存在と他ならぬこの存在自身との緊張関係、かかる筋立てにおいてである。存在することへの固執、それはいかなる光にもいかなる決断にも先だつ固執であり、熟慮と計算を排除する野蛮の秘密であり、存在することだけを気にかけるがゆえに互いに「無頓着な」ものとしてみずからを肯定する諸存在者の暴力なのである。

生物の生、人間の実存、事物の実在といった、存在することの多様な様相に応じて、暴力もまた多様な相貌をまとうのだが、これらの暴力すべての根源が存在することへの固執のうちにある。生存競争に明け暮れる生物の生。人間と人間の、国民と国民の、階級と階級の戦争ゆえに流された血と涙がこびりついた人間たちの自然な歴史。諸事物の質料は堅く強固で、物理学者が語る原子内の構造に至るまで自己閉鎖的である。

ところがここで、人間によって生きられる生のうちに、ある偶発事が生じる。厳密に言うなら、この偶発事の発生とともに人間性が創始されるのだが、ここにいう偶発事は単なる偶発事にすぎないとはいえ、まずもって純粋でかつ聖潔なる偶発事であり、他なるものに自己を捧げることを本義としている。存在ならびに存在と存在自身との緊張関係の一般構造のうちに、他なるものへの専心が、犠牲をも辞さぬ、他なるもののために死にうることをも辞さぬ専心が、ひいては他者に対する責任が生まれるのである。これこそが「存在するとは別の仕方で」であろう！　統計学的には他なるものへの無関心が主流を占めているにせよ、無関心のこのような破棄、それが《他のためにその身代わりとなる一者》の可能性であり、この可能性が倫理という出来事なのである。存在するための努力――スピノザ的な存在しようとする努力――を中断し超克した人間の実存のうちには、《他者のために実存すること》という死の脅威よりも強き使命が存している。隣人の実存的冒険は、自分自身の実存的冒険に先だって自我の関心を占める。それはただちに、他者の存在に責任を負う者として自我を定立する。責任を負う者とは言い換えるなら、選ばれた唯一の者ということであり、かかる自我は人間という類に属するなんらかの個体ではもはやない。存在の摂理のうちへの人間性の出現が存在論の意味と筋立てを、その哲学的な地位を覆すかのように、すべては進行している。存在することに固執する存在の即自性が、《他のために自己を脱すること》という無償性のうちで、犠牲ないし犠牲の可能性のうちで、聖潔が開く展望のうちで乗り越えられるのだ。

＊　倫理をめぐる対談集『責任の時代』（*Le Temps de la responsabilité*, entretiens sur l'éthique sous la direction de

Frédéric Lenoir, Fayard, 1990）に、「存在から他者へ」（《De l'être à l'autre》）という題で掲載された。

存在論は根源的か

I　存在論の優位

数々の認識理論に対する存在論の優位は、このうえもなく明証的な事実に起因しているのではなかろうか。諸存在を結びつけたり、対立させたりする諸関係についての認識は、どれもすでに、これらの存在や関係が存在するという事実の了解をふくんでいるのではなかろうか。この事実の意味を明らかにすること、それは、たとえ忘却という形でにせよ私たちひとりひとりが暗黙のうちに解決している存在論の問題を再び取り上げることであり、こうして、ある根源的な知が構築されるようにみえる。この根源的な知を欠くとき、哲学的、科学的認識ばかりか日常的認識をもふくむ、ありとあらゆる認識が幼稚なものにとどまってしまうのである。

現代の存在論的探求の威信は、こうした明証的な事実の本来的で、かつ有無を言わせぬ性格に由来している。この明証性にもたれかかることで、思想家たちは、種々の文芸サークルでの「啓発」を経ることなく、ただちに、プラトンの偉大な対話篇やアリストテレスの形而上学の大気を改めて吸い込もうとする。以上に述べたような根源的明証性を問題視するのは無謀な企てではある。しかし、かかる審問をつうじて哲学と接すること、少なくともそれは、文学とそこで述べられる悲愴な諸問題を超えて、哲学の源泉に遡ることなのである。

2　現代の存在論

存在一般の認識ないし根源的存在論の前提として、認識する精神の事実的状況を考えていること、現代哲学による存在論復興の独自性はこの点に存している。時間的偶然性から解き放たれた理性とか、イデアと同様に永遠な魂とかいったイメージは、わが身を顧みることのない身の程を知らぬ理性が、自分自身について抱くイメージであろう。これに対して、本源的と称される存在論は時間的実存の事実性と合致する。存在としての存在を理解すること——それは現世で実存することなのだ。とはいえそれは、現世が数々の試練を課すことで魂を高め、純化するとともに、存在を受け入れるための度量を魂に得させるからではない。現世が創始する歴史の進歩のみが、存在という観念を思考可能なものたらしめるからでもない。現世なるものの存在論的特権は、現世にはらまれた苦しみに由来するのでも、現世によって生じる文明に由来するのでもない。そうではなく、現世という時間的配慮のうちに、存在了解はすでにしるされているのだ。人間の条件に対する人間の勝利においてではなく、この条件が引き受けられる際のまさに緊張において、存在論は成就されるのである。

偶然性ならびに事実性を知解に委ねられた事実としてではなく、知解という活動そのものとして捉える可能性。粗野な事実のうちに、所与と化した内容のうちに、了解することの他動詞性ならびに「意味志向」を見いだす可能性。ハイデガーは、フッサールによって見いだされたこの可能性を存在一般についての知解に結びつけたのだったが、これこそが現代の存在論のまったき新しさである。してみれば、存在了解は観照的態度のみならず、人間の行動のすべてを想定していることになる。人間はそのすべてが存在論なのだ。人間の学問的営為、その喜怒哀楽、その欲求の充足や労働、その社会生活や死、これらはすべて、ある一定の機能を厳密に果たす諸契機として、存在了解ないし真理の分肢をなしている。私たちの文明全体が存在了解から派生したのだ。たとえ存在了解が存在忘却であったとしても、このことに変わりはない。人間が存在するから、真理が存在するのではない。存在一般がその開示性と不可分なものであるがゆえに、真理が存在するがゆえに、こう言ってよければ存在が知解可能なものであるがゆえに、人間が存在するのである。

哲学の根本的主題への帰還。この帰還を敢行したという点においてもまた、ハイデガーの仕事は驚嘆すべきものでありつづけているのだが、ただしこの帰還は、最終的にはなんらかの永遠の哲学にまで立ち戻ろうという恭しい決意の産物ではない。それは、現下の状況における火急の課題に徹底した注意を払うことの帰結なのだ。存在としての存在の意味をめぐる抽象的な問いと、現在生じつつある数々の問題とはおのずと合致するのである。

3 現代の存在論の両義性

存在了解と具体的実存の充溢とのこのような同一視は、なによりもまず、存在論を実存のうちに埋没させるという危険を伴っている。ハイデガー自身は実存についての哲学を拒んでいるが、実存についての哲学は、存在論にかんするハイデガーの考えの反対物にすぎない。が、それはまた不可欠な片割れでもある。歴史的実存が存在論である限りにおいて、ハイデガーは歴史的実存に関心を寄せるのだが、歴史的実存が人間たちと文学の関心をひくのは、それが劇的だからである。このように哲学と生が渾然一体をなすとすれば、その場合には、哲学が生であるから私たちは哲学に傾倒するのか、それとも、生が哲学であるから私たちは生に固執するのか、という二者択一はもはやありえない。新しい存在論は古典的主知主義と敵対しているのだが、かかる対立をとおして、新しい存在論の本質的な斬新さを見分けることができる。道具を了解することは道具を見ることではなく、道具を操ることである。現実の状況を了解することはそれを定義することではなく、ある情動を抱いた自分を見いだすことである。存在を了解すること、それは実存することなのだ。以上のことはどれもみな、西欧思想が有する観照的構造との断絶を示しているようにみえる。思考すること、それはもはや観照することではない。それは思考されるもののうちに身を投じ、そこに巻き込まれることであって、これこそが世界内存在という劇的出来事なのである。

喜劇は私たちのちょっとした所作とともに始まる。私たちのどんな所作も、ぎこちなさを有さざるをえない。椅子を引き寄せるために、私は手を伸ばす。すると、私の上着の袖はめくれ、椅子の裏板に傷がつき、煙草から灰が落ちてしまう。自分が望むことをおこないつつも、私は自分が望まなかった無数のことをしでかしてしまう。行為は純粋なものではなかった。私は図らずも手掛かりを残してしまった。この手掛かりを拭いとろうとして、私は別の手掛かりを残してしまった。シャーロック・ホームズは、私の自発的行為のすべてが有する除去不能な粗雑さにその知恵を傾けるのだが、こうして喜劇が悲劇に一転することもないわけではない。行為のぎこちなさが、追求されている目標と敵対するとき、私たちは悲劇のまっただ中に投げ込まれる。不吉な予言を覆そうとして、ライオスはまさに、この予言の実現に必要なことを企ててしまう。成功を手に入れながらも、オイディプスは不幸に陥るための努力をする。雪に覆われた平原で猟師の足音から一目散に逃げながらも、まさにそのことによって、獲物は自分の死につながる足跡を残してしまうのだが、さながらこの獲物のように、私たちは悲劇の只中に投げ込まれるのだ。

このように、私たちは自分の意図を超えたものにまで責任を負うている。行為を指揮する視線といえども、不注意な行為を回避することはできない。私たちは歯車装置に手を挟まれており、数々の事象が私たちに反旗を翻す。つまり、私たちの意識やこの意識による現実の統御は私たちと現実との関係のほんの一端でしかない。逆に言うと、私たちはその存在の厚み全体によって現実のなかに存在しているのである。現実についての意識は世界内に私たちが住むことと一致しはしない――この点を指摘することで、ハイデガーの哲学は文学の世界に強烈なインパクトを与えたのだった。

けれども、実存の哲学は存在論を前にしてたちどころに消失してしまう。巻き込まれているという事態、私が投げ込まれたこの出来事、思考には還元不能な絆で私は私の思考対象であったはずのものに繋がれているということ、こうした実存も了解として捉えられてしまう。その結果、認識するという動詞の他動詞性が実存するという動詞に結びつけられることになる。[1]「人間は知ることを欲する」という、アリストテレスの形而上学の最初の命題は、軽率にも理性的認識をさげすむものとして分類された哲学にとってもやはり真なのである。『ニコマコス倫理学』の第一〇巻では、本質の観照がさまざまな徳を成就すると言われている。けれども存在論は、このように存在と私たちとの実践的関係を単に仕上げるだけではない。存在論は諸存在とのあらゆる関係の本質である。いや、それは存在におけるあらゆる関係の本質でさえある。存在者が「開けて」あることとは、存在者の存在そのものに属する事態ではなかろうか。存在一般の「開けてあること」のうちに組み込まれる度合いに応じて、私たちの具体的実存は解釈される。知性が現実と共に形づくる回路のなかで、私たちは実存する。知性とは、実存が構造化する出来事そのものなのだ。どんな非了解も了解の欠損形態でしかない。かくして、実存の此性（*eccéité, Da*）と呼ばれているものの分析は他でもない、真理の本質すなわち存在の知解可能性それ自体の条件を記述するものと化すのである。

4　対話者としての他者

有意味な言語を操る限り、私たちはなんらかの形で哲学と理性の絆を肯定せざるをえない。とはいえ、つぎのような疑義を提出する権利が私たちにないわけではない。有意味な言語の存立条件とみなされた理性が言語に先だつということ、それは自明の理であろうか。これとは逆に、言語は、了解に先だって理性を構成するようなある関係にもとづいているのではなかろうか。たしかに、ハイデガーのいう了解は古典的主知主義を超えたところで定められてはいる。しかし、このような了解をもふくむいかなる了解にも還元しえないようなある関係、かかる関係の特徴をごく大ざっぱに示すこと、それが以下の考察の目的となろう。

ハイデガーにとって、了解は究極的には存在の開けにもとづいている。なんらかの性質を帯びた内容を存在は有しているという理由で、バークリの観念論は存在から思考へのある指示連関を認めた。ハイデガーの場合はこれとはちがって、存在の知解可能性は、存在者が存在するといういささか形式的な事実のうちに、存在者が存在するという働きのうちに、存在者の自存性そのもののうちに宿っているのだ。これは、主観的思考にあらかじめ依存することではない。存在者が存在するという事実そのものはいわば後見人を欠いており、それゆえ一種の空隙として、この後見人の到来を待望しているのである。このようにハイデガーは、主体と対象との関係を対象ならざる光と対象との関係に従属させるような、視覚の仕組みのもっとも明白な構造を描き出している。それゆえ存在者の知解の本義とは、存在者の彼方に赴くことであり、存在のまさに開けのうちに踏み入ることであり、存在者を存在の次元で認識することであろう。このことは、ハイデガーのいう了解が西欧哲学の大いなる伝統と再び合流することを意味している。つまり、特殊な存在を了解すること、それは特殊な事物を超えたところに身を置くことなのだ。そもそも認識は普遍的なものの認識以外のなにものでもなく、了解とは、そのような認識によって、唯一実在するものである特殊な事物と関わることなのである。

ハイデガーが継承している由緒ある伝統に、個人の好みを対置することなどできはしない。「特殊な存在者との関係はどれも、存在との親密な関係あるいは存在忘却を前提としている」と主張する根本的な命題よりも、存在者との関係のほうを好み、存在者との関係を存在論の条件とみなすことなどできはしないのである。プラトン以来、特殊なものについての感覚はさまざまな理由で普遍的なものの認識に従属させられてきたのだったが、まさにこれらの理由によって、私たちは、省察を開始するや否や、存在者同士の関係を存在の構造に、形而上学を存在論に、実存的なものを実存論的なものに従属させることを余儀なくされているように思われる。そもそも存在者との関係は、まずもって存在者を存在者として了解し、存在者を存在者として自由にあらしめる（laisser-être）こと以外のものでありうるのだろうか。

ありえない。しかし、ここにいう存在者が他者である場合だけは別である。他者と私たちの関係の本義はたしかに他者を了解することではあるが、この関係は了解をはみ出してしまう。とはいえそれは、他者の認識が、好奇心に加えて、同情や愛といった無感動な観照とは異なる存在様式を要求するからだけではない。私たちと関係するとき、他者は概念を起点として私たちに働きかけたりはしない。これもまた、他者との関係を了解から区別する理由である。他者は存在者であり、存在者として重要性を有しているのだ。

存在論の信奉者はこう反論するかもしれない。存在者という言葉を発すること自体、存在者は存在の顕現にもとづいて私たちと関わる、ということをすでに示唆しているのではなかろうか。このように存在の開けのうちに定位された存在者は、まさに了解のうちですでにして確立されたものなのではなかろうか。実際、存在者の自存性とやらは、存在者が存在論に準拠していること以外のなんであろうか。ハイデガーにとっては、存在者としての存在者と関わることは、存在者をあらしめること、存在者を発見し把持する知覚から独立したものとして存在者を了解することを意味していた。まさにそのような了解によって、存在者は対象としてではなく、存在者として与えられる。《他者と共に存在すること》（être-avec-autrui, *Miteinandersein*）はこのように、ハイデガーにとっては、存在論的関係に立脚しているのである。

この反論に対して、私たちはこう答える。他者と私たちの関係において問題なのは、はたして他者をあらしめることであろうか。他者の自存性は、召喚された者として他者が果たす役割によって成就されるのではなかろうか。ひとが語りかける相手は、あらかじめその存在を了解されているのだろうか。決してそうではあるまい。他者はまず了解の対象としてあり、ついで対話者と化すのではない。了解と対話というふたつの関係は渾然一体をなしている。言い換えるなら、他者を了解することと他者に呼びかけることは不可分な関係にあるのだ。

ある人物を了解することはすでにして彼に語りかけることである。他者の実存をあらしめつつ、他者の実存を定立することは、この定立に先だって他者の実存を受け入れ、他者の実存を尊重していたということなのだ。「受け入れ」、「尊重した」は了解やあらしめることに帰着したりはしない。発語はある独特な関係を表している。他者の現存、他者の周囲のひとびと、他者が属する共同体、これらのものについての意識に従属したものとしてではなく、逆にこのような「意識化」の条件として、言語の機能を考えなければならないのである。

むろん私たちは、なぜ言語という出来事がもはや了解のレヴェルには定位されないのか、という点をこれから説明しなければならない。いや、現象学によって人口に膾炙した手法で、了解の観念を拡張すればよいだけではないのか。そのうえで、他者の了解の本質的特徴として、他者への請願を提示すればよいのではないか。なぜそうしないのか、との声が聞こえる。

しかし、こうした操作は私たちには不可能であるように思える。日用品の使用を例にとるなら、その場合には日用品の使用が日用品を了解することとみなされている。けれども、この例において認識の観念の拡張が正当化されるのは、認識される事物が乗り越えられるからである。「用具」を操る際には観照に先だつ関与がありうるのだが、それにもかかわらず、この乗り越えはなされる。使用されている最中に、存在者は、まさにそれを把持する運動をとおして乗り越えられる。「手もと」に存在するためには、このように「彼方」が必要であり、この「彼方」のうちに了解の行程そのものが認められるのだ。ハイデガーが言うのとはちがって、かかる乗り越えは、私たちが使用可能なものに触れるたびに世界がすでに現存していることにのみ由来するのではない。対象の所有や消費においても、同様にこの種の乗り越えは生じる。しかるに他者との関係においては、そうした乗り越えはまったく生じない。もしお望みなら、他者との関係においてもなお、私は、存在者の特殊性を超えた存在を他者のうちで了解し、自分と関わる人物を存在と呼ぶと言ってもよい。しかし、この人物を存在と呼びつつも、私は彼に訴えているのだ。私は、単にこの人物が存在すると考えるだけではない。私は彼に語りかけるのだ。ただ単にこの人物を私に対して現前させていただけのはずの関係の只中で、彼は私の連帯者と化す。私はこの人物に語りかけた。彼がたとえ普遍的存在を具現していようとも、私はこの普遍的存在を無視し、そうすることで、特殊な存在者としての彼とのみ関わるのである。ここでは、「ある存在と関係するに先だって、私はこの存在を存在として了解しなければならない」という命題は、厳密に言うとその妥当性を失ってしまう。この人物の存在を了解しつつも、私は同時にこの了解を彼に対して語るからである。

　出会うと同時にこの出会いそのものを相手に対して必ず表明しなければならないような唯一の存在、それが人間である。まさにこの点で、遭遇は認識と区別される。人間的なものに対するどんな態度のなかにも、挨拶が――たとえそれが挨拶の拒否であれ――存在する。知覚とはこの場合、地平に向けて、私の自由、私の権能、私の所有物の領野に向けて自己を投影し、このなじみ深い基底を起点として個体を掌握することではない。そうではなく、知覚は純然たる個体、存在者としての存在者と関わるのだ。「了解」という語をあえて用いて述べるとするなら、このことはまさにつぎのことを意味している。つまり、存在を存在者として了解することはすでに、私が存在者に対してこの了解を表現することなのである。

語りかけることなく、他者と接することはできない。この不可能性は、思考が表現と不可分なものであることを意味している。ただし、他者にかんする考えを他者の精神のうちにいわば移し変えることが表現なのではない。このことをはじめて述べたのはハイデガーではなく、ソクラテスである。表現はまた、他者と私が共有する了解をあとから言葉として表明することでもない。表現とは、了解によって得られる共通内容へのいかなる融即よりも先に、社会性をある関係によって創設することである。だからこそ、この関係が了解に還元されることはありえないのだ。

このように、他者との関係は存在論ではない。他者との絆は他者を表象することではなく、他者に請願することである。しかも、この絆においては、了解が請願に先だつことはない。私たちはこのような絆を宗教と呼ぶ。言説の本質は祈りである。人物との絆においては呼格が形づくられるのだが、この点において、人物との絆は事物をめざす思考から区別される。つまり、命名されたものは同時に呼びかけられたものでもあるのだ。

神という語も聖なるものという語も発することなく宗教という術語を採用したとき、私たちの念頭にあったのは、なによりもまず、『実証政治学』の冒頭でオーギュスト・コントが宗教という語に付与した意味であった。他者との遭遇について先に私たちがおこなった分析の背後には、いかなる神学も、いかなる神秘主義も秘められてはいない。そこで私たちが重視したのは、他者との遭遇の形式的構造を浮彫りにすることだった。つまり、遭遇の対象は私たちに与えられるものであると同時に、私たちと共に社会を形づくるものとして社会のうちで与えられるものでもある。ただしこの場合、社会性という出来事が、所与のなかで顕示されるなんらかの性質に帰着することはありえない。また、認識が社会性にまさることもありえない。そもそも宗教という語は、了解に帰着しないがゆえに権力の行使から遠ざかるような人間同士の関係、ひとびとの顔をつうじて〈無限者〉と接するような人間同士の関係を告知すべきものではなかろうか。その場合にのみ、私たちは宗教という語のこのような倫理的な響きと、この語にカントが与えた反響音のすべてを受け入れるであろう。

「宗教」とは存在者としての存在者との関係である。宗教は存在者を存在者として認識することではない。認識という行為においては、存在者はすでに同化されており、たとえこの同化がついには存在者を存在者として解放し、存在者をあらしめることになろうとも、このことに変わりはない。宗教はまた、得体の知れない帰属関係を確立することでもなければ、存在者を了解しようとする過程で非合理的なものにぶつかることでもない。合理的なものは、対象に対する権能に帰着せざるをえないのだろうか。理性とは支配なのだろうか。この支配においては、存在者としての存在者の抵抗は、抵抗をやめよという呼びかけによってではなく、猟師の狡智のごときものによってなきものにされる。自分は弱きものであり、特殊性を放棄して普遍的存在の地平に位置づけられている、このことを餌に、猟師の狡智は存在者の強く頑固な側面を捕獲する。狡智としての知性であり、闘争と暴力の知性である。しかし、事物にのみ適用されるはずのこのような知性が人間の秩序を構築しうるであろうか。逆説的なことではあるが、闘争をつうじて精神の現れそのものと現実を追求する習慣を、私たちは植えつけられてしまった。しかるに、理性の秩序はむしろ、「ひとびとが語り合うような」状況、存在者としての存在者の抵抗が粉砕されることなく平安を得るような状況において構築されうるのではなかろうか。

事物にのみ適用される諸範疇から人間を解放しようとする現代哲学の配慮は、静的なもの、惰性的なもの、決定済みのものに、人間の本質たる動性、持続、超越、自由を対置することに甘んじてはならない。ある本質を別の本質に対置し、なにが人間の本質であるかを述べることはさして重要ではない。なによりも重要なのは、人間が存在の地平を起点として私たちと関わることをやめるような場所、つまり人間が私たちの権能に委ねられることをやめるような場所を、人間に対して見いだすことである。（普遍的存在を具現するものと化すことなく）あくまで存在者でありつづける存在者は、ひとが彼に呼びかけるような関係においてのみ可能である。存在者、それは人間であり、人間に近づきうるのは、人間が隣人である限りにおいて、つまり人間が顔である限りにおいてなのだ。

5 他者の倫理的意味

了解は、存在の開けをとおして存在者と関わりつつ、存在を起点として存在者の意味を見いだす。了解は存在者に請願するのではなく、単に存在者を名づけるにすぎない。このようにして了解は存在者に暴力をふるい、存在者を否定する。暴力とは部分否定である。存在者が消滅することなく私の支配下にはいるということによって、否定のこの部分性は記述される。暴力という部分否定は存在者の自存性を否定する。つまり、存在者は私の所有物となるのだ。所有とは、ある存在者が実存しつつも部分的に否定される様相である。存在者が道具であり用具であり、つまりは手段であるということのみがここでの問題ではない。存在者は目的でもある。消費しうるものであるがゆえに、存在者は糧であり、糧としての存在者は享受されることで、私に委ねられ、身を投げだし、私のものと化す。視覚はたしかに対象に対する私の権能の尺度ではあるが、それはすでに享受でもある。これに対して、他者との遭遇の本義は、対象に対する私の支配、対象の隷属がいかに大きなものであろうとも、私には対象を所有することができないという点に存している。すでにして私が身を置いている存在の開けは、私の自由の領域のごときものである。しかるに、他者が全面的にこの領域に組み込まれることはない。他者が私と出会うのは、存在一般にもとづいてではない。他者のうちにあって、存在一般にもとづいて私に到来する要素はどれもみな、私による了解と所有に供される。他者の歴史、その環境、その習慣にもとづいて、私は他者を了解する。しかし、他者のうちで了解からこぼれ落ちるもの、それこそが他者であり存在者なのだ。私が存在者を部分的に否定しうるのは、存在一般にもとづいて存在者を把持し、それによって存在者を所有する場合のみである。他者とは、その否定が全面的否定、つまり殺人としてしかありえないような唯一の存在者である。他者とは私が殺したいと意欲しうる唯一の存在者なのである。

　私は殺したいと意欲しうる。ところが、この権能は権能とは正反対のものである。この権能の勝利は、権能としてそれが敗北することである。殺したいという私の権能が実現されるまさにその瞬間、他者は私からすでに逃れてしまっている。たしかに私は殺すことである目的を達成しうるし、獣を狩ったり射止めたりするのと同様に、樹木を伐採するのと同様に殺すことができる。しかし、私が殺しうるのは、存在一般の開けのなかで、私の住む世界の構成要素として他者を捉え、地平線上に他者を認めたからである。私は他者を正面からは見なかった。私は他者の顔と出会わなかった。全面的否定への誘惑は、全面的否定の企ての際限のなさならびにその不可能性の尺度であるが、かかる誘惑こそ顔の現前なのだ。他者と対面（face-à-face）の関係をもつこと、それは殺せないということである。それはまた言説の境位でもある。

　事物が単に事物であるのは、事物との関係が了解として確立されるからである。存在者としての事物は、存在を起点として、事物に意味を付与する全体性を起点として不意に捕えられる。直接的なものは了解の対象ではない。意識の直接的所与、という表現は撞着している。自己を与えること、それは知性の狡智に身をさらし、概念や存在一般の光を媒介として捕えられること、遠回しに、「間接的に」捕えられることだからである。自己を与えること、それは自分以外のものに依拠して意味を有することなのだ。これに対して、顔との関係、集団という出来事、発語は、純然たる存在者としての存在者との関係なのである。存在者との関係は顔への請願であり、すでにして発語であるということ。この関係は地平との関係であるよりもむしろ深さとの、地平にうがたれた穴との関係であるということ。私の隣人は存在者の最たるものであるということ。光り輝く地平線上に存在する、それ自体では無意味なシルエットとして、地平線上に現前することでのみ意味を獲得するものとして、存在者をあくまで捉えつづけようとするのであれば、いま述べたことはいずれもかなり驚くべきこととうつるかもしれない。しかるに、顔はこのようなシルエットとは別の仕方で意味する。顔においては、私たちの権能に対する存在者の無限の抵抗が殺意に抗して確証される。顔は殺意に立ち向かう。というのも、顔は完全に剝き出しのものとして自力で意味を有するからであり、このような顔の裸出性はなんらかの様式をそなえた形象ではないのだ。顔は開けである、とすら言えない。そう述べるだけで、顔とその周囲を満たすものとが関係づけられてしまうからだ。

事物は顔をもちうるのだろうか。芸術とは、事物に顔を付与する営為ではなかろうか。家の正面、それは私たちを見つめているのではなかろうか。これまでの考察だけでは、これらの問いに十全に答えることはできない。ただ、芸術においては、リズムの非人称的な動きが魅惑的かつ魔術的なものと化して、社会性、顔、発語に取って代わるのではないだろうか。

地平を起点として把持されるような了解と意味に、私たちは顔の意味性（signifiance）を対置する。顔の観念を導入した際、私たちはごく簡略な説明をしたにすぎない。顔はほとんど存在するとさえ思われていない諸関係の領野を開くものなのだが、この説明だけで、顔が了解のなかで果たす役割や顔の諸条件のすべてを少しでも御理解いただけたであろうか。私たちが顔の観念についていかいま見たことは、ただし、カントの実践哲学によって示唆されているように思われる。私たちはカントの実践哲学に対して格別の親近感を覚えているのである。

どの点において、顔のヴィジョンはもはやヴィジョンではなく、聴取と発語であるのか。顔との遭遇、言い換えるなら道徳意識は、いかにして、意識そのものと開示の条件として記述されうるのか。意識はいかにして殺人の不可能性として確証されるのか。顔の現れ、殺人への誘いとその不可能性の条件はどのようなものなのか。いかにして私は自分自身に対して顔として現れうるのか。最後に、他者との関係ないし集団は、どのていど、了解には還元不能な無限との関係であるのか。こうしたテーマこそ、存在論の優位に対するはじめての異議提起から生まれたものである。いずれにせよ、哲学的探求は自己や実存にかんする省察に甘んじてはならない。こうした省察が私たちに明かすのは個人的な冒険の物語、孤独な魂の物語でしかない。たとえ自分から逃げるかにみえても、孤独な魂はたえず自分自身に回帰してしまう。権力ならざる関係に対してのみ、人間的なものは姿を現すのである。

＊ 初出 *Revue de métaphysique et de morale*, n°1, janvier-mars, 1951.

（1） この点については、ジャン・ヴァールの『〈実存主義〉小史』（*Esquisse pour une histoire de* 《*l'existentialisme*》, Editions de l'Arche, pp. 95-96）に収められた私の発言を参照されたい。

自我と全体性

Ⅰ　問題の所在、全体性の内なる自我あるいは無辜

ある特殊な存在が自分を一個の全体とみなしうるのは、この存在が思考を欠いている場合のみである。それも、誤った考え方をしているとか、十分に考えていないとか、常軌を逸した考え方をしているとかではなく、この存在が思考しない場合のみである。言うまでもないであろうが、私たちは数々の個人の自由や暴力を目のあたりにしている。思考する存在である限りにおいて、私たちは全体を認識し、どんな特殊な存在をも全体と関係づけ、自然発生的な暴力にも意味を見いだそうとするのだが、そのような思考する存在としての私たちの目には、かかる個人の自由は、みずからの特殊性と全体性との混同を示しているようにみえる。諸個人をこのような混同に導くのは思考ではなく、生である。生物は全体のなかにありつつも、みずから一個の全体として実存する。いうなれば、生物は存在の源泉として存在の中核を占め、位置づけられ創造されたものであるにもかかわらず、みずからの今とここからすべてを引き出すのだ。生物にとっては、それを貫く諸力はすでにして摂取されたものである。その欲求と享受に統合されたものとして、生物はこれらの力を感じ取る。思考する者にとっては、彼を労働や所有へと誘う外部であるもの、それを、生物は自己の実質として、自分と同じ実質から成るものとして、本質的に直接的なものとして、自分本来の媒体ないし環境として感じ取るのである。生物のこうした行動、哲学的な意味でシニカルな行動を、私

たちは人間のうちにも見いだす。が、そのためにはもちろん、生物の生ならざるものを人間から捨象しなければならない。なぜなら、具体的な人間の生は思考によってすでに変容を被っているからである。人間のうちにこうして見いだされる生物的行動は糧との関係として示されるのだが、ここにいう糧との関係は、どんな享受もなにかを、自存性を奪われた「なにか」を享受するというきわめて広い意味を有している。生物によって摂取されるもの、同化可能なもの、それが糧なのである。

このように、単なる生物は外的世界を知ることがない。しかもこの無知は、知を縁取る無知ではなく、思考の不在ゆえの絶対的無知である。諸感官も生物にはなにももたらさない。というか、さまざまな感覚しかもたらさない。生物はその感覚からなる。「この彫像はバラの匂いなのだ。」感受性はこのように生物の意識そのものであるが、それは単に混濁した思考ではなく、思考のまったき不在である。フッサールに従う者たちによって批判されたにもかかわらず感覚主義の哲学が有する偉大な真理は、この点に存している。感覚は感覚されるものについての感覚ではないのだ。おそらくはそれがために、フッサール自身、志向的分析のなかに「質料的所与」を執拗に温存することで、感覚主義の遺産に忠実だったのだろう。感受性にかんするデカルトの理論の永遠なる真理もこの点に存している。デカルトによると、感受性は単に実利的な性格を有しており、また、主体に与えられる感性的所与は根本的に相対的なものなのだ。有用なもの、それは生によって感じられ、摂取されるものである。感受性の混濁と不分明は、ひとつの領野を開くような光と真っ向から敵対している。光に照らされたこの領野に比すなら、存在のなかでの生物の冒険は「内密性」という言葉で語られる。ただし、その場合にも「語る」という語が意味をもちうるとしての話であるが。かかる対立は、『黄金狂時代』の一シーンを思い起こさせる。吹雪が今にもチャーリーの掘立て小屋を谷底に突き落とそうとしている。ただしこの吹雪は、世界との通路をことごとく断たれ、小屋のなかに閉じ込められたチャーリーにとっては、内心の安定を保とうとする気遣いでしかない。にもかかわらず、床を転げ回ることで、チャーリーは、小屋の傾きを直すために必要な物理学の基本法則を知らず知らずのうちに学んでいる。すでにして彼は物理学者であり、こうしてチャーリーは再び世界と結びつくのだが、その理由は他でもない、彼が思考しているからなのである。

このように、生物も意識をもたないわけではない。けれども、生物の意識は問題を欠き、外部を欠いた意識である。生物は内面的世界の中心に位置しているのだ。生物の意識は、外部と関係づけられることもなければ、一個の全体の部分として自分を把持することもない（なぜなら、生物の意識はどんな把持にも先だっているからだ）。生物の意識は意識なき意識であり、かかる意識にふさわしいのは無意識あるいは本能といった語であろう（ただし、意識なき意識という表現と同様に、これらの語も撞着しているのだが）。思考する存在にとっては内部は外部と対立しているのだが、生物にとっての内部は外部の不在として機能する。生物の自同性が生物の経歴を貫いて保たれるとしても、なんら不思議はない。生物は本質的に〈同一者〉だからだ。その場合、〈同〉のほうがまったき〈他〉を規定するのであって、〈他〉のほうが〈同〉を規定することは決してない。〈他〉が〈同〉を規定するとすれば、外部が生物に作用するとすれば、生物の本能は破壊されるであろう。「自由か死か」という徴しのもとに、生物は生きているのだ。

思考はいつ始まるのだろうか。意識がみずからの特殊性を意識するまさにそのときである。言い換えるなら、自分を閉じ込めている生物の本性の彼方で、意識が外部を認識し始めるときである。意識が自己意識と化すとともに、自己の本性を凌駕する外部を認知するとき、意識が形而上学的意識と化すとき、思考は始まるのだ。思考は、摂取することのできない外部との関係を確立する。思考する者としての人間とは、彼にとって外部が実在するような存在である。人間のいわゆる生物学的生、どうしようもなく内的な人間の生はこうして思考によって蒙を啓かれることになる。そうなると、欲求の対象は外的な対象と化し、有用性の域をはみ出してしまう。かくして欲求は欲望と化し、欲望は、それを引き起こす対象を、自分とは疎遠な世界のうちで認知するのだ。(理性にかんするベルクソンの理論がいかなるものであるかはさておき、)「知性によって照明された本能」というベルクソンの表現は、外部に対して目を塞いだ生物学的意識に自己意識がもたらす変容を示している。自己意識もまた中心に位置する存在であるから、どんな外部をもみずからの内部に依存したものとして受け入れるのだが、それにとどまることなく、自己意識は、内的システムとは無縁なものとして外部を思考し、いまだ摂取されざるものとして外部を表象する能力を有してもいる。労働という営みを可能にするのもこのような自己意識である。思考は労働からも意志からも生じはしない。思考は、中断された労働や中性化された意志と同じものではない。労働や意志のほうが思考に立脚しているのだ。存在のうちに人間が理性的動物として占める位置を成就するのが労働であり、意志なのである。理性的動物という表現は、動物に理性が跨っていることをさすものではありえない。そうではなく、理性と動物というふたつの項の相互浸透がある独特な構造を描き出すのである。

本能という内的システムが外部と衝突することもないわけではない。ただしその場合、外部は、本能の内的システムにはまったく同化不能な障害として、本能を死に至らしめる。この意味においては、死はまったき超越者であろう。しかし、外部が本能にとって意味をもつことはありえない。外部が本能の内的システムに侵入すること、それは生体の意識それ自体の消失だからだ。本能と外部との関係は知ではなく死である。死ぬことで生体は全体に参入するが、そのときにはもはやなにも思考してはいない。これに対して、思考する存在は、全体のうちに定位されてはいるが、そこに吸収されたりはしない。思考する存在は、全体と関わりながら実存するとはいえ、全体から分離されてここにとどまり、自我でありつづけるのだ。

思考する存在は一方では全体のうちに位置づけられ、いま一方では全体と距離をとり全体から分離されたままなのだが、このふたつの事態の同時性はいかにして生じるのか。外部との関係、それも摂取されざる外部との関係はなにを意味しているのか。これが、私たちの提起する自我と全体性の問題である。これはまさに無辜をめぐる問題でもある。この種の問題は、自由な諸存在同士の分離を単に肯定するだけでは解決されない。というのも無辜は、自由な諸存在のあいだで結ばれるある関係を、そしてまた、自由な諸存在の全体への参入を含意しているからだ。無辜は至高の内的状態ではない。外部が自我に呈示されうるためには、外部がまさに外部として生体の意識の「境界」をはみ出すだけでは足りない。同時に、かかる外部の現存が意識を死に至らしめないこともまた必要なのだ。全体のシステムを同化しえない局所システムに、このように全体のシステムが浸透すること——これが奇跡である。思考を可能にするのは、このような奇跡についての意識であり驚きである。奇跡は生物学的意識を断つ。それは、体験と思考の媒介項という存在論的位格を有している。奇跡は思考の始まりであるとともに体験である。始まりつつある思考は、事実という奇跡を目のあたりにする。事実の構造は観念とは異なるものとして奇跡のうちに存している。だからこそ、思考は単なる想起ではなく、つねに、新たなものの認識なのである。

とはいえ、奇跡によって思考の始まりが説明されるわけではない。奇跡は思考をすでに前提としているからだ。生物学的意識から思考を演繹することはできない。奇跡が生体の意識の注意をひくためには、いや、注意といった出来事が生体の意識のなかに生じうるだけのためにも、意識はすでに全体と関わっていなければならず、しかも、この関係は全体や死によって吸収されてはならない。事実の後験性は思考の先験性に送り返される。思考は事実そのものの予知ではありえないのだ。思考する個人にとって、思考とはまず、全体のうちに自己を定位して全体の部分となること、他の諸部分との関係をつうじて自己を定義し、位置づけることでなければならない。思考とは、個人と彼が関わる他の諸部分との差異をつうじて、個人がその自同性を保持することとなのだ。しかし、と同時に、思考の本義は、外部にとどまり、概念と化した思考とは合致しないことでもある。全体のうちに占める位置（その性格、その仕事、その遺産）からではなく、自己からその自同性を引き出し、自我であること、それもまた思考の本義なのである。自我の個体性は他のどんな個体性とも異なる。自我は、他の自我との相違からではなく、自己との関わりからその自同性を引き出すからだ。思考する存在が定位される場としての全体は諸存在の単なる集合ではない。全体は、互いに数的関係をもたないような諸存在の集合である。これこそが社会性のまったき独自性であろう。融即と非融即との同時性は、罪障性と無辜のあいだで、他者に対する支配力、自己欺瞞と自己への回帰のあいだで展開するような実存に他ならない。個人と全体とのこのような関係、それが思考であり、思考という関係においては、自我は自分以外のものを尊重しつつも、自分以外のものに解消されたりはしないのだが、このような思考はつぎのことを想定している。つまり全体は、生物の皮膚にふれる雰囲気のごときものとして、生物の本来的活動域としてではなく、顔として現れるのであり、顔をつうじてある存在が自我と向き合うことになるのだ。融即であると同時に分離でもあるようなこの関係は、思考の出来ならびに思考の先験性を示しているのだが、そこでは、諸部分の自由によってのみ諸部分同士の絆が結ばれるのであり、ひとびとが語り合い、対面するようなこの関係こそ社会性なのだ。自分の自由の外にあるような自由を認める可能性と共に、思考は始まる。自分の自由の外にあるような自由を思考することが最初の思考である。最初の思考は、世界のうちに私が現存することとそれ自体を表しているのだ。知覚の世界は顔を現出させる。そこでは、事物は他者に取りつかれたものとして私たちに働きかける。たとえそれが神の威光を証示するものではなく、また、誰の所有物でもない非人間的で無感動な自然であるとしても、純粋な自然はあくまで人間的世界の周辺部に位置づけられる。純粋な自然といえども、人間に所有された世界のレヴェルでのみ純粋な自然として理解されるのだ。事物たる限りでの事物は、それが私の所有物ではないということから、最初の自存性を引き出す。このようにある事物が私の所有物ならざるものであるのは、その事物の所有者たる人間たちと私が関わっているからである。とすれば、自我と全体との関係は複数の人間存在との関係であり、私は彼らの顔を認知することになろう。彼らに対して、私は罪を負うているかいないかのどちらかである。道徳意識が思考の条件なのだ。

かくして、自我と全体の関係という問題は、思考の道徳的諸条件の記述に帰着することになる。これらの条件は経綸の正義の業（l'œuvre de la justice économique）をとおして実現される、というのが私たちの主張である。なぜ、経綸の正義の業は、退廃しつつある歴史上の数々の偶発事によって規定される活動とは異なるものなのか。いかにして経綸の正義の業は、全体の外に立つ諸存在の全体性を可能ならしめるような諸関係を生み出すのか。いかにして経綸の正義の業は、互いに潔白な者として現前し合う能力を諸存在に授けるような諸関係を生み出すのか。これらの点を、私たちは示していくつもりである。つまり、経綸の正義の業は精神的実存の先駆ではなく、すでにして精神的実存を作り上げているものなのだ。ただし、この点を示すに先だって、なぜ愛は精神的実存の条件を満たすものではないのか、愛に取って代わった非人称的で整合的な言説はいかにして精神的諸存在の個別性ならびにその生を破壊するのか、この点を示すべきであろう。

2 第三の人間

罪障性ならびに無辜はある存在を前提としているが、この存在が全体と合致することはない。なぜならこの存在は、他者に対して、あるいは少なくとも自我からはみ出したある原理に対して罪を負うか潔白かのどちらかであるからだ。しかし、罪障性ならびに無辜は自由な自我を前提としてもいる。自由なものたるがゆえに、この自我は全体としての価値をもつか、さもなければ、全体の部分でありつつも全体から根底的に区別される。自由な存在は自由な存在を傷つけうるということ。自由な存在は、自分が犯したかもしれない過ちの反作用を被りうるということ。したがって、全体のうちでの自由な諸存在同士の分離は不完全なものにとどまるということ。要するに、罪障性ならびに無辜は以上のことを前提としているのだ。

超越神と関わる自我という、啓示宗教によって提示された存在論的図式はいま述べたような数々の矛盾を解消してくれる。この図式は、人間存在の不充足を維持すると同時に、全体であり自由であるという人間存在の性格をも維持するからだ。人間は全体として世界のうちにある。けれども、罪障性や無辜はこのような世界の外に立つ神との関係においてのみ考えられる。ひとを見おろす神の超越は、分離と関係を同時に可能にする。そればかりか神の赦しは、過ちを犯した自我にその当初の完全性を回復させ、完全なものたるがゆえに変質しえない自我の至高性を保証するのだ。これが啓示宗教の考え方である。

けれども、数々の宗教は現代の意識のうちで指導的役割を果たさなくなってしまった。ただし、理性によって侵食される神秘的な教義や、魔術のように不可解で度しがたい宗教的実践がこのような現象の原因なのではない。啓蒙の世紀が糾弾した「司祭の欺瞞」や祭儀の道徳的無効性も、人間たちの宗教性を完全には覆さなかった。ある種のひとたちが神秘の道と称するものは、論理的とは言えないまでもある心理的必然性に従っているのだが、この道をとおって、敬虔な魂は歴史上形成された数々の宗教に舞い戻っていったのだった。個人の救済のみをめざす宗教を作りだしたときにも、敬虔な魂は難破した教会の漂流物にすがって生きていたのであって、これは、ロビンソン・クルーソーが沈没した船から運び出した爆薬の樽や銃のおかげでのみ島での自活を達成したのと同様であろう。

それにしても、現代の意識はみずからを敬虔な魂とみなしているのだろうか。人類の大部分は、宗教や宗教性のなかに精神生活の指針をもはや見いだしてはいない。とはいえそれは、前の諸世代よりも自分たちは罪深くないと彼らが考えているからではない。彼らは、前の諸世代とは別の仕方で自分たちが罪を負うていると感じているのだ。彼らを打ちひしぐ過ちは敬虔さによっては赦されはしない。もっと正確に言うなら、彼らにのしかかる悪は赦しの次元には属していないのだ。だから、神が実在しようとしまいと、神が人間たちに関心を抱こうが無関心であろうが、どちらでもよいことになる。宗教は私たちを善意へと誘うが、善意とて〈善〉を成就するわけではないし、また、宗教が勧める浄化も罪をまったく清めはしないのだ。

そこにはらまれた魔術的意味を捨象して言うなら、赦しうる過ちは意図的なものであるか、分析してみると意図的なものであることが判明するかのどちらかである。それゆえ、良心の究明（l'examen de la conscience）に第一義的な価値が与えられることになる。ところで、赦しがまずもって前提としているのは、糾弾されている者が罪過の呪いをすべて受け入れ、そうすることで、恩寵を授かる権利をわが物にすることである。禁忌を図らずも破ることで犯される神秘的な罪と比較するなら、意図的な罪の観念は、このような赦しに開かれたものとして、ある精神的進展をしるしている。しかし、合法的な赦しの諸条件が実現されるのは、全構成員が互いに全面的に現前し合うような社会、親密な社会においてでしかない。これは選ばれた者からなる社会であるが、彼らが選ばれたのは、社会で生じる一部始終を配慮するためである。正真正銘の親密な社会は、自給自足しているという点で、自我の偽りの全体性に酷似している。実際には、このような社会は私ときみのふたりからなる社会である。私たちは水入らずの関係（entre nous）にある。この種の社会は第三者を排除する。第三の人間は私ときみの親密さをかき乱すことを本質としているからだ。私がきみに対して犯した罪についてなら、私は自分の意図にもとづいてこの罪を全面的に認めることができる。しかし、私には見当のつかないきみと第三の人間との関係によって、この罪は客観的に歪曲される。今度は私のほうが、きみと第三の人間との親密さ特有の特権から排斥されることになるからだ。かりに私がきみに対する私の数々の罪を認め、改悛の念を抱いたとしよう。しかし私は、このように改悛することによってさえも、第三者を傷つけてしまうかもしれないのだ。

したがって、私の行為の意味を私の意図によって正確に測ることはできない。親密な社会の外に出ない限りにおいて、私は自分の行為が関わるただひとつの自由とのみ向き合っているのだが、その場合、私は対話をつうじてみずからの行為の赦しを手にすることができる。きみと対話する自我は、たとえ後からであれ、きみによって赦され、その孤独な至高性を回復するのだ。みずからの過去を忘却し、自己を一新しうる自我といえども、行為することで、取り返しのつかないことをしでかしてしまう。ところが自我は、自由に対するこの究極的障害から赦しによって解放される。というのも、私の行為のただひとりの犠牲者がこの行為を忘れることに同意した、あるいは同意しえたからである。放免された自我は再び絶対者と化す。しかし、暴力を被った犠牲者がこの暴力を帳消しにしうるとすれば、これは本当の意味での暴力とはいえまい。この種の暴力は、それによって攻撃される自由に食い込むことがない。なぜならこの自由は、ほとんど神的なと言ってもよいような自由として、赦しを与えるその権能を無傷のまま保持しているからだ。親密な社会でふるわれる暴力は侮辱こそすれ、決して傷つけはしない。この種の暴力は正義と不正の手前に、あるいは両者の彼方にあるのだ。正義と不正は、ある自由に対してふるわれた暴力を、現実の傷を前提としている。それが敬虔な思考であれ、不敬虔な思考であれ、正義と不正は思考のうちにではなく所行のうちに、敬意やその不在のうちにではなく自由に対する支配力のうちに宿っているのだ。赦しを可能にする親密な社会は、数々の行為の重圧から意志を解放する。しかし、行為は意志から遠ざかるとともに意志を巻き込むのであり、それゆえ、真の社会においては、どんな意志も行為によって疎外されかねないのだ。

真の社会を形づくる複数の意志は、その行いによって互いに関係しているのみならず、互いに正面から見つめ合ってもいる。このような社会のうちに置かれると、私は思いもよらない方向に向かって行為してしまう。私の行動の客観的意味のほうが、その意図された意味を凌駕してしまうのだ。私は厳密な意味ではもはや私ではなく、自分の意図には書き込まれていない罪を私は担うのだ。私は客観的に有罪であり、私の敬虔さとて私を清めはしない。「そんなつもりではなかった」——「親密な社会」での自由の無制限な享受をなかなか忘れることのできない「私」は、このような言い逃れによって、赦すことのできない罪に対して身の潔白を証明しつづけるのだが、これは笑止千万な言い逃れにすぎない。赦すことのできない罪と言ったが、この罪を赦すことができないのは、それが赦しの力に余るからではなく、それが赦しの次元には属さないからである。なるほど、敬虔な魂がその社会的罪障性に思い悩むこともあるだろう。けれども、ここにいう社会的罪障性はきみに対して私が犯す罪とは異質なものであるから、「親密な社会」にとどまる限り、苦悩する敬虔な魂も「清廉潔白な意識」を抱くことができる。社会的罪障性が敬虔な魂を責めさいなむとしても、この責めは二義的なものでしかない。扉を叩く隣人に対する慈悲と愛によって、貧しき者に対する施しによって、博愛心によって、誰に対しても分け隔てなくなされる善行によって、私たちはかろうじて社会的罪障性から癒されるのである。

　私たちが正当な仕方で赦しを受け入れうるのは、他者が神であるか聖者である場合だけであろう。みずからに生じる一部始終を掌握するようなある社会を社会のうちに築く情動、それが愛することである。あたかも愛する者と愛される者だけが世界に存在するかのように実存すること、それが愛である。愛にもとづく間主観的関係は社会性の始まりではなく、その否定である。愛の本質にかんするひとつの指標がここにあることは確かであろう。愛とはきみによって私が満足させられることである。自己の存在を正当化してくれるものを、私は他者のうちに探し求める。愛の社会の内実はきみという他者の現存に尽きるのだ。愛がかもし出す熱き情動は、自己という中心の外に見いだされたこの充足、この満足、この充溢についての意識を成就する。ふたりの社会、ふたりの孤独の世界として、愛の社会は普遍性に逆行する。愛の社会の普遍性が築かれるようなことがあろうとも、それは相次ぐ移り気や愛人の取り替えにもとづいて、時間をつうじてのことでしかない。これは、たまたまそばにいたひとを隣人として愛すること、他の誰かを犠牲にして誰かを愛することであって、そのような愛はえこひいきとは言わないまでも、つねに特権的なものでありつづける。敬意の道徳は愛の道徳を前提としている。愛は敬意を盲目たらしめる。が、そもそも敬意は第三者に対する盲目なしには不可能であり、それゆえ敬意は、現実の悪を失念した敬虔な意図にすぎないのである。

　日常生活において隣人と接する際、あたかもひとりの隣人のみが世界に存在するかのように振る舞うことはたしかにできない。にもかかわらず、靴屋は客がどこへ行くかを尋ねることなく靴を作り、医者は訪ねてきた患者をおしみなく治療し、司祭は助けを求める悲嘆にくれた魂を元気づける。こうした行動のうちに、正義への配慮が込められることはない。ただし、社会の一般的法則が正義にかなったものであり、私たちの日常的行為の諸条件のうちに、第三者たちに対する私たちの行為に伴うありとあらゆる不測の事態があらかじめ内包されていること、この点が確実な場合は話が別であろうが。宗教が私たちに強いるような、隣人への敬意と愛は私たちの私的行為と大同小異であり、それゆえ、語源的意味での無辜、すなわち「傷つけないこと」を可能にしてくれはしないのだ。

神秘的諸観念の軛を解かれた現代の宗教は、宗教的実存の本質をにぎる地位に愛を祭り上げた。しかし、すでにおわかりのように、愛は社会という現実をふくむものではない。社会という現実は不可避的に第三者を伴っている。真の「きみ」とは、他のひとびとから切り離されて〈愛される者〉ではない。真の「きみ」はこれとは異なる状況で姿を現す。社会は愛をはみ出している。愛の対話のかたわらには、傷つけられた第三者の姿がある。愛の社会それ自体が第三者に対して過ちを犯しているかもしれない。現代の精神生活における宗教の危機は、これらの点が自覚されたことに由来するのだ。愛における普遍性の欠如は寛大さの欠如からではなく、親密さという愛の本質から生じたものである。いかなる愛といえども、裁きや正義と化さない限り、カップルの愛にとどまる。閉じた社会、それがカップルなのだ。

このように宗教の危機は、神と共に孤立することの不可能性、愛の対話の外にとどまるすべての者たちを忘れ去ることの不可能性にその淵源を有している。真の対話は愛の対話とは別のところにある。なるほど、神と共に孤立した状態が全体を包括すると考えることもできよう。ただ、この肯定に神秘的な意味あるいは秘跡としての意味を付与するのでなければ、やはり、第三者を伴う社会の不可避的な要求にもとづいて、神ならびに敬神の観念を展開せざるをえないだろう。（これまでに一度も、このような展開が試みられなかったと断言することはできないのだが。）そうした場合、もはや神は、排他的な愛の親密さのうちに閉じこもった自我の相関者として現れることも、万物を包蔵し、赦しの尽きることなき泉を湧出させせる〈現存〉として現れることもないであろう。神は、〈社会〉の外にあって〈律法〉を生み出す固定点となるであろう。このような神は、道徳意識が寓意的に人格化されたものでは決してない。そもそも、〈われわれ〉という語が発せられるより前に、道徳意識などありえるであろうか。「授けられた戒律」、ある種の他律、〈他なるもの〉との、外部との関係と「道徳意識」とは切り離されている、というのは確かだろうか。〈他なるもの〉、〈外部〉は独裁や暴力を意味するものでは必ずしもない。暴力なき外部とは言説における外部である。正義を支える絶対者、それは対話者という絶対者である。この絶対者が存在し現出する仕方、それは私に顔を向けることであり、顔たることである。だからこそ絶対者は人格なのだ。複数の存在のなかからあるひとりを選び出し、「内輪」(l'entre-nous)という曖昧模糊とした秘密裡の状態に閉じこもるとしても、〈絶対者〉の根底的外部性が保証されるわけではない。斥けることのできない厳格な証人のみが「われわれのあいだ」に割って入り、私たちが結ぶ秘密裡の私的関係をその言葉によって公けのものたらしめるのだが、人間と人間を媒介するこの気難しい証人、彼こそ正面にいるきみなのである。この主張はなんら神学的なものではない。まず最初にそのような対話者であったのでなければ、神は神たりえないであろう。

いずれにしても、私たちは伝統的な憐憫の王道から大きくはずれている。憐憫は、瀆神に転じうるものとして、人間に与えられた傷を感じ取る。それゆえ、みずからのさまざまな意図の主人たる自我が赦しにもたれかかっているような愛の社会では、人間に与えられた傷は消去可能なものとみなされるのだ。しかるに、社会的な過ちは私の知らないあいだに多数の第三者たちに対して犯される。私は第三者たちを決して正面から見つめはしないし、神の顔のうちに第三者たちを再び見いだすこともない。神も彼らに対して答えることができない。意図は行為が及ぼす最終的な帰結に至るまで行為につき従うことはできない。にもかかわらず、自我はこの最終的な帰結にも責任があるのだ。

第三者との関係が定位される場としての多様性は、このように、偶発的な事態でもなければ単なる経験的多様性でもない。自我と称されるひとつの実体の複製が世界のうちに生まれたがために、自立せる自我にいわゆる実践的な問題がつきつけられること、このような事態が多様性なのではない。そうではなく、第三者との関係、意図にもとづく「活動範囲」を凌駕する責任が、言説を操りうる主観的実存を本質的に特徴づけているのだ。自我は人間の全体と関わっている。現世的道徳という観念の強固な意義がここから帰結する。現世的道徳なるものは生を現世に閉じ込め、超自然的な運命を無条件に蔑視するものではない。それはなんらかの領域を限定するものではないのだ。現世的道徳は、超自然的救済とは異なる領域で働く。超自然的救済がこの世にいない者すべてに対する冷めた愛によって思い描かれるのに対して、現世的道徳は、愛から閉め出された第三者へと通じる困難な迂路へと誘うからである。正義のみが、純粋さを求める愛の欲求を充たすのだ。対話は社会的正義の業のうちで格別な働きをするよう求められている――私たちはある意味ではこう述べたばかりである。けれども、対話が親密な社会に似ることはありえないし、愛の激情が対話を形づくるのでもない。法が慈悲にまさる。この意味においても、人間は政治的動物なのだ。

逆説的な帰結ではないか。第三者との関係は私と私自身との内密な関係にも隣人愛にも似ていない、との確信を私たちは抱いた。あとで見るようにこの確信は、代替不能な個別性としての人間のありかたを動揺させるのだが、しかるに、無辜への希求はこの代替不能な個別性を前提としているのだ。私たちは絶対的な仕方で人間の個別性を肯定することから本論を始めたのではなかったか。個別性のこの肯定は、ある人間が他の人間の代わりに答え、赦しを与える権利に異議を唱えるに至ったのではなかったか。しかし、過ちがもはや良心の究明の手に負えるものではないとすれば、内面性としての人間はなんら重要なものではなくなってしまう。過ちを定めるのは普遍的な法であり、非礼よりもむしろ、引き起こされた損害のほうが過ちの本義である。だから私たちは、私たちが自覚的にそうであるところのものではなく、自分を作者とすることなきドラマの役なのだ。私たちは、親密な社会の次元とは無縁な秩序の登場人物であり、その道具なのだ。おそらく、この秩序もある知性によって導かれてはいる。けれども、この知性はその狡智によってのみ複数の意識のあいだに姿を現す知性である。もはや誰ひとりとして、自分の行動律をみずからの内奥に見いだす者はいない。私の意識がこのように私自身にとって外的なものであるということ、それがリベラリズムにとっての超えがたい壁であろう。過ちを犯した者はその存在の意味をみずからの外で探し求める。自分の罪を告白する人間の姿ではもはやなく、断罪に同意する人間の姿であろう。心理学にいう内省や自己分析に向けられた不信の念は、おそらく、愛と宗教の危機の帰結に他ならない。そしてこの危機は真に社会的なものが見いだされたがための危機なのだ。

自己の外に投げ出された自己意識は、言語にある根源的な機能を付与する。言語は私たちを外部に結びつけるものと化すのだ。と同時に、自己の外に投げ出された自己意識は言語の破壊に通じるものでもある。私たちはもはや語ることができないのだ。とはいえそれは、私たちが対話者の存在を知らずにいるからではない。対話者の言葉を真剣に受けとめることができないがゆえに、対話者の内面性を単なる付随現象とみなすがゆえに、私たちは語ることができないのだ。対話者が秘密を打ち明けたとしても、それが私たちを満足させることはない。私たちはこの秘密を上辺だけのものとみなす。それは自分が嘘をついていることに気づかない偽りの仮象にすぎない、というわけである。誰ひとりとして自己と一体化している者はいない。人間たちは自同性をもたない。顔は仮面である。私たちに語りかける顔、私たちが語りかける顔の背後に、私たちは時計仕掛けの魂とその微細なばねを見いだそうとする。社会学者よろしく、私たちは社会学的諸法則を天体間の相互交渉のごときものとして探求する。他者の瞬きや笑みもこれらの法則に従っているというのだ。私たちはまた、文献学者、歴史学者として、各人が自分自身の言説の作者でありうる権能に対してさえも疑義をはさむであろう。精神分析ならびに歴史学によってこうして解体されるのは発語だけではない。実際には、精神分析ならびに歴史学は、内的に自己同一化する私の破壊にまで行き着くことになる。コギトによる省察も、私が何者であるかを確実に保証するためにはもはや生じない。いや、私の実存を保証するためにさえ生じない、と言えるかもしれない。私の実存は他者による承認に従属している。それゆえ、この承認を欠き無意味なものと化すと、自分を実在なき実在とみなし、単に現象的なものに堕してしまう。精神分析は、自己意識がもたらすもっとも異論の余地なき証言にも根深い猜疑の目を向ける。最近まで心理学的事実と呼ばれていたものについての明晰かつ判明な意識といえども、この意識にはまったく理解しえないある現実の象徴的表現でしかなく、この意識は自分の意図とはまったく異なる社会的現実や歴史の作用を表現している。こうした事態はコギトの様態を単に変容するだけではない。かくして、現象と本体の区別をなんと自己意識の領域に持ち込むことさえ不可能ではなくなるのだ！　コギトは基体としての価値を失ってしまった。いかなる視点からも独立しているがゆえに意識によっては変形しえないような諸要素が哲学的認識なるものを可能にしていたのだが、そうした要素から現実を再構成することはもはやできないのである。

私は自分の肖像画のごときもののうちに閉じ込められている。論敵の議論を攻撃する代わりに、論敵の肖像画を描くことが現代の論争の本質的特徴である。『パイドロス』においてすでにプラトンが戒めていた文献考証は、語る者を前にして「彼は誰か」、「彼はどこの出か」とだけ自問するのだが、他者の話や行為を沈黙した不動のイメージに還元する画家の技法がさらにそこにつけ加わる。真摯な運動をつうじて悪弊や不正に反対するときにも、私たちは、みずからの過ちを改めない反抗者の肖像に自分自身が似てしまうという危険を冒している。このような肖像化の過程は無限にくりかえされる。肖像画家の肖像画をさらに描き、精神分析医の精神分析をしなければならないのだ。現実の世界は詩的世界と化す。詩的世界とは始まりなき世界の謂であるが、かかる世界において、私たちは自分がなにを思考しているかを知ることなく思考するのである。

「人格と人格」との言説――とはいえ、言説は対話者たちを取りまく条件によってつねに規定されているから、この条件に規定されることなき「人格と人格」との言説は実際には不可能なのだが、そのような言説の対蹠点にあるのはみずからの諸条件を手中にした絶対的に整合的な言説、これらの条件それ自体の条件となるような言説である。対話者なき言説、と言ってもよい。なぜなら、この種の言説においては対話者自身が言説の「契機」として現れるからだ。非人称的普遍性と結びつけられると、対話者なき言説は、(他なるものである限りにおいて合理性を欠いた)対話者の他性ならびに発語する自我の他性を抹消することになる(実際には自己性を有するがゆえに、発語する自我は自身の言説とは異なるものとして区別されるのだが)。一なる理性は一なる理性にとって他なるものではありえないのだ。

しかし、諸概念の整合性を表明するこのような言説は、対話者たちの実存が概念として要約されていることを前提としている。かかる代価を払うことによってのみ、人間はみずからの言説の「契機」と化しうるのだ。けれども、実を言うと、言説の「契機」と化した人間は、その数々の所行に還元され、その仕事のうちに反映された人間にすぎない。所行や仕事のうちに全面的に反映された過去の人間であり、死んだ人間なのだ。非人称的言説は追悼文である。人間はその遺産に還元され、世襲財産の総体のうちに吸収されてしまう。生きた人間がその仕事に対してふるう権能(権能は仕事を媒介としてふるわれるだけではないのだが）――本質的にシニカルな存在たる生きた人間――は抹消されてしまう。人間は、むろんモノになるわけではないが、死せる魂と化す。これは物象化ではない。これが歴史なのだ。歴史を裁くのは後世のひとびとであり、いまだ存在せざるひとびとである。つまり、この裁きはもはやなにひとつ変化を生ぜしめることのできない裁きであり、いまだ生まれていない者が死んだ者にくだす裁きなのだ。ひとつの概念には包摂不能な諸個別性同士の関係からなる全体のなかで、自我を個別性として追求すること、それはつぎのような問いをたてることであろう。すなわち、生きた人間は彼を巻き込んだ歴史を裁く権利をもたないのだろうか。言い換えるなら、自我たる思考者は、その所有物を用いてなにかを作り、なにかを創造し、なにかを遺す。が、そうした作品をはみ出すシニカルな実質をもたないのだろうか。

3 個別性としての自我

一なる理性を明るみに出すものたる言語は、私と他者に共通のものを両者のうちに呼び起こす。けれども、表現の意図に着目して言うなら、言語は私たち相互の他性を、私たちの二元性を前提としている。自身の話のなかに組み込まれることなく話をする諸存在ないし諸実体のあいだで、言語は機能する。対話者の超越、言語を介しての他者との接触は、実を言うと、人間が個別性であることを示している。ここにいう個別性は、ひとつの概念に包摂されたり、この概念の契機となるような個体の個別性とは別物である。自我とは語りえないものだ。というのも、自我は本質的な意味で語る者であり、答える者、責任ある者だからだ。純粋な対話者としての他者は、認識されなんらかの性質を付与された内容、ある一般的理念にもとづいて把握され、この理念に従属した内容ではない。自己自身にのみ準拠しつつ、対話者は顔を向ける。個別的諸存在同士の話をつうじてのみ、諸存在ならびに諸事物の間‐個体的意味、つまりは普遍性が形づくられるのである。

存在者としての自我はなんらかの概念に対応しているわけではない。だからこそ、自己を抽象化しつつ、ついには自我という「概念」を生み出すような作業にもとづいて、他者「経験」の枠組を描くことは不可能なのだ。自己移入（*Einfühlung*）を説く哲学者たちが悟っていたように、他者「経験」は単なる自己の「変容」によっても、これらの変異体のひとつを自己の外に投影することによっても得られない。彼らは要するに、ひとつひとつの出会いが新たな愛の歴史を創始すると主張していたのである。ドン・ファンはきみへと通じる確たる道を探し求めていたのであり、この道を共感や愛のうちに見いだしたとき、彼らは同じ経験を決してくりかえさなかったではないか。とすれば、私やきみの個別性は感性的所与の個別性とは似ても似つかないものであろう。自我の特殊性、自我の人格性は空間と時間による自我の個体化に尽きるものではない。今、ここによる自我の個体化は、時間と空間が今ならびにここを起点として意味を得ることを可能ならしめるにすぎない。自我の個体化は位置づけると同時に位置づけられるものでもあるが、それがある状況についての知識に還元されることはない。個体化という自我の営みは個体としての自我の主体性と合致している。かかる合致のうちに、自己性の本義があるのだ。とすれば、件の知識はすでに自我を前提としていることになろう。ここにかんするどんな知識もすでに、ここに存在する自我にとっての知識である。知識が自己性にもとづいているのであって、知識が自己性を構成するのではないのだ。反省に先だつこのような知識のうちで自我がすでに自己と関わっていること、それはたしかに自我の普遍的な構造であろう。しかしジャン・ヴァールの考えに従って私たちはこう言いたい。たとえすべての「自我」にとって意図が共通であろうとも、この意図によって意図されるもの（*intentum*）は絶対的に特殊なものである、と。自我は客観的現実を構成し、客観的現実と協働している。このような客観的現実に反映されたものとして、自我が自分を認めるという点に異論の余地はない。それゆえ、自我は概念化された現実を起点として自分を認識する。しかし、自我の存在が概念化された現実に尽きるのであれば、生きた人間は死んだ人間となんら変わらなくなってしまう。一般化、それは死である。一般化は自我をその仕事の一般性のうちに組み込んで、自我を解体する。代替不能な自我の個別性は自我の生に由来するのだ。

愛の対話から離れた自我は全体のうちに巻き込まれるのだが、以上のように考えてくるなら、諸存在の自己性を吸収、抹消し、これらの存在をその社会的地位に昇華（物理学がこの語に与えているのとほぼ同じ意味での昇華）するような普遍的次元として、この全体性を解釈することはできない。この種の全体性はある概念の外延に属する諸個体の単なる総計でもなければ、人間という概念の内包を構成し実現する諸契機の配置でもなく、それが目的の王国に還元されることもない。実際、複数の理性がいかにしてこの一なる王国を構成しうるというのか。そもそも理性の多様性自体、いかにして可能となるのか。自同性という語だけが妥当性をもつような場所で、理性と理性との同等性や不等性をいかにして語るのか。多様性をふくむものである限りにおいて、全体性は、複数の理性のあいだでではなく、互いに関係し合う実体的存在のあいだで創設される。概念にもとづくいかなる絆も諸存在の多様性に先だたないのであれば、諸存在の関係はいかなるものでありうるのか。アリストテレスにおける存在が多様な意味をもつのと同様に、諸個体がひとつの概念としては統一されない場合、正義の基準が諸個体の単なる比較によっては獲得されえない場合、正義や不正は実体的諸存在同士の関係のなかでなにを意味しうるのか。全体は個体と個体とのある関係にもとづいているが、この関係は一個の理性を尊重することとは異なる。私たちはそのような関係をこそ明らかにしなければならない。第三者としての自我の存在論的な在り方がこの関係をかいま見せてくれるであろう。

4　第三者という在り方と経済

自我と全体性との関係については、従来ふたとおりの考え方が唱えられてきた。ひとつは、自我は（共感や愛にもとづく）純粋な敬意をとおして他者と出会うが、にもかかわらず第三者から切り離されているとする考え方。いまひとつは、私たちを人間という概念の個体化に変容する考え方であり、その際私たちは、非人称的理性の法に従属した人間という概念の外延に属する個体に変えられてしまう。けれども、これらふたつの考え方のあいだに、第三の道が姿を現す。概念の統一性を欠きつつも相互に関係し合うような複数の自我の全体として、全体性を理解しようとすること、これが第三の道である。

このような全体性は、ある自由な存在が別の自由な存在に対して働きかける可能性を必要としている。自由な存在が自由な存在を侵害すること、それが不正であるとすれば、全体性は不正によってしか構成されえない。ただし、愛の社会に不正はない。というのもそこでは、赦しによって不正が帳消しにされるからだ。真の不正とは赦すことのできない不正の謂であるが、このような不正は第三者に対してのみ存在する。第三者は自由な存在であるから、彼の自由を抑えつけることで私は第三者に対して過ちを犯しかねない。第三者としての他者がいるおかげで、全体性は構成されるのだ。

それにしても、不正はある形而上学的な背理をはらんでいる。つまり、不正は自由な存在のみを相手にするのだが、自由な存在は、自由な存在である限りにおいて、暴力にはまったくきっかけを与えることがないのだ。では、自由がいかなる意味をもつ場合に、第三者、不正、全体性は可能になるのか。

一見すると、自由は一切の影響をまぬかれた意志として現れる。

死をも辞さない勇気のうちに、意志はその全面的自立を見いだす。死を受け入れた者は自分以外の者の意志を最後まで拒みつづける。ただし、他者がまさにこの死を望んでいる場合は別であろう。それゆえ、死を受け入れたとしても、他者の抱く殺意に確実に抵抗することはできない。疎遠な意志との絶対的な齟齬といえども、疎遠な意志の思惑の実現を妨げはしない。他なるものを拒否したとしても、また、外界との一切の関係を断って死への断固たる意志を抱いたとしても、この意志の作品がそれとは疎遠な帳簿に記入されることを阻止できるわけではない。ありったけの勇気をふりしぼって、意志は疎遠な帳簿に刃向かうとともにそれを受け入れるのだ。このように意志は、死を決意するような極限状態においてさえも、疎遠な意志の思惑のなかに書き込まれてしまう。自分が引き起こす帰結によってさえ、意志は自分とは無縁な意志の言いなりになってしまうのである。

　このように、意志は自分自身の意欲からその意味のすべてを引き出すわけではない。意欲する自由な主体であるはずの意志は、それを凌駕するある運命にもてあそばれつつ実存する。自身の作品をつうじて、意志は予見不能な意味を受け取る。作者から作品を切り離してある新たなコンテクストに位置づけることで、他のひとびとは意志に予見不能な意味を付与するのだ。運命はこのような決定に先だつのではなく、それに後続している。運命とは歴史なのだ。意志が歴史のうちに足を踏み入れるのは、意志が自分自身から分離しつつ実存するからである。自分自身のために意欲しつつも、意志は他のひとびとのためにも意欲していた自分を見いだす。これは歴史にはなにひとつ負うことなく歴史を創始する疎外、存在論的疎外である。かかる疎外は最初の不正でもある。この不正のおかげで、ひとびとは作品を争奪しつつ、これらの作品の周囲に全体性を形づくる。作品を産出する意志は産出された作品に臨在することがない。作品を産出しつつ実存することは、こう言ってよければ、みずからの存在の意味すべてを手中に収めることなき存在者の在り方に他ならない。作品を産出する意志としての自由は、その意志を制限されることなき自由として歴史のうちに足を踏み入れるのだが、にもかかわらず歴史はこのような自由を翻弄するのだ。ただし、意志は内的に制限されるのではない（神における意志と同様に、人間における意志も無限なものだからだ）。意志を制限するのは意志の意欲ではなく、意志を取りまく状況である。なんら権利を放棄しないにもかかわらず、自由が自分とは疎遠な意味を受け取るような状況、私たちはこうした状況のうちに被造物の姿を認めることができる。自我の多様性は偶然の産物ではなく、被造物の構造である。不正の可能性のみが自由を制限しうるのであり、それが全体性の条件なのだ。

以上に述べたような歴史が不正を働くことに異論の余地はないが、ここにいう不正は意志からその作品を簒奪する可能性のうちに存している。ひとつひとつの作品のうちで、意志は、死に絶えることも、生き残りたる歴史家がやがて語るであろう歴史のうちに得々と参入することもなくその作品から切り離され、同時代のひとびとによって誤解される。その意味では、どんな作品も失敗におわった行為である。したがって作品は、他者が人格としてみずから現前するような表現とは異なる。作品はその作者を作者不在の状態で呈示する。作品はなんと作者を作品の効果として呈示するのみならず、みずからの所有物としても呈示する。作品を掌握するためには、作品を働き手から引き離して作品を買い取るためには、働き手のことを勘案しなければならない。だからこそ私は、典型的なモノたる鋼鉄や黄金を用いて、他者の自由を承認しつつもこの自由に対して権能をふるうのだ。このとき、他者の権能には受動性のうちに逃げ込むという道が残される。しかるに、自由である限りにおいて、他者の自由は受動性と相容れることがない。作品を産出する意志はみずからを欺く意志である。かかる欺瞞によって、社会は可能になる。個別性を堅持するとともに全体のうちに巻き込まれた複数の自由からなる社会は、意志の自己背信によって可能になるのだ。だから、自我と全体との関係は本質的に経済の原理に従っていることになる。当然のことであろうが、「現世的道徳」は経済の原理に従うことなき関係すべてに対して不信の念を抱く。自由同士の関係は、存在でもあれば所有でもあるという意志の両義性に最終的には立脚している。意志という存在は自己を所有しつつもその所有物の外にとどまるのだが、他方では、この所有物のなかに埋没して自分を欺くのである。

つまり、第三者の存在論的構造は身体として現れるのである。ここにいう身体は意志における「私はできる」、すなわち自己に固有の身体であると同時に、意志の傷つき易さ（vulnérabilité）、すなわち生理学的身体でもある。これらふたつの契機を同時に有すること——「私はできる」からモノへの反転が第三者の実存様態なのだ。第三者の実存は健康であるとともに病気である。具体的には、第三者の実存は苦痛（souffrance）をとおして明かされるのだが、内部からはこの苦痛を克服しえないがゆえに、第三者の実存は外部での治療へと方向を転じるのだ。医師の経験知は、ギリシャの賢人たちの初期の考察以来、意志の自給自足に反証をつきつけてきた。医師の前にでると、意志は単なるモノと化したかのように奇妙な告白をおこないながら、その「対自」を脱ぎ捨て、自然の直接性に回帰する。不正は、意志の威信を傷つける侮辱と同じものではない。意志、それは自分を虐待し、自分をねじまげ、自分に無理強いすることである。そしてついには、意志は自分が対自であることを忘れ、自分をたわめる力を自身の性向のごとく感じるに至るのだ。人間は、いかように料理することも可能な存在である。侵害されうるということ、それが意志の本質である。それゆえ、意志が解放を手にするためには、意志によって構築された世界から裏切りのきっかけとなるものを抹消するほかないのだ。

しかし、意志を支配しようとする鋼鉄の暴力は意志を取り逃がしてしまう。真の暴力は自由を抑えつつも、自由をあくまで温存する。暴力は黄金を手段として用いる。暴力、それは買収である。平和な暴力の、搾取の、緩慢な死の道が、いまだ正義に訴えることもなく、戦争の情熱に取って代わるのである。

作品にもとづいて把持しうる第三者は現前すると同時に不在である。第三者が三人称のものとして現前するということ、それによって現前と不在のこの同時性は確証される。私による掌握を逃れるものとして、第三者は私の権能に委ねられるのだ。第三者への接近は不正をつうじて可能になる。不正――承認であるとともに無理解でもある不正は、無理強いし誘惑する黄金というずるがしこい手段によって可能になる。自我は不正によって全体のうちで生きるのだが、不正はつねに経済の原理に従っているのである。

5　言説と倫理

しかし、そもそも全体性が不正のなかにその端緒を有する以上（不正は他者の自由を無視するわけではない。そうではなく、経済的な取引きをつうじて、不正は他者の自由をして自分を裏切らせるのだ）、不正それ自体が不正として認知されることはあるまい。他でもない歴史という領域のうちには、悪事が天真爛漫になされるような無垢なる不正の次元が存在している。悲惨を訴える嘆きの声のうちに正義への叫びを聞き取るためには、あるいはこう言ってよければ良心の声を聞くためには、自由と関わり、自由を他者のうちに認めるだけでは足りないし、それればかりかこの行為は的はずれである。というのは、私たちは取引きにおいてもすでに自由を承認していたからである。私が買収し搾取するときにも、自由はすでに私に対して姿を現している。私がみずからの不正を知るためには、私が正義の可能性をかいま見るためには、これとは別のある状況が必要である。つまり、誰かが私に釈明を求めるのでなければならないのだ。正義は不正の通常の働きからは生まれない。正義は外から、争いを超えたところに位置する「窓から」到来するのだ。歴史の外に立つ原理として、正義は現出する。社会的闘争のなかで形成された正義の諸理論においては、道徳的諸理念はひとつの社会ないしひとつの階級の要求を代弁しているようにみえる。にもかかわらず、これらの理論の提唱者たちは唯一の理想的な道徳意識、唯一の理想的な正義にも訴えていた。理想的な道徳意識や正義をつうじて、彼らは究極的な正義の証しを追求していた。相対的なものでしかない先の要求を絶対的なものへの通路に高めるための権利を、彼らは追求していたのだ。理想的な道徳の理念といえども、社会の客観的諸関係の表現たらざるをえない。しかし、それはこれらの関係を裁く一個の生ける良心をも満足させるものでなければならない。人間的な世界とは、歴史を裁くことが可能であるような世界である。それは必ずしも理性的な世界ではないかもしれないが、裁きの可能性がそこで失われることはない。非人間性、それは裁く者がひとりもいないまま裁かれることなのである。

歴史を裁く権能として人間を肯定すること、それは合理主義を肯定することである。なにを考えているのかも弁えずに思考し、夢見るように思考する単に詩的な思考を告発すること、それが合理主義の第一歩である。なによりもまず自己省察をおこなうことで、合理主義は詩的な思考を絶対的なものと関係づけようとする。ただし、この省察がどこかで終止することはありえない。というのも、対象を思考する者の態度と同様に、自己省察する主体の態度も詩的なものであるからだ。どんな思考も始原とは無関係な制作にすぎず、その端緒を欠いているからだ。思考する者の姿勢をこのように問いただすことは精神分析の始まりを予告している。精神分析はその哲学的本質においては合理主義の到達点である。自己省察が素朴な思考に対して要求したのと同じことを、精神分析は当の自己省察に対して要求するからだ。ところが、哲学的本質を有していたはずの精神分析は非哲学的な帰結に行き着いてしまう。というのも、精神分析はリビドー、サディズム、マゾヒズム、エディプス・コンプレックス、出自嫌悪、攻撃性といった、基本的ではあるが幼稚ないくつかの作り話を偏愛しているからだ。精神分析においてはもっぱら、これらの作り話のみが不可解な仕方で自明の理とみなされ、心理学的知解可能性の限界と化す。これらの作り話はより深い現実を翻訳するものではない（より深い現実を隠蔽したり象徴するものではない）、というのだ。多種多様な文明のガラクタを神話と命名しつつ、そこからこれらの作り話を収集するとしても、これらの作り話がより明晰な観念と化すわけではない。このような操作はせいぜい神話への回帰を証示するだけである。しかも、四千年にわたる一神教の歩みが人類を神話から解放することのみを目標としていただけに、神話へのこのような回帰はよりいっそう驚くべき事態となろう。いずれにせよ、知性の鎮静剤とみなされた神話は、この効果とは別に石化作用をも有しているのだ。

自己認識が数々の条件に立脚している以上、反省された認識や精神分析的認識をもふくむいかなる認識といえども始まりを欠いていることになろう。

懐疑論における古典的な論難法を援用して、「いかなる認識といえども始まりを欠いている」ということの形式的真理それ自体が条件を欠いている、と述べることもたしかに不可能ではない。しかし、この論難法はその力を言語の存在から、言い換えるなら対話者からのみ引き出しているのであり、他ならぬ対話者の現存を要請するもの、それが発語なのだ。なるほど、発語といえども歴史、社会、無意識の産物であるから嘘をつく。発語はすべてのひとから、さらには嘘つき自身からも嘘を隠す。だから、表明された思考に隠された底意を探ることなく、自分に語られたことを鵜呑みにすると、私たちは手ひどく欺かれてしまう。しかも、こうしたまやかし芝居の最中に私たちが自分を取り戻し、まさに批判の作業に着手するのは、ある固定点にもとづいてのことでしかない。とはいえ、ここにいう固定点は反駁の余地なきなんらかの真理、精神分析にそのつど委ねられるような「確実な」言表ではありえない。この固定点はひとりの対話者、一個の絶対的な存在であって、諸存在にかんする真理の絶対性ではない。対話者という絶対者は真理として肯定されるのではなく、真理として信じられるのだが、その場合、信仰ないし信頼は観照を第一の源泉とする認識の第二の源泉を意味しているわけではない。逆に、一切の観照的認識が信仰や信頼を前提としているのだ。信仰は、懐疑や確信の対象となりうるような真理の認識ではない。信仰は懐疑や確信といった様態の外で生じる、実体的対話者との対面なのだ。実体としての対話者は自己の起源であり、自分を構成し動かす諸力をすでにして支配している。このような対話者、それがきみなのだが、きみは、認識された人間の背後に、顔という絶対的に慎ましい皮膚の切れ端のなかに、堅固な本体として不可避的に現れる。顔は夜の混沌にふたをする。そうすることで、顔はそれが引き受けうるもの、それが責任を負いうるものへと開かれるのだ。

言語の機能たる表現は他者をめざし、他者を呼び求める。言語が呼び求めるのは、むろん、表象され思考されたものとしての他者ではない。だからこそ、言語の場たる同一者と他者との隔たりは、相互に制限し合う概念同士の関係に堕すことなく、超越を描き出すのである。かかる超越においては、他者は同一者にのしかかるのではなく、もっぱら同一者に責務を負わせ、同一者を責任ある者、つまりは発語する者たらしめるのだ。言語という関係は、思考と思考に与えられる対象との関係には帰着しない。言語は他者を包摂することができない。と言いつつも、私たちは今も他者という概念を用いているわけだが、ただしその場合にも、他者は概念として呼び求められるのではなく、人格として呼び求められているのだ。発語においては、私たちは単に対話者のことを考えるのみならず、まさに彼に語りかける。対話者を「対話者一般」とみなして対話者を概念たらしめることが可能だとしても、私たちはこの概念を対話者に対して語るのである。私が語りかける相手は、私が彼に伝えるこの概念の背後に位置している。共通平面の不在――つまり超越が発語の特質なのだ。伝達される内容はたしかに共通である。より正確に言うなら、この内容は言語によって共通のものと化す。しかるに、請願はこのような共通性に先行している。請願とは、ある意味では私と関わらない存在との関係である。自己と全面的に関わる限りにおいてのみ私と関わるような存在との関係、と言ってもよいかもしれない。このような存在はどんな属性をも超えたところに位置している。結局のところ、属性はこの存在に性質を授け、この存在を他の存在との共通性に還元し、それを一個の概念たらしめてしまうからだ。自己同一的な存在が私に対して現前すること、私たちはこのような現前を顔と呼ぶ。顔、それはある存在の自同性に他ならない。顔においては、存在は自己自身に立脚しつつ概念なしに現出する。額、鼻、目、口を有したこの清らかな皮膚の切れ端の感性的現前は、シニフィエへと遡ることを許す記号でもなければ、シニフィエを隠蔽する仮面でもない。この感性的現前は脱感性化し、そうすることで、自己にしか準拠しないものを、言い換えるなら自己同一的なものを媒介なしに出現させるのだ。自己同一的なこの存在は対話者として私の面前に自己を定位しうる。厳密に言うなら、ひとり対話者のみが面前に位置しうるのであり、しかもこの「面前」は敵意や友情を意味することがない。神話上のさまざまな怪物の形姿においては、動物の身体ないし半身が、そこに頂かれた人間の頭部の前面に、今にも消えんとする表現をかろうじて露出せしめている。依然としてもたついている表現のこの運動を完成するもの、それが、感性的所与の脱感性化、非質料化としての顔なのだ。言語における他者の特殊性は、他者の動物性やその残滓を表しているのではなく、〈他なるもの〉の全面的人間化なのである。

対話者はつねに顔を向けているわけではない。純粋な言語は、他者が第三者として機能するような関係をまぬかれる。直接的発語は策略である。対話者が語り、答えるのを私たちは見つめ、盗み見る。にもかかわらず、対話者は他のなにものにも還元不能な在り方をしており、この在り方の独自性は彼に向けられた発語によって示される。甘言、駆け引き、雄弁、宣伝といった手を用いて、発語は他者の自由を遇する。他者の自由を脅かしたり、他者の自由におもねることで、発語は他者の自由を陰謀の共犯者に仕立てあげようとするのだが、この陰謀は発語それ自体の自己放棄に行き着かざるをえない。暴力というものが惰性的な存在のみならず自由の掌握をも意味するのであれば、発語もまた暴力のひとつであろう。ちなみに、プラトンにおける追放された魂が肉体に対して疎遠でありつづけるのと同様に、自由も惰性的な存在に対しては無関心なままである。患者の訴えを聞く医師は、患者の自由を不意に捕えることによって、それをモノとしての存在へと還元し、また、顔のなかに現出する身体について語るのだが、苦痛にゆがんだ患者の顔には関心を示すことがない。精神分析医はまさに病気をつうじて人物を把持し、あたかも第三者と接するかのように他者と接する。対話者とは、私たちが語りかけることによって籠絡する当の相手に他ならない。というのも、私たちが請い求める全幅の信頼はまったき背信であり、先の例で言うと、医師の言葉はどれもみな奸策であり策略だからだ。裁判官は被告に語りかけるが、いまだ語っているとは言えない。たしかに被告には発言権がある。だが、それは発語以前の発語にすぎない。つまり、被告は真の発語の権利を手中にするためにのみ語っているのだ。私たちは彼の話を聞く。が、私たちは彼が語るのを見ている。彼は告訴された。言い換えるなら、彼は一個の範疇に組み込まれたのだ。被告は相互性を有した対話者ではないのである。

全体性を統御し、正義の意識にまで自分を高めるためには、精神分析の曖昧な言説から脱却しなければならない。ただし、思考によって包摂されるはずの体系が逆に思考をその一部分として内包する限り、精神分析の言説は不可避のものである。体系を包摂する思考が体系をなす諸関係に解体される。その結果、真理の意味は実現された思考の意図のうちにではなく、真理それ自体がその付随現象でしかないような存在論的出来事のうちに宿ることになる。全体の一部をなす私が全体を統御しうるのは、数々の神話に私たちを連れ戻す精神分析によってではなく、体系内には存在することなき存在、一個の超越的な存在と出会うことによってである。表明された真理のいずれもが瞞着なしには第一義的真理として承認されえないとしても、存在としての対話者の存在との関係としての言語は、全体性を超えたところに私たちを位置づける。こうして私たちは、表明された真理の瞞着そのものを発見するとは言わないまでも、それを追求できるようになるのだ。

超越、それは私たちに顔を向けるものである。顔は体系を擾乱する。存在と真理についての存在論は、対面の構造を、言い換えるなら信仰の構造を看過しえない。命題が真であることの条件は、存在者あるいは存在者の存在の開示のうちにではなく、私が語りかける対話者の表現のうちに、対話者という存在者のうちに、この存在者の存在のうちに存している。自己同一的なものの面前に自分が位置づけられていることに気づかなければならない。対話者は歴史を有することなく、体系の外に現れる。私は対話者に危害を加えることも、対話者の正しさを認めることもできない。表現しつつも、対話者はあくまで超越的なものにとどまる。まさにこの意味においてこそ、対話者は自由なのだ。このような対話者はどの点において私を触発するのか。

私は対話者を承認する。言い換えるなら、私は対話者を信じている。しかし、この承認が対話者への私の服従であるなら、それは私による対話者の承認から一切の意味を奪い去るであろう。承認を価値あるものたらしめている私の威信が服従によって抹消されてしまうからだ。私を見つめる顔は私を肯定する。顔と顔を突き合わせている以上、私もまた同様に他者を否定することはできない。逆に、本体としての他者の威光のみが対面を可能にするのだ。このように対面は、否定することの不可能性であり否定の否定である。具体的には、かかる表現の二重構造はつぎのことを意味している。つまり、「汝、殺すなかれ」が顔に刻み込まれ、それが顔の他性をなしているのである。それゆえ発語は、相互に制限し合ったり相互に否定し合ったりする自由ではなく、相互に肯定し合う自由同士の関係なのだ。自由は自由に対して超越的である。自由と自由は敵対し合っているわけでも友好関係にあるわけでもない。どんな親しみの念や愛情も、対話者との純粋な対面の関係をすでに変質させてしまっている。敬意という語をここで再び用いることもできないわけではない。ただし、それには条件がある。ここにいう敬意の相互性は平静な観照のごとき没利害の関係ではないこと、敬意の相互性は倫理の到達点ではなく倫理の条件であること、この点が強調されなければならないのだ。敬意の相互性とは言語であり、言い換えるなら責任である。敬意は、正義を求める人間に義人を結びつけるに先だって、正義をつうじて義人同士を結びつける。ただし、言語としての対面はより根底的な現象学的分析が必要であることを示しているのだが。

敬意を表することは隷属することではありえない。とはいえ、他者は私に命令する。私は命令される。言い換えるなら、私はなんらかの仕事をなしうる者として承認されるのだ。敬意を表することは法の前にひれ伏すことではなく、私に仕事を命じる一個の存在の前にひれ伏すことである。しかし、この命令がいかなる侮辱をも伴わないためには——というのも侮辱は敬意を表しうる可能性を私から奪い取るからだが——、私の受ける命令は、私に命令する者に命令する命令でもなければならない。この命令はある存在に対して私に命令するよう命令することである。命令から命令へのこの指示連関、それこそが〈われわれ〉と述べることであり、党派を作ることである。命令から命令へのこのような指示連関ゆえに、〈われわれ〉は〈私〉の複数形ならざるものと化すのだ。

しかし、以上に描き出されたような敬意は正義の到達点ではない。なぜなら、命令される人間は正義と不正の埒外にいるからである。敬意を表された者は正義をもたらすべき相手ではない。そうではなく、私たちは彼と共に正義をもたらすのである。敬意は平等な存在同士の関係である。正義はかかる根源的な平等を前提としている。本質的に愛は平等ならざる者同士の関係であり、不平等を糧としている。相互性を創始するための機縁となるような対話者はなんらかの経歴を有した経験的個人ではない。ある過去、ある家系を継承し、大小さまざまな悲惨を味わい、憐れみと同情を請う個人が対話者なのではないのだ。サン＝テグジュペリが『夜間飛行』で看取したように、相互責任の関係がいったん断たれるや否や、世界の弛緩とその女性的要素のすべてが数々の「優しい」顔をとおして滲み出してくるのだ。私たちは人間同士の関係を記述しようとしていた。正義がこの関係を構成するのではない。人間同士の関係が正義を可能にするのだ。正義は〈全体性〉に仕えているのである。

われわれがわれわれであるのは、自同性から自同性へと赴く命令の連鎖としてわれわれが全体性ならびに歴史から切り離されているからである。にもかかわらず、われわれは、なんらかの業をなすために互いに命令し合う限りにおいて、われわれとして全体性と歴史のなかに存在し、この業を介して相互に承認し合う。全体のうちである業をなしつつも、われわれは全体から切り離されるのだが、それは、全体と敵対することなく全体のために自己を定立すること、言い換えるなら全体に仕えるために自己を定立することであろう。全体に仕えること、それは正義のために闘うことだ。全体は暴力と腐敗によって構成される。自由同士の戯れに、死ぬまでつづく闘争に委ねられた世界のうちに、業は平等を導き入れる。正義は経済的平等以外の目的をもちえない。正義は不正の働きそのものから生じるのではない——正義は外から訪れるのだ。ただし、正義が経済的諸関係の外で生まれるとしても、正義が純粋な敬意の王国という外部で維持されると想定するのは錯覚であり欺瞞であろう。

6　貨　幣

自我と全体性との関係は、形式論理学が部分と全体、個体とその概念のあいだに確立する諸関係とは一致することがない。自我は全体に参入するが、全体のうちに占める位置からその自同性を引き出すわけではないし、自分の置かれた状況、その運、その所行と一体化するわけでもない。もっとも、この状況や運によって自我は普遍的秩序に統合されるのであるが。本論の考察をつうじて、私たちはこれとは大いに異なる諸構造のいくつかを示したのだったが、いま見たように、これらの構造はフッサールのいう「形式的存在論」の諸構造に取って代わることになる。私たちが示した構造は「形式的存在論」の構造に単に接ぎ木されるのではないのだ。

経済とはある意志が別の意志を掌握しながらも別の意志を意志として温存するような境位であるが、そこでは、絶対的に個別的な諸存在の全体化が遂行される。まったく概念化しえないような諸存在、個別性たるがゆえに他の存在に加算されることを拒むような諸存在、このような存在が全体化されるのだ。自由から自由への作用は取引きをつうじてなされる。（貨幣を主題とした経済学的、社会学的研究があり余るほど存在するのに比べて）貨幣の形而上学的意味はおそらく今もって見定められてはいない(1)。貨幣とは、意志に権力を授けることで意志を買収するような中間項の最たるものである。貨幣は諸個人を全体の外に置くと同時に、彼らを全体のうちに包摂する。貨幣が諸個人を全体の外に置くのは、諸個人が貨幣を自由に使えるからであり、貨幣が諸個人を全体に包摂するのは、人間それ自体が商売や商取引きにおいて売買されるからである。つまり、貨幣があるていどはつねに賃金だからである。製品の交換価値としての貨幣は意志におもねり、意志に働きかけ、そうすることで人格を支配してしまう。このように貨幣は抽象的な境位であり、そこにおいては、概念をもたぬものの一般化、量をもたぬものの方程式が完成されるのである。貨幣とは両義的な媒体であり、そこでは、ひとびとは商品の次元に組み込まれると同時に人格でありつづける。なぜなら、商品の次元（商品の次元は自然の次元と同じものではない）は人格を前提としているからだ。自分自身を売るような取引きにおいてさえ、人格は譲渡不能なものでありつづける。取引きの単なる対象たる奴隷でさえ、彼を売買する主人に対して暗黙の同意を与えているのだ。

このように、貨幣は人間の純然たる物化を示しているのではない。それは私的なものが自己を量化しつつも維持されるような境位であり、まさにこの点にこそ、貨幣の独自性、あるいは貨幣が哲学的範疇として有する威信のごときものが存しているのだ。貨幣は人格同士の関係がたまたまとう形態ではない。貨幣は享受されるモノではなく、取得の普遍的権能であるが、このような貨幣によって生み出される諸関係は、交換される製品による欲求の充足を超えたところで持続する。貨幣は、自分たちの欲求や欲望を不充足の状態にとどめうる人間に固有なものである。貨幣をつうじて所有されるもの、それはモノではなくモノの所有である。所有の所有たる貨幣は、時間を自由にする人間、瞬間的接触を超えて持続する世界に現存する人間、互いに掛け売りし合い、一個の社会を形成する人間、そのような人間を前提としているのだ。

しかも、貨幣の両義性によって可能となった人間の数量化はある新たな正義を予告してもいる。人間同士の根底的差異（この差異は性格や社会的地位の相違ではなく、概念には還元不能な人間の人格の自同性に、今日言われているような人間の自己性に起因している）が、貨幣によって測定可能な経済における数量的平等によっては克服されないのなら、人間の暴力は復讐や赦しによってしか償うことができないであろう。だが、こうした償いとて暴力に終止符を打つわけではない。悪は悪を産み、赦しは悪を際限なく鼓舞する。このようにして歴史は進行していく。しかるに、正義はかかる歴史を中断する。私たちが声を大にして主張したのはまさにこのような歴史の中断であり、この中断において〈われわれ〉が構成されるのだ。貨幣は、復讐と赦しの地獄の循環あるいは悪循環に取って代わる贖いの正義をかいま見させてくれる。『アモス書』二・六の言葉から『共産党宣言』に至るまで貨幣に浴びせられてきた告発を私たちが軽減しえないのは、貨幣が人間を買う力を有しているからに他ならない。けれども、人間を救済するはずの正義は経済のより高度な形態、つまりは人間の全体性のより高度な形態を否認することができない。そして、このより高度な形態においては、貨幣をその範疇とするような人間同士の共通の尺度が現れるのだ。貨幣がいかなる経験的形態をまとうとしても、このことに変わりはない。人間の数量化のうちに正義の本質的諸条件を見るのはたしかに無礼千万なことであろう。けれども、はたして量も補償もない正義などありうるだろうか。

＊ 初出 *Revue de métaphysique et de morale*, n°4, octobre-décembre 1954.

（1） ただしポール・クローデルは、一九五一年三月十日の『フィガロ・リテレール』誌で、貨幣の形而上学的意味にかんする実に鮮やかな分析をおこなっている。参照されたい。

それらの観念が容認されているか、それとも異議を唱えられているかはともかく、未開の心性にかんするレヴィ＝ブリュールの周知の諸観念は、現代哲学の進むべき道を示すものではなかっただろうか。社会学や心理学について、これと同じ問いを提起するつもりはない。レヴィ＝ブリュールの探求はこれらの分野に仮説ならびに一連の事実をもたらしたのだったが、私たちの意図はこの貢献の価値を検証することではない。私たちは、狭義の哲学にかんして先の問いを発しているのである。

なるほど、レヴィ＝ブリュール自身、科学的問題をこのうえもなく重視しており、彼の仕事はこの問題に答えるものだった。人間の精神の統一性については、古典的心理学の暗黙の仮説よりも、レヴィ＝ブリュールの仮説のほうがより多くの事実を説明することができる[1]。彼は、「白人の健全な成人」の心理学の彼方に赴いたのだ。とはいえ、こうした探求を司っているのは哲学である。レヴィ＝ブリュールが公然と表明していた哲学は経験論と結びついている。それは実証主義にきわめて近い経験論ではあるが、あくまで主知主義的な経験論である。一八世紀ならびに一九世紀と実に強く結びつけられた仕事は、科学——たとえそれが諸事実の判読にすぎないにせよ——がまさに証示するような知解の威信にまさる威信を知ることがない。形而上学的な思考であれ未開の思考であれ、いかなる思考の根本的な概念も、科学という法廷にふされる。未開の心性は、それを脱した心性に比べて、比較のしようもないほど劣っている。言い換えるなら、未開の心性は、それを脱した心性にとっての客体や主題になるほかないのだ。未開の心性を脱した心性のみが驚嘆すべき性能を有しており、一八世紀にはそれが「啓蒙」と連動することになったのである。

レヴィ＝ブリュールのこのような主知主義的経験論は、存在にかんするある哲学なしではすまされない。主知主義的経験論ほど明確な形をとっているわけではおそらくないが、この哲学がレヴィ＝ブリュールの経験論を支えているのだ。ここにいう存在とは〈自然〉として構造化された存在であり、認識の相関者たる存在であるが、この認識のみが実在への本来的な通路、アプリオリな通路であり、いわば経験を牛耳っているのである。未開の心性の存在は、世界を司る立法的な理性を、世界よりも古きこの理性を揺るがすものだった。精神と主体の統一は、歴史がめざす理想であって、歴史の出発点では決してない。レヴィ＝ブリュールは『下等社会における心的諸機能』の末尾においてすでにこう述べている。

ところが、これにつづく五冊の著作、さらには『覚え書き』(2)に至る過程で、人間の精神の統一性は次第に幅を利かせてくる。それとともに、前論理的という用語が姿を消す。形式的な矛盾に無頓着な思考は、ただ単に諸事実の両立不能性に無頓着な思考とみなされ(3)、未開の心性と近代的心性との相違はふたつの魂を隔てる相違であるよりもむしろ一個の魂の深さの相違として捉えられるようになる。ただしレヴィ＝ブリュール自身、こうした発展のなかで、みずからの主張に本質的な何かを放棄してしまったとの印象を抱いていた。それゆえに、(「目下、私が従っている傾向は……(4)」云々といった一節に見られる)『覚え書き』の感動的な語り口が生まれたのであろう。思考の統一性と多様性をめぐる問題、そしてまた、レヴィ＝ブリュールがこの問題に与えた実証主義的な解答はこのように、レヴィ＝ブリュールにとってきわめて重大なものだったのだ。

今となっては、以上のような変化をさほど気にする必要はないようにみえる。レヴィ＝ブリュールの業績の力強さと斬新さは決して前論理的なものの放棄によって損なわれはしなかった、と考えることさえできよう。なぜなら、この主知主義は、合理主義の経験論的批判に加えて、当の主知主義それ自体との敵対を、そのもっとも顕著な特徴としているからだ。かかる敵対は今もつづいている。民俗的事実を研究するために、自然科学から方法を借用した探査はまさに、自然的実在を構成する諸範疇を炸裂させるような概念に行き着くのである。

諸範疇のこのような炸裂は、心理学的生の全体を基礎づけていた表象ならびに、存在を支えていた実体との絶縁である。レヴィ＝ブリュールの考察は、諸範疇のうちに流し込まれた経験を記述するものではない。微妙な違いはあるにはあるが、アリストテレスからカントに至るまで一貫して、これらの範疇は経験を条件づけていると言い張ってきたし、それればかりか、いささか無理があるとはいえ、魔術や奇跡さえが範疇に組み込まれるのだが、レヴィ＝ブリュールは、経験の可能性にとって必然的なものとみなされた諸範疇をまさに審問に付したのだった。空間や時間と同様に、因果性や実体や相互性をあざ笑うかのような経験、「可能なすべての対象」の諸条件をあざ笑うかのような経験を、レヴィ＝ブリュールは記述する。こうして、諸範疇それ自体に対して問いが投げかけられることになる。同時代のひとびとの思弁のなかで、この問いがいかなる役割を果たしたかは周知のとおりであるが、一八、一九世紀の遺産を継承した概念的な枠組を有しているにもかかわらず、レヴィ＝ブリュールの仕事が心理学や心理社会学をはみ出し、主知主義的な自然主義の骨組みを攻撃するのも、以上のような理由によるのだ。もちろん、未開人たちの信仰ないし信念そのものに回帰することが問題なのではない。そのような信仰、信念を可能ならしめた精神の諸構造を浮き彫りにし、ひいては、これらの構造を可能にする存在の諸様相を、一個の存在論を浮き彫りにすることが問題なのである。一九一〇年以降、世界中の知的な読者たちに親しまれ、一九二一年に再度取り上げられ、展開され、さらにその後四冊の新著のなかで深められた、レヴィ＝ブリュールの根本的な諸概念は、今から見るといっそうよく分かるように、ベルクソンの反主知主義と多くの点で呼応するものなのだが、これらの概念が現代思想の特徴をなすいくつかの歩みを準備し、助長したということは疑いない。そのため、現代思想の歩みにはらまれた数々の逆説によってもたらされた衝撃はあらかじめ（あるいは事後的に）緩和されることとなった。レヴィ＝ブリュールの諸概念をつうじて、現代思想の根本的な諸観念の形成の大要を知ることができる。初期の四冊の著書ならびに、みずからの全作品をレヴィ＝ブルュール自身が検討した『覚え書き』をとくに取り上げながら、これらの観念がいかなる体系に仕えていたかではなく、これらの観念の様式を、私たちはこれより分析することにしたい。

I　表象の瓦解

哲学の伝統にあっては、表象が現実との接触そのものを保証していた。今世紀初頭、『論理学研究』においてフッサールは、表象を瓦解寸前の状態に追い込みながらも、どんな心的事象も表象であるか表象にもとづいているという主張を依然として唱えている。

それが経験によってもたらされたものであれ、感覚に立脚するものであれ、表象は理論的、観照的態度であり、知以外のものではありえない。これまでつねに、感覚はまさしく表象の原子とみなされてきた。表象の相関者は、措定された固体であり、いかなる外観をまとうかには無頓着な存在であり、ある本性を有した存在であり、要するに永続的な存在である。変化したとしても、この存在は永続的である。なぜなら、この存在の変化の定式が恒常的なものだからだ。こうした存在同士の関係、こうした存在が形づくる付置もまた表象に委ねられる。行為し、感じるに先だって、行為の目標となり、感覚の原因であるこうした存在を自分に対して表象しなければならない。情動性それ自体は内面的な状態しか含んではいない。それは世界にかんしては何も私たちに示しはしない。哲学者たちは、感情や情念が私たちの知性の営みに及ぼす影響を無視しているわけでも、思考から情動性への反照を無視しているわけでもない。感情の論理なるものが存在するし、諸観念には情緒の負荷がかかっている。しかるに、情緒と表象は切り離されたままである。数々の真理が予感をつうじて姿を現すこともあるかもしれない。だがその場合にも、予感は曖昧模糊たる表象にすぎないものとみなされるのだ。

　今日の哲学者たちは、表象のかかる特権をもはや容認してはいない。たとえばベルクソン的直観は持続にかんする知識ではないし、みずから持続する知識でさえない。後者の場合にも、持続との合致は依然として、対象と接する表象の極限例とみなされているからだ。直観はいかなる意味においても表象ではもはやない。それは持続である。持続は、存在がそこを流れていくような形式的な次元ではなく、存在であると同時に存在の経験でもあるのだ。存在は創造的な努力として実現され、この努力においては、存在と、魂に対する存在の在りようとが一致する。現象学運動においても同様に、フッサールやシェーラーの語っていた感情の志向性——価値を相関者とするにもかかわらず依然としてノエシスの構造を維持した感情の志向性が、表象にはもとづくことなき感情に取って代わられる。今や、感情の胸をうつような性格は、自閉した情動へと知が跳ね返ることではなく、存在との接触、それも感覚以上に直接的な接触なのである。他でもない、私たちのうちでもっとも盲目でかつもっとも鈍いとみなされているものがもっとも遠くまで行くのだ。それというのも、ある存在が実存することとそれ自体、実体の静謐な存続としてではなく、掌握と所有として、人間の実存を支え、巻き込む力の場として展開されるからである。レヴィ＝ブリュールの用語をここで早くも使うことができると思うが、このような実存することに、人間の実存は融即しているのだ。かかる出来事を正確に測る尺度、それが感情による衝撃であろう。表象はこの出来事の凝固した表層的形式しか捉えることがない。そのため、現代哲学においては、客観的実在はより深層の実在の表層に置かれ、より深層の実在の徴しでも現象でもないものとみなされるのだ（客体と存在との古典的な区別は依然として、客観的実在をより奥深い実在の徴しないし現象たらしめていたのだが）。徴しや現象が意味によってめざされるものにすぎず、本体としての威信をもたないことは言うまでもないが、両者は共に、表象されたものとしての構造を有している。表象に属するいかなる範疇によっても規定されえないような次元で、奥深い実在はその実存することを展開するのだが、カント的な形式主義とは逆に、私たちは直接このような実存することと接触することができる。ただし、それは観照とはまったく異なる私たちの実存の諸様態によってなのであるが。

『下等社会における心的諸機能』の冒頭から、レヴィ＝ブリュールは、単に情緒的要素を混在させただけではなく、情緒的要素によって新たな仕方で方向づけられるような表象を記述している。「情緒的要素と力動的要素が表象の構成部分であるような実に複雑な状態を、想像力を駆使して、現実化するのはきわめて困難である。私たちには、こうした状態は本当は表象ではないように思える。それでもなお表象という用語を堅持しようとするのなら、その意味を変更しなければなるまい。未開人における心的活動のかかる形式は、純粋な、あるいはほとんど純粋な知的、認知的要素ではなく、もっと複雑な現象でなければならず、そこでは、私たちが狭義の『表象』とみなしているものが情緒的、力動的な性質の他の諸要素と混じり合い、これらの要素によって彩られ、浸透されることで、結局は、表象された客体に対するいまひとつの態度を含意することになる……　客体は、単に観念やイメージとして精神によって把持されるのではない。場合によっては、恐れや希望や宗教的畏怖の念が、共通の本質のうちで一体化したいという苛烈な欲望が、自分を庇護してくれる力への感極まった訴えが表象の核心と化すこともある。かくして表象は、そこに参入した者たちにとって、貴重であると同時に恐るべきもの、真に聖なるものたらしめられるのだ……　こうした客体（……）が無色で中立的なイメージとして現れることは決してない。[5]」

古典的心理学によると、情緒は私たちを自閉させ、そうすることで、ある種の超越性を獲得する。このような突出のうちに、今日の用語を使うならこのような「志向性」のうちに、情緒という観念の独自性は宿っていることになる。レヴィ＝ブリュールは、未開人における表象の情緒的な強さを記述することに甘んじてはいない。ただちに彼は、かかる強さを存在の範疇として、超自然性、神秘性という範疇として記述することになる。

情緒は客体の表象に追随しているのではなく、それに先だっている。客体の諸特性を知覚が見分けるに先だって、真に情緒的な総合が世界を組織しているのだ。「……総合はそこでは根源的なものとして（……）、たいていの場合、未分化でかつ分解不能なものとして現れる。数々の集団表象が別々のものとしてそこに現れることはない。集団表象はまず分解、分析され、ついで論理的秩序に即して配列されるのではない。集団表象はつねに、知覚や配慮や理解や結合に先だつもののうちに、推論に先だつとさえ言えるもののうちに巻き込まれている。つまり、このような心性は神秘的なものであり、それゆえ論理に先だつもの、前－論理的なものでもあるのだ。[6]」

このように当初から神秘的な事象にもとづくものであった前－論理的なものという観念については、今は問わない。神秘的経験は否定的に定義されるものではない。神秘的経験は「欠損的ないし否定的な根拠[7]」を有しているのではないのだ。神秘的なものは、論理的思考のなんらかの不分明さ、混濁、不完全さではない。神秘的なものは、客体がその枝にすぎないようなまったく別の領域と接しており、この領域では、思考には翻訳不能な親縁性が相異なる分肢のあいだに確立されるのだが、情緒は直接かかる領域と接するのである(8)。

このような「形而上学的、超自然的」世界は物理的自然に「後続」するものではなく、感覚以上に直接的で、かつ感覚に先だつものとして感得される。かかる世界は情緒に立脚しているのだが、情緒は、存在へと開かれているのであって、表象に隷属しているのではない。このような情緒の観念はレヴィ＝ブリュールと同時代の形而上学者たちに共通している。この種の観念が描く構造の独特な性格は、『覚え書き』の最後の部分でより力強い仕方で語られている。「存在がまず与えられ、ついで融即の状態に入る」という点を承認ずみのこととみなしてはならない。「諸存在が与えられ、諸存在が実在するためにも、すでに融即が必要なのだ。融即は、みずからの自己同一性を失うと同時に維持するような諸存在が、神秘的でかつ説明不能な仕方で単に融合することではない。融即を欠くなら、これらの存在が経験に与えられることはないであろうし、これらの存在が実在することもないであろう……。」個体にとって、融即は「そのもっとも重要で、かつもっとも本質的な実存の条件である……　このような心性にとっては、実存することは、ある力に、ある本質に、ある神秘的実在に融即することなのだ(9)。」

2　匿名性の形而上学

アリストテレスの形而上学以来、実体は存在の究極的で、かつ内密な構造を描くものであった。実体は「存在の類比」の終着点なのである。実体は恒常性や固体性の観念を単にもたらすだけではない。それはまた、経験を「一点に集中させ」、属性や行動を支配するものでもある。存在は思考によって主題化可能なものであり、この意味において存在は認知され把持されうるものである。「何」ないし「誰」という問いによって、私たちは存在に接近する。この問いに対しては、名詞が答える。実体とは実詞である。実体主義の告発、関係への実体の還元、諸事物と人間との分離——精密科学と人間科学との飛躍が可能ならしめたこのような新しさも、実詞の論理的かつ文法的な優位を揺るがしはしなかった。これとは逆に、表象から解放された情動的経験の顕揚という近代思想の動きは、もはや実詞的なものをなにひとつ有さない存在の構造の幕開きとなった。動詞によって表現される行動や、副詞によって表されるいかにしてのほうが名詞に先だっているのだ。たとえば、ハイデガーやハイデガーの信奉者たちにあっては、存在は存在するものではなく存在するものの存在である。存在は、その現在分詞たる存在するものを開示する「薄暗い光」の源泉である。一切の存在するものの条件、最初に開示されるこの条件は一個の存在するものではない。諸存在者は「世界」のうちに現れるが、この「世界」は、実詞によって表現されうる個別的な諸存在者の総体ではなく、場であり雰囲気である。近代の小説もそれなりの仕方でかかる世界をめざしているし、近代絵画も形をなさない現実のうちに諸事物を浸そうとしている。奇怪な形の氾濫をつうじて、近代絵画は、共存不能なもの同士の共存可能性を追求している。選択を押しつけるものはもはやなにもない。かくして想像力は知覚から自立し、知覚の諸範疇を打ち破ることになる。最後に宗教的心理学について言うなら、たとえば多大な影響力を発揮したルドルフ・オットーの宗教的心理学(一九一七年!)は、客体でも発語する人格でもないようなヌミノーゼないし聖なるものと関わる経験を呈示している。ギリシャ以来、存在ならびに形而上学の観念と不可分なものと思われていた自然の観念や形式の観念そのものがこうして破壊されるのだ。

諸範疇の転覆がそこでなされていることを十全に自覚しつつ、レヴィ＝ブリュールは未開の心性を分析している。「私たちにとっては、原因と結果との結合は自然の骨組みそのものであり、自然の実在およびその安定性の基礎であるが、(未開人たちの眼には) この結合はほとんど価値をもつものではない。[10]」「私たちはここで、経験によっては如何ともしえない一種のアプリオリを前にしているのだ。[11]」「存在すること、それは融即することである。[12]」超自然的なものの情動的範疇のうちで働く融即は、漠たる物理的現象から形而上学的存在へと導くものでは決してない。それは、所与としての事物から、もはや存在の骨組みをもたないようなある力へと、拡散する隠れた感化力へと導くのだ。このような力は匿名の実在である。「それらは浮遊しており、こう言ってよければ、接近不能な界域から放たれる光線のごときものである。[13]」こうした力は実体的な形式に組み込まれるものではないし、顕現する諸主体の意志でもない。まったく逆に、事物のほうが一種の物神として存在しているのであり、事物はその属性ならざる力に支えられているのだ。世界にかんするハイデガーの分析においては、「用具」はまず事物としてあり、ついで用具と化すのではなく、諸存在者の総和ではなく実践の連繋であるような世界に最初から「使用品」として結びついているのだが、このような「用具」と同様に、物神も、自然には還元不能な、諸力の結びつきからその存在を引き出してくる。もっとも完成度の高い道具は諸力の結びつきに帰属している。「一番重要なのは、道具が上手に作られていることではなく、道具が幸福であることだ。[14]」こうした力を自然に還元できないのは、それが彼岸に属しているからではなく、彼岸と此岸とを切り離すことができないからである。「この世と別の世界とを[16](……)、未開人は区別しない。[15]」その結果、存在を語るための表現として、「一方であり、かつ他方である」とか「二元性であり一元性である」とか「共実体性[17]」とか「相互浸透[18]」といった表現が生まれることになる。

このような曖昧さが実体を「非実体化」するのだ。未開の心性ならざる心性にとっては、超自然的なものと自然なものを結びつけるのは因果性であり象徴作用（記号と意味されるものとの連関）であるが、見えるものと見えないものとの混淆は因果性にも象徴作用にも帰するものではない。融即は超自然的なものに導く次元を開くのだが、ここにいう超自然的なものは、此岸の世界を最上級に高めた複製ではないし、諸事物を昇華したものでもない。その場合にも、超自然的なものは諸事物と同様に構造化されており、単に形式的な超越が諸事物と超自然的なもののあいだに深淵をうがつにすぎないからだ。超自然的なものの超自然性は、情動的な経験によって、のちにレヴィ＝ブリュールが述べたように[19]「信仰としての経験」によって直接的な仕方で接することのできるものなのだ。そもそもの初めから、超自然的なものは恐れられ、希望を託され、尊敬されており、すでにして私たちの安全を揺るがしている。[20]それは「災難の永続的な可能性」[21]であり、〈自然〉や世界の対蹠点にあるものの経験である。かかる反宇宙の流動性がそこから帰結する。諸事物は互いに姿を変え合うのだが、それというのも、諸事物を牛耳る名前なき力の前では、諸事物の形など取るに足らないものだからである。

レヴィ＝ブリュールは感じることによって融即を特徴づけるのだが、感じることとは、形式との直接的ではあるがいまだ明確な形をなさない連関に尽きるものではない。感じることとは、不具な思考でも、その縮小モデルでもない。――感じることとは、思考することとは別の方向に向かうのである。感じることとは、ある力を被る際の仕方である。「たいていの場合見えないものであり、感覚では捉えられないものであるにもかかわらず現存し、活動する存在に対する」感情をとおして、神秘的実在は与えられるのだが、「このような存在が究極の所与なのだ……。」[22]観照されたいかなる像も、こうした力と人間との遮閉幕となることはない。「自分の感覚に与えられたものを知覚するまさにそのとき、未開人は、この知覚をとおして現出する神秘的な力に思いをはせるのだ。」[23]感じることとは認識の空虚な形式ではなく、魔法にかけられることであり、拡散した魔術の脅威にさらされることである。感じることは、雰囲気のうちに、監視し恐れさせる存在の夜のうちに存しているのであって、諸事物の面前に位置しているのでは決してない。

3　実存

表象の瓦解と軌を一にした実体の破壊(より正確には諸存在者の「実体性」の破壊)は、外在性のある種の観念が近代思想のうちで息たえたことを示している。当初から主体と近しいものとみなされていたこの外在性によって、観念論的哲学は可能となったのだった。存在の最初の経験は情動の次元に位置づけられるものであるから、それまで思考と外在的な存在との親密さを保証していた形式を、外在的な存在は脱ぎ捨てる。かくして主体は外在性を前にし、この外在性に引き渡されることになる。なぜなら、外在性は絶対的に疎遠なもの、言い換えるなら予見不能なものであり、ひいては特異なものであるからだ。類を有さない唯一無二のものであるという状況や瞬間の性格、裸の存在としての状況や瞬間がこうして近代人たちの大きな主題となる。存在に引き渡された自我はというと、それは自己の外に投げ出され、永遠の追放の地に追いやられ、自身を制御する術を失い、他ならぬ自分自身の存在によって凌駕されてしまう。数々の出来事によって自我はすでにある型に押し込められているのだが、こうした出来事に、自我は捕えられてしまう。表象された世界への関与はまた離脱、隔たり、猶予、自由であり、歴史に抗して自己を所有することでもあるのだが、これに対して、世界内存在とは取り返しのつかない既決事の最たるものである。告知される存在はすでにして、あなたを貫通してしまった存在である。が、と同時に、そうした規定や感化は因果性ではない。なぜなら、存在によって捕えられた自我は決断し、立場を定め、自分を確たるものたらしめるからである。未来の構造はすでに現在のうちで予感されているが、あくまで決断の余地を残すのである。

レヴィ＝ブリュールは、このような未来の構造を融即のうちに認め、予知にかんする分析のうちでそれを展開することになる。予知においては、兆しが原因で予言がその産物であるのだが[24]、と同時に、自分を告げ知らせ、事を定める力がそこでは祈りによって請い求められる[25]。「……神秘的な諸力の活動する場は、時間と空間の範疇をも支配するような現実の範疇のごときものを構成し、この範疇によって、諸事実は必然的に私たちにとって整序されたものと化すのだ[26]。」実存の哲学者たちの言い方では、私たちは未来を表象する代わりに未来であるのだが、それと同様に、予知行為の帰結を見守る未開人たちは「自分の生命がそこにかかっていると感じる。」このような試練において未開人たちと関わる事の側面は「彼らに単に属しているのではなく、彼ら自身なのである[27]。」

実存が主体に取って代わると、さらに存在の観念もある新たな意味をまとうことになる。かつては、実体的な諸形式のみが実存することに多様性と現実性を付与していたのであり、これらの形式なしでは、実存することは無色で中性的なものでしかなかった。ところが今や、こうした形式を脱ぎ捨てた裸の実存も、実に漠然とした空虚な言葉のごときものとして現れることをやめて、発露として、実効性として、感化力として、掌握として、他動性として現れることになる。存在はまさにベルクソン主義においてこのような意味を獲得する。ベルクソンの考えでは、存在によって展開される時間も空間ももはや形式的なものではなく、形式と形式の様態そのものと化した内容とが持続のうちで融合するからだ。存在はまた、現代の存在論においてもこのような意味を獲得する。かつて存在は実体という終着点に向かう方位を存在の類比において有しており、この方位から存在は一義性を引き出していたのだが、今や存在はこのような一義性を失う。諸々の実存者はその性質や本性によって区別されるのではなく、その存在様相によって区別されるのである。

未開の心性においては、実存者としての主体ならびに能動的で他動的な動詞としての存在することが姿を現す。未開人にとっての世界は決して所与ではなく、ある匿名の界域のごときものであって、それは、主体によってはいまだ引き受けられざる実存の不安におののく匿名態にはるかに近いものなのである。

未開の心性における存在は一般化しうるものではない。「これらの融即のひとつひとつが質的に感じ取られる……ひとつひとつの融即が特殊なものなのだ。[28]」純粋な形式としての時間は未開人の知るところではなかった。[29] 形式としての時間の等質性とは逆に、瞬間はそれぞれ異なる潜勢力を有していた。この潜勢力は、瞬間を満たす存在そのものに、この裸の存在の力に由来している。出来事の実効性は裸の存在の実効性のうちに、今日云われているような存在の事実性のうちに宿っている。先行する要素として、このような存在は作用する。したがって、過去は独特な形状を有しており、過去は過去である限りにおいて神秘的なものと化す。かつて存在したという事実によって、過去は今もなお作用しているのである。翻って言うなら、存在するという事実は空虚な観念ではなく、この事実には目もくれない数々の光景のなかに置かれながらも自同性を維持しつつ現実化されるのだ。光景ならびに光景を満たすすべてのものはこの実存することの素材であり、いわばその行使そのものである。「ある個人が生きること、それは、彼が属している、社会集団の死者をも含む成員たちとの融即、同じ土地から生まれた動物や植物との融即、土地そのものとの融即といった数々の神秘的融即のネットワークに実際に巻き込まれることである。[30]」瀕死の未開人の命を救った白人は彼の命を危うくしたことになる。「土着の神秘的な語義[31]」ではそうなるのである。生きること、存在することは、身をもって生きられ感じられる複数の意味を有している。「私たちが想像しているのとはちがって、未開人たちの経験は等質なものではなく（……）、ひとつの次元で展開されるものではない[32]。」「……この経験の『実態』は一義的なものではない[33]。」

4　心性という観念

「私たちは表象の次元にいるのではない。たとえここにいう表象がもっとも基本的なものであるとしても、である。私たちは、存在の奥底に位置するいまひとつの次元に身を置いているのだが、そこで生起する諸現象は心理的なものであるには相違ないが、本質的には情動からなるものである。ただし、実質的には表象の可能性もそこから排除されているわけではなく、だからこそ諸現象は真に人間的なものなのである[34]。」未開人たちの世界は宇宙の歪んだ表象ではない。なるほど、未開人たちの世界を啓示する情緒は「志向性」である。しかるに、この世界は表象ではまったくない。ところでレヴィ゠ブリュールは、西欧的な思考はそれとは異なる思考を産みだしたかもしれない一連の情勢の複合から生じた、という見解を次第に唱えなくなっていった。彼はまた前－論理的なものという用語も放棄してしまう。しかしながら、彼はあくまで観照的思考の特権を審問しつづけた。実を言うと、観照的思考の特権はコギトの確信に由来するのでも、論理学の揺るぎない諸法則に由来するのでもない。ユピテルの頭から完全武装して飛び立つミネルヴァさながら、いわゆる表象がどんな歴史からも自存していること、この点に観照的思考の特権は由来するのだ。個人としての、あるいはまた類としての人間の年齢とともに心的な習慣が変化することを発見した経験論者たちによって、真理の相対性が唱えられはしたが、認知的態度の絶対性はなんら衰えることがなかった。基礎的な情報としての感覚、故郷がイデア界であることを魂に明かす光としての感覚、そのような感覚のうちにも、認知的態度のすべてが浸透しているからである。表象は人間の魂の根源的な挙措ではなくひとつの選択であり、至高者とみなされている精神（*mens*）は心性にもとづいている。この点を示すことで、レヴィ＝ブリュールは、他ならぬ認知的態度の絶対性を破壊したのである。

心性という用語は新しい用語であり、それはある近代的な観念を指示している。理性が外的な諸要因に屈することもありうるという考えがかつて唱えられた。精神の外にあるこれらの要因が、理性には無頓着な精神を捕える、というのである。ただしその場合にも、方法さえ正しければ、人間たちにかくも公平に授けられた良識はその価値を失うことがない。この方法の鍵を握るのは理性であり、すでにして自分自身以外のなにものでもないがゆえに、理性は自力で外的な諸要因から自己を解放しうるのである。これに対して、心性という概念は人間の精神のつぎのような性格を肯定することをその本義としている。すなわち、それが風土であれ、人種であれ、制度であれ、さらには自然の光〔理性〕を歪曲してしまうものとして身につけられた心的な習慣であれ、人間の精神はこのような外的な状況にのみ依存しているのではない。それ自体において人間の精神は依存であり、人間の精神は、概念的な諸関係に向かう可能性と融即の関係にとどまる可能性との相反から生まれたのである。表象に先だって、人間の精神はめくるめくような仕方で存在に巻き込まれ、存在へと方向づけられている。知識を選択する以前に、人間の精神はこのような方位であり、知もまたこのような方位のひとつの様態なのである。対象に向かう運動はより深い運動にもとづいているのだが、未開人の心性は私たちの心性以上にこの深い運動を目に見える形で示しているのだ(35)。表象よりも深層で機能しつつもあくまで存在との連関を堅持した、ある新たなタイプの出来事への展望がこうして開かれることになる。

このような展望をかいま見たのは、とりわけ数々の実存哲学であった。これらの実存哲学の貢献は、一見すると同語反復とうつる、存在する人間とその存在との関係のうちに、ある出来事とある問題を看て取ったことである。古典的な心理学においては、実存はごく当たり前のことのように実存者によって所有されており、表象を媒介とした、諸存在者との確執や争いしかそこでは起こらないのだが、これとは逆に、実存の哲学は存在への「表象に先だつ」関与を一個のドラマとして捉えている。かかる関与においては、実存することは「取る」、「摑む」のような他動詞であると同時に、「感じられる、自分を感じる」(se sentir)、「位置する、自分を支える」(se tenir)のような代名動詞でもある。こうした動詞によって言い表される反省ないし反射は観照的なヴィジョンではなく、すでにして実存するという出来事そのものである。それは意識ではなく、すでにして関与であり、存在することの様式であって、この様式は装飾とも呼びたくなるようなありとあらゆる情勢によって質的に規定されているのだ。あるいは庇護し、あるいは脅かす、先に語ったような力に差し貫かれつつ、大地に融即して実存すること、そうした実存の観念もまた、実存の哲学と同様の仕方で、存在にかんする伝統的でかつ単に形式的な概念を粉砕するのではなかろうか。

このような実存の仕方にあっては、実存者はすべてから分離すると同時にすべてに巻き込まれているのだが、『覚え書き』の鍵を握る箇所では、この実存の仕方が社会的経験に近づけられており、そこでは、個人的な実存の自存性が集団への帰属と不可分なものと化す[36]。「社会体への個人の融即は、この個人がみずからの実存について抱く感情に内包された直接的所与である[37]。」実存にかんする近代的な感情を説明し、さらにはこの感情を完全にとは言わないまでもあるていど正当化する際にも、このような融即の理論は無効ではない。おそらく私たちは、生体をモデルとして構想され、その後、機械論的な物質と同一視された存在の観念が、存在の最初の直観としての社会的経験に取って代わられるような哲学の時代を生きているのであろう。レヴィ＝ブリュールの考察は、(内容と形式との不可分性ゆえに、一切の実体的形式と無縁な場で)みずからの実存することそれ自体によって実効性をもつような情緒的経験や融即、実存や存在の観念の錬成に貢献した。無神論的なものであれ宗教的なものであれ、近代の思考は、他ならぬ〈理性〉の概念を拡張するための推進力と好機を、これらの概念のうちに見いだしたのだったが、これらの概念は、すでに乗り越えられた復古的な諸形態への郷愁をそそるものでもある。神話学が再生し、世俗的思想家たちは神話を高度な思考の座に格上げし、宗教の領域では、近年ドグマやモラルの精神化と称されているものとの争いが生じているが、こうした現象は理性の拡張を示すものでは決してない。それは、未開の心性への単なる回帰を表しているのだ。技術的理性の不十分さならびに技術的理性が引き起こした大破局によって、このような郷愁を説明することができるかもしれない。しかし、一神教から生まれた文明はかかる危機にも応対することができるのではないだろうか。神話から、神話が精神のうちに引き起こす混乱から、神話が慣習のうちにはびこらせる残忍さから解放されたある道を示すことで、この文明はかかる危機にも応対することができるのではないだろうか。

＊　初出 *Revue philosophique de la France et de l'étranger*, n°4, octobre-décembre, 1957.

（1）「これまで説明されずじまいだったいくつかの事実を、私は説明することができた……」（*La Mentalité primitive*, Retz, 1976, Avant-propos, p. III）。
（2）リュシアン・レヴィ＝ブリュールの『覚え書き』（*Carnets*, Paris, Presses Universitaires de France, 1949）。
（3）同右（p. 164-166）。他の箇所にも同様の表現が見られる。
（4）同右（p. 72）。
（5）『下等社会における心的諸機能』（*Les Fonctions mentales dans les Sociétés inférieures*, Alcan, 1910, p. 28-29）。
（6）同右。
（7）『未開の心性』（p. 47）参照。

（8）『覚え書き』（p. 138）。
（9）同右（p. 250-251）。
（10）『未開の心性』（p. 19）。
（11）同右（p. 21）。
（12）『覚え書き』（p. 22）。
（13）『未開の心性』（p. 86）。
（14）『未開の心性』（p. 350）。ちなみに、よくできた道具という事態は表象を必要としない。それは手による直観（同右、p. 518）のみを必要とするのであり、レヴィ＝ブリュールは、この種の直観を表象から独立したものとして認めている。
（15）同右（p. 14）。未開の心性を論じた六冊の著書のうちにも、同様の表現がちりばめられている。
（16）『覚え書き』（p. 64）。
（17）同右（p. 92）。
（18）同右（p. 134）。
（19）同右（p. 251）。
（20）同右（p. 68, 75）。
（21）『未開の心性』（p. 52）。
（22）『覚え書き』（p. 34）。
（23）『未開の心性』（p. 48）。他の箇所にも同様の表現がある。
（24）同右（p. 143）。
（25）同右（p. 219）。
（26）同右（p. 225）。
（27）同右（p. 218）。
（28）『覚え書き』（p. 75）。

(29) この点ならびに、未開人たちの時間とベルクソン的持続との対比について、さらに、昨今「生きられた空間」と呼ばれているものについては、『未開の心性』(p. 90-93, 231以下および他の箇所)を参照。ハイデガーにおいてと同様に、そこでは知覚とその具体的特性との空間がユークリッド空間やその幾何学的特質に対して優位を占めている(『未開の心性』p. 232)。同書の結論(p. 520)をも参照。

(30) 『未開の心性』(p. 500)。

(31) 同右。

(32) 『覚え書き』(p. 55)。

(33) 同右(p. 81)。

(34) 同右(p. 108)。強調は引用者による。

(35) 同右(p. 131, 165, 234)。

(36) 同右(p. 98, 106)。

(37) 同右(p. 107)。

神人？

哲学とは光のなかに置くことです。哲学的企ての不遜さを強調するために案出された、流行の表現を使うなら、哲学とは開示し暴露することです。では、何億という信者の心の奥底に属するある観念を、哲学者として扱うにはどうしたらよいでしょうか。この観念は、これら信者たちの神学における神秘のなかの神秘であり、彼らを二〇世紀近くのあいだ結びつけてきました。私はこれらのひとびとと運命や思考のほとんどすべてを共有しているのですが、彼らの信仰だけは別です。今夜ここで問われることになるのはまさにこの信仰なのです。

もちろん、発言を控えることもできたかもしれません。ですが、この会合に参加するよう呼びかけてくださった方々の友愛の情を考えると、お断りすることができませんでした。礼節を欠くかもしれないことを恐れているのではありません。この時代に示された寛大な意図に耳を塞ぎ、あの悲劇的な時期のつき合いを忘れ去ることなど、いったい可能でしょうか。

私は、キリスト教を信じないすべての者には禁じられた領分に首をつっこもうなどと大それたことを考えているわけでは毛頭ありませんし、たぶん、この領分の究極の意味は私には理解できないものでしょう。〈神人〉という概念が示唆している多様な意味のなかからふたつを選んで、それについて考えてみたいと思います。この会合のプログラムには、神人という演題に疑問符が付されていますが、それは、神人という概念が問題とみなされていることを示しています。

神人という問題は一方では、至高の〈存在〉がみずからに課す屈従の観念を伴っています。〈創造主〉が〈被造物〉の次元に降下するのであり、言い換えるなら、もっとも能動的な活動がもっとも受動的な〈受動性〉のうちに吸収されてしまうのです。

つぎに申し上げることは、〈受難〉をつうじて限界点に至った受動性によって生じた事態と言ってもよいでしょうが、神人の問題は他方では、他人たちのための贖いという考え方、つまりは身代わりという考え方を伴ってもいます。すぐれて自己同一的なもの、交換不能なもの、すぐれて唯一なものが身代わりに他ならないことになりましょう。

一見すると神学的な観念であるかにみえますが、これらの観念は表象に属する諸範疇を転覆してしまいます。そこで私が考えてみたいのは、キリスト教の信仰にとっては無条件な価値を有するこれらの観念がどのていど哲学的価値をもつのか、これらの観念はどのていど現象学のうちに姿を現すのか、という問題です。現象学はすでにしてユダヤ－キリスト教的な叡知の恩恵に浴している。この点に疑いの余地はありません。しかし、意識はこの叡知のすべてを吸収するわけではない。現象学の栄養となりえたもののみを、意識は現象学に取り戻させるからです。では、先に挙げた新たな範疇はどのていど哲学的なものなのでしょうか。キリスト教の信者にはこのような尺度は不十分なものとうつるに相違ありません。ですが、どの点から宗教は他のなにものによっても代えがたいものと化すのかを示しておくのも、おそらく無益ではありますまい。

私の考えでは、神の謙譲は、超越との関係を無思慮とも汎神論とも異なる用語で考えることをあるていど可能にするものであり、身代わりの観念、そのある種の様態は主体性の理解に不可欠なものです。

人間以外の何者でもないような人間の情念や喜びを共有する、人間の姿をした神々の登場は、なるほど異教〔ギリシャ－ローマ〕の詩ではごくありふれた事態です。しかし、古代の異教においては、神々は人間の姿をまとって現れることでその神性を失ってしまいます。だからこそ、ある種の哲学者たちは、神々の神性を人間たちの精神のうちに維持するために、詩人たちを〈都市国家〉から追放したのでした。けれども、こうして救済された神性には寛大さがまったく欠けています。プラトンの神は非人称的な〈善〉の〈イデア〉であり、アリストテレスの神はみずからを思考するような思考です。人間たちの世界には無関心なこのような神性をもって、ヘーゲルの『エンチクロペディー』は、そしておそらくは哲学も幕を閉じるのです。詩人たちが語る神々を世界が呑み込むのと同様に、哲学者たちの世界は〈絶対的なもの〉へと昇華されます。その際、〈無限者〉は有限者のうちに現出するのですが、有限者に対して現出することはありません。人間はもはや神の面前（*coram Deo*）にはいないのです。有限者と〈無限者〉との近さの異常な過剰も秩序に組み込まれてしまいます。絶対的なものと全体性の仮借なき秩序のうちに、人間たちが、彼らの悲惨と絶望が、彼らの戦争と犠牲が、醜悪なものと崇高なものが解消され、要約されるのです。ある哲学者たちの言うことを信じるなら、たしかに私たちの生の真の意味は、みずからの断絶をも物語り、不死の間主観性のうちでつねに蘇るような不断の言説のうちにも姿を現します。ですが、その場合にも私たちの生は、このような言説が決して有したことのないような意味をこの言説に授けるのです。

神との対面、神の近さ、神の異常さ、神との遭遇の奇異な豊穣さ、それらを哲学者として思考するのはこのように不可能なのですが、この不可能性は論理的思考のなんらかの逸脱に由来するものではなく、論理それ自体の反駁不能な形式性の所産なのです。絶対的に〈他なるもの〉が私に対して現れたからといって、絶対的に〈他なるもの〉の真理は私の思考の枠組に組み込まれてそこから意味を汲み取り、私の時間に組み込まれてそれと同時的なものと化すのでしょうか。より大きなものとして、より複雑なものとして現れるような秩序のうちに、どんな擾乱もついには組み込まれてしまいます。これは精神のひとつの見地ではなく、私たちの時代の大いなる経験であります。たとえば歴史家はありとあらゆる異常な突発事のうちにも自然な意味を見いだしてしまいます。すべてが神であるか、すべてが世界であるような宇宙に抗して、どうすれば神と世界というふたつの秩序のあいだの交通を維持できるのでしょうか。神へと向かう法外な運動はいかにして可能になるのでしょうか。惑星間の飛翔のごときこの運動を可能ならしめるものとして、秩序の統一性をことさらに強調することなしに、このような運動をいかにして考えうるのでしょうか。

栄光に満ちた目ざましいものとしては現出することのない真理、聖書に言う「か弱き沈黙の声」さながら謙譲のうちに現出するような真理——つまりは虐げられた真理という考え方こそ、超越がまというる唯一可能な様態なのではないでしょうか。謙譲が有する道徳的価値ゆえにそう言うのではありません。もっとも、私はこの道徳的価値に異議をはさむつもりは毛頭ありませんが。その存在の仕方ゆえに、謙譲は超越の唯一の様態なのであり、この存在の仕方のほうが謙譲の道徳的価値の源泉なのです。遜《へりくだ》ったものとして、敗者の、貧者の、追放された者の味方として現出すること、それこそがまさに秩序には収まらないということなのです。このような敗北をつうじて、なにかを敢行する果敢さを持ち合わせないこのような卑下をつうじて、請願にはつきものの図々しさなき請願、他ならぬ大胆さの欠如によって、体を休める場所をもたない乞食の、無国籍者の請願によって、受け入れる側の諾否に左右されるこのような請願によって、遜った者は有無を言わせぬ仕方で擾乱するのであり、彼は世界には属していないのです。謙譲ならびに貧困は存在のうちに身を置くひとつの仕方、存在論的な（あるいは非存在論的な）様相であって、社会的な条件ではありません。追放された者の貧困をとおして姿を現すこと、それは宇宙の整合性を断つことです。それは、内在性のうちで整序されることなく、内在性に穴をうがつことなのです。

このような開口は紛れもなく曖昧なものです。けれども、世界の引き裂きえない組織のうちに曖昧さが現れること、それはこの組織を織りなす糸がゆるむことでもなければ、世界という組織をあれこれ探究する知性の失墜でもない。それは、謙譲によってのみ可能となる神の近さに他ならないのです。超越の曖昧さ――この曖昧さゆえに、魂は無神論から信仰へ、信仰から無神論へと揺れ動き、この交替ゆえに、信じるという動詞を一人称単数現在で用いる際の破格語法が生じるのですが、これは神の死後もなんとか生き延びた虚弱な信心ではなく、神の現存の独特な様相であり、交通の独特な様相です。交通ないしコミュニケーションは、自己への自己の現前としての確信、言い換えるなら同じもののうちに絶えず滞在することではなく、超越に伴う危うさであり危険なのです。危険にさらされながら生きること、それは絶望ではなく、〈不確実性〉という肯定的な寛大さなのです。開示においては内在性がつねに超越に勝利します。なぜなら、部分的に開示されるにせよ、神秘のうちで開示されるにせよ、ひとたび開示されるや、開示されたものは内在的なものと化すからですが、以上に述べてきましたように、辱められた真理という考え方は私たちが開示に終止符を打つことを可能にしてくれるのです。

神の謙譲という聖書の考えによってもたらされるような超越の哲学的観念をもっともよく理解していたのは、おそらくキルケゴールでしょう。キルケゴールにとっては、辱められた真理は単にうまく捉えられなかった真理ではありません。真理は迫害と辱めの最たるものにさらされているのですが、迫害と辱めこそ真実の様態なのです。超越的な真理の力はその謙譲のうちにあります。自分の名前を語るだけの自恃もないかのように、すぐさま世界と渾然一体化するとはいえ世界には占めるべき場所がないかのように、彼岸から到来したものではないかのように、真理は現れるのです。キルケゴールを読んでいると、つぎのような疑問がわいてくることさえあります。みずからの出自ないし起源を告げる〈啓示〉は、世界に抗するその無力な権威を依然として確証しつづけている超越的真理の本質に逆行するものなのではないか。真の神がその識別不能性（incognito）を破ることはあるのか。語られた真理は、ただちに語られざるものとして現れざるをえないのではないか。そうすることで、真理は歴史家や文献学者や社会学者の節度と客観性から逃れるのではないか。なぜなら、歴史家や文献学者や社会学者たちは、真理を歴史上のありとあらゆる名で飾り、真理のか細き沈黙の声を、戦場や市場で上がるざわめきのこだまに、あるいはまた意味なき諸要素からなる布置に還元してしまうからです。さらに、啓示の最初の言葉は必ずや人間から到来するのではないか、と問うこともできましょう。たとえばユダヤ教の典礼で唱えられる古来の祈りがそのことを証ししているのですが、そこでは、信者は自分に授けられたものに感謝するのではなく、感謝しうるということそれ自体に感謝するのです。

曖昧さが口を開けてそこに超越がまぎれ込むということ、この事態はおそらく更なる考察を要求しています。「打ち砕かれて、遜れるひとと共にありつづける」（『イザヤ書』五七・一五）ために、みずから遜る神、「無国籍者の、寡婦の、孤児の」神、世界から排除されたものと結びつくがゆえに世界のうちに現れる神、このような神は法外なものなのですが、かかる神が世界の時間における現在と化すことなどありうるのでしょうか。現在は真の神の貧困には過ぎたものではないでしょうか。と同時に現在は、真の神の貧困が謙譲と化すための必須条件たる栄光にとってはあまりにも狭量なものではないでしょうか。秩序をかき乱す他性がただちに秩序への融即と化さないためには、彼方という次元が開かれたままであるためには、現出の謙譲はすでにして隔たりでなければなりません。秩序からの剥離が実際には秩序への融即であることを阻止するためには、この剝離は、至高のアナクロニズムによって、秩序への参入に先だつものでなければなりません。前進に刻まれた後退が、一度たりとも現在であったことのない過去のごときものが必要なのです。参入を後退に後続するものたらしめるようなアナクロニズム、つまり私の時間には決して内包されたことがなく、それゆえ記憶不能であるようなアナクロニズムの曖昧さないし謎がまとう概念的な相貌、それを私たちは痕跡（trace）と呼びます。ただし、痕跡という語は単なる付け足りではありません。痕跡とは、私の隣人の顔のうちでの神の近さなのです。

　顔の裸出性は世界というコンテクストからの剝離であり、コンテクストとして意味する世界からの剝離です。顔とは、それによって面前（*en-face*）という例外的な出来事がまず生起するものに他ならず、建物や事物の正面はこの出来事を模倣しているにすぎません。ただし、このような「共に」の関係はもっとも剝き出しの裸出性、さらには「無防備」、「無一物」でもある。不在者のかかる貧窮、貧困が神の近さを、痕跡をなしているのです。顔は面前そのものであり、系列を断つ近さであるのですが、それは、顔が〈無限者〉ならびにその記憶不能な過去から謎として到来するからであり、また、顔の貧困と〈無限者〉とのこの結びつきが私と隣人との友愛、兄弟関係のうちに刻印されているからです。私のがわからのどんな関与にも先だって、隣人を私の責任に託す力のうちに、神と貧者とのこのような結びつきは刻印されているのです。無限者とは同化不能な他性です。現れ、みずからの存在を知らしめ、みずからを象徴化し告知し思い出として刻みつけるようなすべてのもの、現前し再現前し、ひいては有限なものならびに〈同一なもの〉と「同時間化」するようなすべてのものとの絶対的な差異、それが無限者なのです。無限者は〈彼〉であり、〈彼性〉（Illéité）です。〈彼性〉としての無限者の記憶不能な過去は人間の持続を外挿したものではなく、神を住まわせることのできない世界に対する神の根源的な先行性であり、その根源的究極性なのです。〈無限者〉との関係は認識ではありません。それは近さであり、近さは、かろうじて姿を見せる内包不能なものの法外さを堅持しています。〈無限者〉との関係は〈欲望〉であり、言い換えるなら、自分が思考することよりも無限に多くのことを思考するような思考です。自分が思考するより以上に思考するような思考を要請しうるためには、〈無限者〉は〈欲望をそそるもの〉のうちに受肉しえるものであってはなりません。無限なものたるがゆえに、〈無限者〉は目的、終末のうちに閉じこもることもありえません。〈無限者〉は顔をつうじて要請します。〈私〉と絶対的な〈彼〉とのあいだに〈きみ〉が挿入されるのです。遜るとともに超越的であるようなひとりの神の謎めいた「あいだ」(*entre-deux*)、それは歴史における現在ではなく〈他人〉の顔なのです。こうして私たちはある異常な意味を理解することになりましょうが、自分たちの説教の呟きを私たちが失念するや否や、この意味は異常でかつ驚くべきものと化すのです。「彼は貧しき者、不幸な者を正しく遇する。(……)これこそがわたしを知ることではないか、と永遠なる主は言われる。」『エレミヤ書』二二・一六のこの聖句の驚くべき意味がこうして理解されることになりましょう。

さて、〈神人〉という観念は〈造物主〉の被造物への実体変化を伴うものであり、それゆえ身代わりという観念を確証しています。同一律に加えられたこの打撃は、あるていど——ただしどのていどそうなのかをこそ検討しなければならないのですが——主体性の秘密を表しているのではないでしょうか。観照以外の実践を精神に認めることなく、意識に還元された人間の人間性を客観的諸構造の単なる鏡に帰してしまうような昨今の哲学のなかにあって、身代わりという観念は主体の復権を可能ならしめるのではないでしょうか。自然主義的なヒューマニズムも主体を復権せしめるのに成功したとは必ずしも言えません。なぜなら、自然主義的ヒューマニズムは、その自然主義ゆえに、人間的なものの特権をすぐさま見失ってしまったからです。

意識として解された、人間の主体性はつねに能動性です。つねに私は自分に課せられたものを引き受けることができるのです。自分の被ったものを受け入れ、不利な状況にあっても色を失わないための方途を、私は有しているのです。ですから、すべてはさながら私が端緒にあるかのように進行するのですが、しかし、私が隣人に接近する場合は別です。一度も締結されたことはないが、〈他者〉の顔に刻み込まれた責任へと、私は呼び起こされるのです。どんな自由にも先だつこの審問以上に受動的なものはなにもありません。かかる審問を深刻に考えてみなければなりません。近さは近さについての意識ではありません。近さとは強迫なのですが、強迫は肥大した意識ではなく、逆向きの意識として意識を覆すのです。強迫という出来事は意識からそのイニシアティヴを剝奪し、自我を解体し、罪ある者として自我を〈他者〉の前に立たせます。強迫という出来事は自我を告発するのですが、この告発（accusation）は迫害を伴っています。なぜなら、この告発はどんな過ちにも先だつものだからです。告発されることで、自我は自己（soi）に連れ戻されるのですが、ここにいう自己はいかなる主格にも先だたれることなき対格（accusatif）なのです。

自己自身は自己による自己の表象ではありませんし、自己意識でもありません。自己自身はそれらに先だつ再帰（récurrence）であり、それによって初めて意識のどんな自己回帰もが可能になるのです。自己自身とは受動性であり、忍耐であり、「自己と距離をとりえないこと」です。自己は自我のうちにあり、自己に追いつめられています。自我の皮膚のうちにはなにひとつ頼みの綱はなく、自己自身は自我の皮膚のうちなる痛みです。このような受肉は比喩としての意味をいささかも有していません。これこそ絶対的な再帰をこのうえもなくありのままに表した表現であり、他のどんな言葉もすでにしてこの再帰を近似的にしか言い表してはいないのです。自己自身は、自己へと放逐された自我がさらに受肉することではなく、自我の受肉それ自体が自己への自我の放逐であり、侮辱への、告発への、苦しみへの曝露なのです。

これは無際限な受動性でしょうか。自己の同一性は被ることとの受動性に限界を課すのではないでしょうか。質料さえその形式に最後の抵抗をするのですから。しかし、自己の受動性は質料ではありません。極限にまで至った自己の受動性は自己の同一性における逆転を、この同一性の放棄を本義としているのです。

単なる疎外に転じるものとしてではなく、このような自己同一性の欠損、転覆が可能となるためには、自己の受動性は他人たちへの、他人たちのなすことへの責任以外のものでありうるでしょうか。しかも、この責任はそれが被る迫害にも責任を負うているのです。『哀歌』三・三〇の聖句では、「彼は打つ者に頬を差し出し、十分に恥辱を味わう」とあります。ですが、それは苦しみがなんらかの超自然的な力を有しているからではありません。そうではなく、私は私が被る迫害にも責任を負うているということ、それがこの聖句の意味なのです。自己とは、自己同一性の手前にあるような受動性であり、人質の受動性なのです。

絶対的な受動性は絶対的な回避不能性に転じます。自由の手の届かないところで告発されるとはいえ、絶対的な受動性はまさに応答のイニシアティヴに委ねられるのです。ここには、忍耐から能動性への、個別的なものから普遍的なものへの意表をつく反転が、そしてまた、秩序と存在のうちなる意味の萌芽があるわけですが、こうしたことは文化の営みゆえに生じるのでも、単なる構造化によって生じるのでもありません。近代の反ヒューマニズムは、自己目的であるような人格が存在のうちに占める優位を否定し、そのため、諸要素の単なる付置のうちに存在の意味を求めていますが、おそらくこのような反ヒューマニズムは、身代わりとしての主体性が占めるべき座を残したのです。とはいえ、それは自我が道徳的と称される諸性質をそなえ、これらの性質を属性として担っているからではありません。身代わりという不断の出来事、存在がみずからの存在を一掃するという事態は、〈自我〉の無限の受動性であり受難であり忍耐であり〈自我〉の自己であり、この自己は例外的な唯一性へと連れ戻されるのです。

しかし、私の話のこのような結論を導いた分析の出発点は、神でも精神でも人格でも魂でも理性的動物でもありません。これらはいずれも自己同一的な実体です。みずからの自己同一性を反古にすること、それは〈自我〉の仕事です。他人たちの犠牲を強要するのでないとしたら、いったいどうすれば、他人が私のために犠牲になることを期待できるというのでしょうか。他人が私に対して負う責任を認めたとしても、人質たることを条件としているがゆえに、私はただちに、この責任にも責任を負うている自分を見いださざるをえないのではないでしょうか。自我であること、それはつねに余分な責任を有することなのです。

人質という観念や、〈他人〉に対する自我の贖いという観念においては、過ちと罰、自由と責任との均衡にもとづいた諸関係（これらの関係が集団を有限責任の社会へと変化させるのです）が覆されるのですが、これらの観念が自我の外へと拡張されることはありえません。他人たちの苦しみと過ちが課す重みに曝されること、それが〈自我〉の自己自身を定立するのです。ひとり私のみが、残酷さを伴うことなく犠牲者として指定されうるのです。〈自我〉とは、どんな決断にも先だって、〈世界〉への責任のすべてを担うために選ばれた者のことなのです。メシアニズムとは〈存在〉におけるこのような絶頂であり、「みずからの存在に固執する」存在の転覆なのですが、かかるメシアニズムは自我のうちで始まるのです。

＊ 一九六六年四月にパリで開催されたカトリック知識人の集いでの講演。同年に、『イエス・キリストとは誰か』（*Qui est Jésus-Christ?*, Editions Desclée de Brouwer）に掲載された。

ある新たな合理性——ガブリエル・マルセルについて

私たちの文明が歴史として物語られてきたこの二五世紀のあいだ、神という堅固な〈巌〉が、コギトという揺るぎない基盤（*fundamentum inconcussum*）が、世界を見おろす星空が相次いで時間の流動に抵抗し、現在時に現存を保証してきた。その後、私たちは神の死を、人間の思考のうちでの人間性およびヒューマニズムの偶然性を相次いで知らされた。そして今や世界の終末が、壊れた世界が訪れたのだが、逸早くマルセルはこのことを語っている。

いま述べたようなことはすべて、退廃したペンによって書かれたものであり、斜に構えた知識人たちの妄想なのだろうか。私はそうは思わない。なにかが生じている、あるいはなにかが生じたのだ。時代遅れの哲学を思い出して自分を励ますために、私はガブリエル・マルセルを語るのではない。世界のこのような壊乱のうちには、すでに精神の肯定的な諸様態が、〈意味〉の数々の新たな意味性が兆しているのではないかと、私は思う。こうした廃墟の只中にあって、ガブリエル・マルセルもまた、この終末とそこにはらまれている数多の始まりを思考したのだった。

世界という廃墟。依然としてその営みを継続している世界のなかにあって、言語は、諸事物の営みと共時化することができないという無力さを告白し、シニフィエなきシニフィアンのゲームに興じている。持続がもはや諸命題の同時性のうちには配列されず、また、表象の統一性をかつては維持していたプラトン的想起それ自体が記憶喪失と化したかのようである。かかるベルクソン主義のなかには反ベルクソン主義が宿っている。今やすべての無秩序がいまひとつの秩序であるわけではないからだ。ブランショの語る〈書物〉の終焉が、威風堂々たる講義の困難がここから生じる。ニーチェのアフォリスティックな言語をはさんで、ヘーゲル（あるいはディドロ）の『百科全書』と『形而上学日記』はまさに深淵によって隔てられている。日付を有した日記の形式のまま出版しうるものとみなされた『形而上学日記』は、死後に残された資材ないし未払い金として、なんらかの総合を求めることがない。ジャン・ヴァールの作品もこれと同様であるが、ヴァールはマルセルの仲間であり友人であるとともに、同じ終末の証人、同じ始まりの先導者であった。ヴァールの作品においては、このうえもなく博識な哲学が自由詩の新たな韻律と、そしてまた、強制的な区切りから解き放たれた時間の隔時性と合体している。措定される意味への、信仰としての有意味性への無頓着であり、論理的命題の頑なさならびに判断の抑圧的な決定に対する非難である。教義が提起する神よりもむしろこの教義それ自体に対する無頓着である。表現不能なもの、曰く言い難いもの、語られざるもの（たとえそれが単にうまく語られなかったもの、言い落としにすぎないにせよ）の強迫観念であり、系譜学（généalogie）と語源学の強迫観念であるが、それはまた近代性を示す事態でもあろう。

近代性は神秘主義ではない。依然として神秘主義は、論理学によって創設された秩序に、論理学の相関者たる存在としての絶対者に忠実だからである。概念の働きなしに絶対者と合体しようとする大胆さにもかかわらず、神秘主義は存在論に忠実なのだ。これとは逆に近代の哲学的文献は、語詞記号によって〈語られたこと〉に刻印された体系を真剣に受けとめることよりもむしろ、語詞記号と戯れることのほうを好んだ。しかし、こうして明らかになったのは意味性の終焉であり、言葉をつうじてもっぱら存在と結びついた合理性の終焉であった。〈語ること〉によって〈語られたこと〉、知識を運ぶものとしての〈語られたこと〉にのみ結びついた合理性が幕を閉じたのである。コンディヤックは科学のうちに、巧みに作られた言語を見ていたが、たとえ出来の悪いものであったとしても、西欧の伝統にとって言語は、それが知っているすべてのこと、この知識の真理ゆえに有意味なものとみなされている。言い換えるなら、存在するものと存在するものの存在との不変の同一性ゆえに、言語は有意味なものとみなされるのである。この限りにおいて、言語は、それを裏切り、制限するかにみえる数々の差異にもかかわらず、その自己充足、その完成を華々しく見いだしうるものとされるのだ。

したがってここにはひとつの終末があるわけだが、それはまた、新たな合理性の、新たな叡知の、精神の新たな観念の始まりである。一九一九年一〇月二一日の日付をもつ『形而上学日記』の二〇七ページで、私たちにつぎのように語ったのはガブリエル・マルセルそのひとである。「おそらく、自己充足（*autarkia*）に卓越した価値を認める古典的な考えに対しては強く反対しなければならないのだろう。完全なものは自己自身に充足したものではない。とは言わないまでも、かかる完全性は体系の充足であって、存在の充足ではない……　ある存在をそれが必要としているものに結びつける連関は、いかなる条件において、精神的な価値を呈示しうるのだろうか。そのためには、相互性が、目覚めが欠かせないように思われる。精神的な連関と呼びうるのは、存在と存在との連関のみである……　重要なのは存在同士の精神的交渉である。ここで大事なのは敬意ではなく愛なのである。」実に重要な言葉である！　なるほど、ここでは存在、精神、精神的なものが大いに問題となっており、最後の部分では愛という語が用いられている。とはいえ、ここにいう存在は自己意識ではない。それは自己とは他なるものとの連関であり、目覚めである。ところで、自己とは他なるもの、それは〈他者〉ではないだろうか。さらに、愛はなによりもまず、きみとして他者を迎えること、言い換えるなら精一杯のもてなしを意味している。精神は〈語られたこと〉ではない。精神とは、〈同〉と〈他〉の差異を抹消することなく、〈同〉から〈他〉へと赴くような〈語ること〉である。なにひとつ共通なものがないところに、精神は道を拓く。他人に対して一者が無関心ならざること、である！　ブーバーと軌を一にして、マルセルはきみによって目覚めた私の精神性を語るのだが、このような精神性のもとで、新たな意味性が意味しているのだ。それは自己同一的なものと自己同一的ならざるものとの非‐同一性でもなければ、両者の同一性でもない！『日記』以降のマルセルの諸著作では、きわめて多くの伝統的な表現や規則の修復がなされることになるとはいえ、かくも高尚なこの作品は、いま述べたような有意味性が有する新たな意味性の作用を被り、新たな意味性によって焼かれるのである。

『日記』という作品は実に豊穣なものなので、そこから悪しき精神主義を一掃したとしても、この作品に傷がつくわけではない。〈語ること〉における無関心ならざること（non-indifférence）と私が呼ぶものは二重の否定を伴っているのだが、かかる差異（différence）の背後に、なにか共通のものが実体として姿を現すことはまったくない。したがって、それは連関であると共に断絶であり、ひいては目覚めである。他者による〈自我〉の目覚めであり、〈異邦人〉による〈自我〉の目覚めであり、無国籍者による〈自我〉の目覚めである。言い換えるなら、隣人以外の何者でもないような隣人による〈自我〉の目覚めである。目覚めは自己反省ではないし、普遍化でもない。目覚めは、養い服を着せるべき他者に対する責任を、私が他者の身代わりになることを、他者の苦しみ、さらには他者の過ちをも私が贖うことを意味している。贖いは私に課せられるのだが、そこから逃れることなどできはしない。代替不能な者たる私の唯一性は、贖いへと高揚するのである。

ところで、このような断絶、このような目覚め、このような贖い、このような高揚をとおして、超越の神曲、数々の存在論的措定を超える超越の神曲は展開されるのだ。

＊ガブリエル・マルセル協会発足のための会合（一九七五年一月一三日）での講演。

解釈学と彼方

神へと目覚めた思考は、自分が世界の彼方に赴き、内奥よりも奥深いある声を聞くと思っている。このような宗教的生ないし心性を解釈する解釈学といえども、かかる思考がまさに乗り越えたと思っているような体験に、宗教的生ないし心性を同化することはできない。彼方に、自己よりも奥深いものに達するとかかる思考は主張するのだが、ここにいう彼方は、志向的意識が開き、また踏破するような自己の外とは異なる超越である。では、このように乗り越えることはなにを意味するのか。いま述べたような差異はなにを意味するのか。形而上学的性格を有する一切の判断を保留したまま[1]、ここでは単に、いかなる点においてこの超越が志向性における自己の外と袂を分かつのかを、この超越のノエシス的構造に即して検討するにとどめたい。そのためには、世界ならびに存在と関わる際の志向性固有の様式をあらかじめ考察しなければならない。

1　意識にかんするフッサールの現象学を出発点としよう。「どんな意識もなにかについての意識である」という定式と対をなすものと考えても大過ないであろうが、意識にかんするフッサール現象学の本質的な原理の言うところでは、存在は自分自身が与えられる仕方をみずから定めるものである。存在を把握する知識の諸形態を命じるのは当の存在であり、意識に対して存在が現れる仕方は本質的な必然性で存在と結ばれているのである。ある事物の状態を先験的に、いや経験的にも肯定するものとして、数ある「形相的」真理のひとつとして、これらの定式を理解することももちろん可能ではある。ただしそれは、存在と認識の相関関係に関わりつつ一切の真理を、一切の経験性を、一切の形相的なものを可能ならしめるものと、これらの定式との関係を断ち切ることであろう。曝露としての「現れること」ならびに知としての意識を基礎づけるものとは無関係な定式として、これらの定式が捉えられてしまうのだ。そうした解釈を斥けてこれらの定式を考えるなら、現実の現実性と意識との関係は、ここでは、存在と存在から根底的に区別された意識との遭遇としてはもはや捉えられてはいない。さもなければ、意識はそれ固有の必然性にしたがい、出会われた存在をなんらかの「心理学的法則」に即してあるいは正確に、あるいは不正確に反映するものとなろう。その場合、意識は、盲目な魂のうちで、数々の像を整合的な夢として整序することになろう。このような心理学主義の可能性は今や破産してしまった。ただし、存在と存在が現れる相手たる主体性との差異によって、意識ないし知としての心性が自己性のうちで織りなされることに変わりはないのだが。

2　以上のように考えるためには、フッサールの定式に、その字句が語るより以上の意味を込めなければならない。すなわち、意識は、存在の活力ないし「存在すること」(essance)(2)をなんらかの仕方で現れないし現出として展開せしめる「出来事」の地位を得、この「出来事」が心性と化すのだ。とすると、存在はそれ自体が存在の曝露であり、みずからの外への存在の定立であることになろう。このような曝露として解された存在の「存在すること」は、一方では、存在者として存在が定立されることに送り返される。天蓋を頂く大地という揺るぎない土台のうえでの固体化に、言い換えるなら、今、ここに定立されてあるも、現存するものとして定立されることに、存在の存在することは送り返されるのだが、現存するものとして定立されること、それは自己同一的なものの休息でもあろう。ちなみに哲学の伝統は、ほとんどつねに、このような積極的定立をつうじて、定立と自己同一性をつうじて、定立としての自己同一性をつうじて、存在の存在することを解してきたのだった。したがって、基礎づけられたものおよび自己同一的なものの知解可能性や合理性は、自己同一性としての存在の存在することに帰着することになる。他方では、曝露は存在を顕示に、現れることに、現象に送り返す。ただし、定立ないし「存在すること」から現象への道は、単なる堕落ではなく一種の誇張（emphase）である。

みずから再‐現前と化しつつ、現前はこのような再‐現前のうちで高揚してゆくのだが、それはあたかも、土台に根付くこととしての存在することがついには意識のうちで定立的な確証を得るに至るかのようである。いうなれば、みずからを定立するための存在することの「エネルギー」が、どんな因果性とも無関係に、意識の能動性を、〈自我〉に発する経験を引き起こすのであり、この経験は、存在者が存在することに費やすエネルギーそのものを、当のエネルギーの外に位置づけられた心的生として展開するのである。ヘーゲルの表現（『大論理学』）を用いるなら、認識することの過程はこの場合「存在そのものの運動」なのではなかろうか。総合的で包括的な能動性（このような能動性も、「内在のなかの超越」たる〈自我〉の自己性によって他と区別されるのだが）によって、超越論的統覚は現前を確証する。再‐現前化されることで、現前は自分自身に立ち返り、自分を満たす。現前は自己同一化する、とフッサールなら言うであろう。たしかに、再‐現前ないし表象における現前のこのような生もまた私の生ではある。が、意識のかかる生においては、現前は現前の持続であるような出来事と化す。このような現前の持続、持続としての現前においては、時間のいかなる喪失、いかなる経過も思い出として銘記され、思い出に組み込まれる。そこでは、時間のいかなる喪失、いかなる経過もくりかえし自分を「見いだし」、自分を「再構成し」、記憶ないし修史によって、総体に帰属する。想起としての意識は、再-現前化ないし表象におけ る現前の究極的な活力を顕揚しているのである。再-現前化ないし表象に委ねられるものとしての意識の時間、それは隔時性よりも強き共時性なのだ。共時化とは志向性の機能のひとつとしての再-現前化のことである。だからこそ、志向性における再-現前化ないし表象の根本的な性格を表現したブレンターノの有名な言葉は、フッサールの現象学の全体をとおして維持されたのであろう。すなわち、心的なものは表象であるか、それとも表象を基盤としているのである。いかなる様態をまとおうとも、いずれの場合にも心的なものは臆見的措定に変換可能である。意識は現前を形造り、造り直すのだが、このような意識が現前の生なのである。生まれるや否や、意識は現前する諸存在者のことを慮って、自分が忘却されることを選ぶ。自分は現れから身を退いて、現前する諸存在者に場所を明け渡すのである。反省に先だつものとして、客観化されざるものとして生きられる直接的な意識の生、当初は匿名のものとして「沈黙を守る」意識の生、それは、みずからの退却によってこのように現れさせることであり、現れさせつつこのように消失することとなのである。意識における、同一化する志向性の目的論的方位は、真理のうちでの存在することとの「構成」に向けられるのだが、この構成は、存在することの活力ないしエンテレケイアがそれ固有の様相に即して、真にアプリオリな仕方で命じたものに他ならない。このように、存在することの活力は意識のうちに転送されたものとして展開され、存在することの活力を授かった意識は作動的意識と化して、存在をその主題のうちに固定し、存在を固定することで自己忘却するものとして生きられるのだ。意識との関わりが意識の作用の効果においては消失するのである。「主体との普遍的かつ必然的な関わりは、客体がそれを経験する者たちにとって客体として接近可能なものである限り、どんな客体にも属しているのだが、まさにそれゆえ、主体とのこのような関わりは、客体固有の有り様のうちには含まれることがありえない。客体についての経験は客体へと向かう経験の方位である。その場合、主体がいわば匿名のものとしてあることは避けることができない……　客体にかんするどんな経験も自我を背後に残しており、自分の前方に自我を有することはない。[3]」存在者の堅牢さ、その実定性、その現前が、つまりは存在者の存在が意識のうちで「その生を営む」のであり、したがって、存在者はそもそもの初めから主題化されているのだ。まずもって匿名のものであるような反省以前の意識として、意識は姿を隠す。「客体の領域」を定めつつも、意識はいかなる場合にも、この領域には不在のものでありつづけるのである。

〈超越論的還元〉の永続的な努力とは要するに、「押し黙った意識」を言葉へと導くことであり、また、言葉へと導かれた構成的志向性の遂行を、世界の実定性のうちに定立された存在とはみなさないことである。世界の実定性から意識の生は排除されるのだが、まさに世界の実定性から排除された「沈黙せる主体」としての意識の生のおかげで、世界に属する諸存在は、現前するものとして、数的な意味で自己同一的なものとしてみずからを肯定するのである。

意識を起点として存在を解釈する理論のうちには、「存在とは知覚されたものである」(*esse-percipi*) といったなんらかの限定的な意味を依然として保持しているものがある。この種の理論においては、存在は知覚のひとつの様態でしかない。その反面、同一化するものとしての思考同士の一致からいずれ生じるやもしれない堅固さよりも強力な堅固さを有するものとして、即自 (*en-soi*) の概念が捉られえることになる。しかし、以上に見てきたように、フッサール現象学の超越論的観念論は、こうした理論から完全に私たちを脱却させてくれる。こうした理論が述べるのとは逆に、フッサールの仕事の本義は、志向性の働きのうちで経験されるものとして即自の観念を捉え、この働きと切り離された即自の観念を抽象とみなすことにある。

3　けれども、現前と再現前ないし表象とは、これまでに語ってきたより以上に緊密な絆で結ばれている。モナド的自己性たるがゆえに、自我は存在することとは区別され、このように区別された自我の生に対して存在することは現れるのだが、その際、存在することはこの生に自分を与えるのである。主題化された概念の理念性が姿を現すのとまったく同様に、思考の生きられた内密さや経験（*Erlebnis*）としての思考や現実体験（「依然として不分明で」、かつ客体化することなき意識に、現実体験を還元することはできない）に対する諸事物の超越、すなわち客体ならびに環境の超越も姿を現すのだが、このような超越とてやはり志向性によって貫かれている。かかる超越は隔たりを意味すると同時に、それが接近可能なものであることを表している。諸事物の超越は、隔たってあるものが与えられるひとつの仕方なのだ。知覚にしてからがすでに把持するものなのだが、概念（*Begriff*）はこの掌握という意味を堅持している。諸事物や諸概念を所有し使用することがどれほど努力を要するとしても、事物や概念の超越は所有ならびに享受を約束するものであり、この所有ならびに享受によって、思考のうちでの思考と思考対象との生きられた同等性、〈同一者〉の自己同一化、充足が聖別されるのだ。思考すること（*cogitatio*）と思考されたもの（cogitatum）との不均衡としての驚きをつうじて、知はおのれを知ろうとするのだが、知のうちでは驚きは去勢されてしまう。現実体験に「見合った」志向的超越のうちに実在が身を置くこのような仕方、自身の尺度に合わせて思考が思考し、ひいては享受するこのような仕方は内在性を意味している。志向的超越は、事物と知解との合致が生じる平面のごときものを描いている。この平面が世界という現象なのである。自己同一的なものを自己同一化させ、それに安定性を得させるものとしての志向性は、めざしつつめざされるものであり、直進する光線のごときものであると同時に固定点としての標的でもある。志向性、それは、諸項に、諸存在者に、堅固な地盤への諸存在者の定立に適合した精神性である。それは、基礎づけるものとしての大地の堅固さに、存在することとしての基礎に適合した精神性なのだ。「明証においては（……）私たちは存在の経験を有するとともに、存在が存在する様式の経験を有する。(4)」定立および実定性は、論理学の臆見的措定のうちで確証される。指さし、手で摑むことでくりかえし見いだしうるものの現前であり、「手による維持」(maintenance) であり、自身の尺度に合わせて思考する思考とそれによって思考されるものとが再び合致するような現在である。内在性、充足としての思考であり、心性である。

4　心性は、存在することとの「活力」、諸存在者の定立の「活力」の展開に尽きるものだろうか。

このような問いを発したとしても、諸存在者の即自が、同一化する意識から授けられる即自の意味以上に強固な意味を有していると予想しているわけではない。心性は存在することとの「叙事詩」によってとは別の仕方で意味するものであり、存在することは心性のうちで高揚し生きられるのではないか。存在の、同一性の、現前の実定性――つまりは知が魂の究極的な関心事なのか。私たちはこう問うているわけだが、とはいえそれは、情動性や意志のほうが知よりも意義深いものであると予想しているからではない。フッサールの教えるところでは、価値論ならびに実践といえども再‐現前ないし表象に立脚しているからである。したがって、価値論や実践は諸存在者と、諸存在者の存在と関わっており、知の優位を崩すどころか、知の優位を前提としている。心性は定立による諸存在者の確証に限られるものなのかどうかという問いをつうじて、私たちは、平静を保つ魂、自身の尺度に合わせて思考する魂の均衡の、意識による破壊を示唆しているのである。意識はくりかえし自己を同一者として見いだし、その志向的対象の外在性においてさえも自己同一化し、その超越においても内在的なものにとどまるのだが、みずからの容量を超えるものを聴取し理解するために、このような意識が魂の均衡を破るのだ。意識の欲望、意識の問い、意識の探求はその空虚、その有限性を測るものではなく、〈尺度を越えた法外なもの〉への目覚めである。意識の時間性は意識を継起する諸瞬間に四散させるが、これらの瞬間は、過去把持や未来把持、記憶や予期、歴史的叙述や予想によって共時化されてしまう。共時性とは、継起するものを再 - 現前化された現在へと集摂することである。しかるに、意識の時間性にあっては、ある他性がこのような共時性を解体することもありうる。かくして意識は〈記憶不能なもの〉と関わることになる。以上の点を私たちは示唆しようとしているのだが、これに対して私たちの叡知は志向性の超越、超越であるとはいえ世界での内在性に転じてしまうような超越しか真剣に受けとめようとはしない。神へと目覚めた思考——場合によっては神へと捧げられる思考——も、意味の知覚と意味の充実というノエシス - ノエマの平行関係の用語で、また、この平行関係の構造に即しておのずと解釈されてしまう。神という言葉は、どこからともなく、いかなる仕方でかも明かさずに降下し、常軌を逸した実詞として、ある言語体の単語のあいだをすでに流通しているのだが、神という観念、さらには神という言葉の謎までが、一般に流布している解釈では、志向性の秩序のうちに組み込まれてしまう。神への、逸脱としての畏怖（dé-férence）は、主題化されたものないし表象されたものと現実に体験されたものとを分かつ差異とは異質な差異を要請するとともに、心性のいまひとつの筋立てを標榜する。しかるに、このような恭順が志向性のうちに回収されてしまうのだ。私たちは、あくまで世界を起点として人間を考えつづけている。それゆえ、世界との関わりを維持するためには、〈天〉に赴く垂直的な宗教に代えて、人間たちの大地にとどまる水平的な宗教の概念が必然的に持ち出されることになる。このような交代は単なる混乱を示すものとうつるかもしれない。事実、私の傍らにいるものとして知覚される人間が神によって名づけられ、召喚される以上、神という言葉に対応する「志向的対象」の地位を、どうしてこの人間が占めうるというのか。なるほど、垂直的な宗教から水平的な宗教への交代はこのように恣意的なものではある。しかし、この交代はおそらく、世界をめざす思考に即して、数々の思考の階層のなかでも乗り越え不能な究極のものとみなされたこの思考の内在性に即して宗教の対象を固定しなければならない、という論理的必然性を表しているのだろう。このような思考とは別様に構造化された思考を想定することは、論理学に挑戦状をたたきつけ、別様に構造化された思考や、かかる思考についての省察の恣意性を告知することとみなされ、しかも、そうした恣意性は宗教の対象のくだんの交代以上に耐えがたいものとされる。哲学的無神論と同様に哲学的有神論も、不遜にも世界を超えるものたらんとする心性の独自性、かかる心性のノエシス的な構えの還元不能性までも容認することは潔しとはしない。彼方についての話は、志向的な隔たりを誇張した比喩にすぎないものとみなされかねない。とはいえ、このような猜疑心はつぎのような諸点の忘却につながりかねない。彼方への「運動」、それは比喩そのもの、誇張そのものであり、比喩こそが言語であるということ。思考を言説のうちに表現することは、一様な媒体としての鏡に映し出すことではないし、侮蔑的に「言葉のうえでの」と呼ばれているなんらかの交換でもないということ。実際に生きられる意味性を有した語ることとは、志向性の諸関係とは異なる諸関係を前提としており、これらの関係は回収不能な仕方でまさに他者の他性に関わるものであるということ。語られたことにおける、比喩による意味の高揚は、他者に語ることという超越にその高さを負うていること。志向的な隔たりを誇張した比喩として、彼方についての話を捉える猜疑は、これらの点を忘却する恐れがあるのだ。

5　なぜ、語ることがあるのか。語ることとは、充足した心性にはしった目に見える最初の亀裂である。人間の所行をより円滑に成し遂げるためにはコミュニケーションが必要不可欠であるという点を引き合いに出しつつ、言語を存在の目的論に帰することもたしかにできるだろう。その場合、関心は多様な様式と多様な構造を有した語られたことに向けられ、単語のなかでの伝達可能な意味の誕生が、この意味を伝えるもっとも確実でもっとも効率的な手段が探求されることになるかもしれない。あるいはまた、人間の所行が関わる世界や存在にあくまで言語を結びつけ、そうすることで、言語をまたしても志向性に繋ぎ留めることもできよう。こうした実証主義的な試みに敵対するものはなにもない。それどころか、語られたことを起点とした言語の分析は敬意を表すべき作業であり、重要かつ困難な作業である。それにもかかわらず、語ることという関係それ自体は志向性には還元不能なものであり、端的に言えば、この関係は、失敗におわる志向性にもとづいているのである。事実、語ることという関係は他の人間とのあいだに確立されるものであり、他の人間のモナド的内面性を私が見、掌握することはできない。しかし、再‐現前ないし表象のこのような欠落はより高度な関係に転じる。より正確に言うなら、より高度なものならびにいまひとつの秩序の意味がそこで初めて出来するような関係に転じるのである。再‐現前あるいは表象の直観的充実ないし充足には達することのないフッサール的「間接的呈示」(apprésentation)、失敗におわったこの経験は経験の彼方に、超越に反転し、かかる超越は倫理的な数々の態度と要請によって、責任によって厳密に規定される。言語は責任の様態のひとつなのである。隣人の近さは、他者による〈自我〉の制限、完成途上の統一性への希求とみなされる代わりに、みずからの飢えによって養われる欲望、使い古された言葉を使うなら愛と化す。このような欲望ないし愛は、自己による自己の十全な所有よりも魂にとって貴重なものなのだ。

有意味な一切の意味が世界の現れに、言い換えるなら〈同一者〉の自己同一化に、言い換えるなら〈存在〉に遡るような秩序において、以上に述べたような変容が生じ、新たな合理性が生まれるのだが、このような事態は、新たな合理性が世界の可能性に適合した合理性に先だつもっとも古き合理性であり、したがって存在論には還元不能なものである場合にのみ理解可能なものとなろう。別の合理性、あるいはより深遠な合理性である。アリストテレスからハイデガーに至るまで、神学は〈同一性〉ならびに〈存在〉の思考にとどまってきた。それは、聖書に言う神や人間、さらには両者の類義語にとって致命的なものであった。しかし、新たな合理性はこのような神学の冒険に組み込まれたりはしない。ニーチェの言葉を受け入れるなら、このような神学は〈一者〉にとって致命的なものであろうし、現代の反ヒューマニズムにしたがうなら、それは他なるものにとって致命的なものであろう。が、いずれにせよ、神学は聖書に言う神および人間の類義語に致命傷を与えるものなのだ。天の蒼穹を頂いた大地での絶対的な休息のうちに、自己同一的なものを——存在を住まわせようとしないどんな思考も、主観的なもの、不幸な意識の不幸とみなされてしまうのである。

休息の不在、動揺においては、完成されたもの、基礎づけられたものの安定が揺るがされる。では、休息の不在や動揺はつねに、解答の、発見の、充足の実定性を起点として理解されなければならないのだろうか。機能的な言語（そこに科学的な言語をつけ加えることもできる。科学的な言語では、解答は新たな問いへと開かれるが、この問いは解答しかめざすことのない問いにすぎない）におけるがごとく、つねに問いは生成しつつある知識であり、また、あるデータにかんする依然として不十分な思考なのだろうか。ちなみに、このようなデータは、期待に見合うものと化すことで思考を満足させることができるのだが。すでにして問いは、魂が自分自身と交わすあの対話での問いと答えの往還なのだろうか。まずもって孤独なものであるこのような対話は自己自身との合致に、自己意識に至ろうとするのだが、プラトンはかかる対話のうちに思考を認めたのだった。問いのうちに隠しようもなく含まれている要求と祈りは他者への関係を証示しているということ、この点を逆に認めなければならないのではなかろうか。孤独な魂の内面性のうちには存在することなきこのような関係が、問いのうちで萌芽するのではなかろうか。それも、問いが任意にまとう様式においてではなく、その根源的な様式において、萌芽するのではなかろうか。〈他人〉への関係——その還元不能な差異ゆえに〈他人〉は、主題化し、ひいては同化する知をまさに拒むのだが、それゆえ、この関係が相関関係と化すことはない。つまり、〈他人〉への関係は厳密には関係とは言えないものなのだ。というのも、〈他人〉への関係の項は共時性という共通性さえも欠いているからだ。そしてこの共時性は、あらゆる関係がその項に認めざるをえないようなもっとも奥深い共通性なのだ。にもかかわらず、それは〈他人〉への関係である。関係であり関係ならざるものなのだ。問いとはそのようなものを意味しているのではなかろうか。絶対的に他なるもの、同一者によっては制限されないもの、〈無限者〉への関係、超越は、根源的な問いに等しいものなのではなかろうか。この関係は諸項の同時性を伴ってはいない。ただし、時間それ自体が、このような関係であり関係ならざるものとして、このような問いとして持続する場合は、そうは言えないだろうが。時間は「感性の純粋形式」としてではなく、その隔時性をつうじて把握されるべきものである。隔時的な時間性においては、過去把持が経過を抹消することも、未来把持が絶対的な新しさを抹消することもないのだが、このような隔時的時間性としての魂、老いと来るべきものとの受動的総合としての魂、生としての魂は根源的な問いであり、神へ(à-Dieu)そのものであろう。問いとしての時間。〈無限者〉との、内包〔了解〕されることなきものとの、均衡なき関係。包摂することも触れることもできないものとの関係。相関関係の裂け目。相関関係の、平行関係の、ノエシス－ノエマの均衡のしたに隠された裂け目。意味志向の空虚と充実のもとに隠された裂け目――根源的な問いないし「不眠」、心性のまさに目覚め。ただし、これはまた、〈比類なきもの〉が有限者に関わる仕方でもあり、おそらくデカルトはそれを私たちのうちなる〈無限者〉の〈観念〉と呼んだのだった。近さであり、宗教である。飢えに比すとき愛は、欲求に比すとき〈欲望〉はまったく新たなものをそなえているのだ。私にとって近さとは、どんな内面化、どんな融合よりも善きものである。志向は志向的狙いの直線的直行性を想定しているのだが、この直行性のもとには裂け目が隠されており、志向的対象に対応する志向それ自体、この裂け目から派生したものなのである。一方、根源的な覚醒、心性の不眠は、それ自身の派生物が差し出す尺度に委ねられ、それもまた充足、不充足という用語で語られるものと化しかねない。精神的なものの曖昧さであり謎であろう。

神への超越は、志向的狙いのように線的なものではないし、点としての極をめざしつつ諸存在者や実詞で立ち止まる目的論的なものでもない。それは、当初からきみを名指す対話的なものであったわけでもない。神へのこのような超越は倫理的な超越によってすでに生起しているのではなかろうか。だからこそ、欲望や愛は充足よりも完全なものと化すのではなかろうか(5)。ここでつぎのような問いを発しておくのが適当と思われるが、これは神への超越であろうか、それとも、神という語が初めて意味を明かすその起点となるような超越であろうか。他者との（水平的な？）関係にもとづいてこの超越が生起したということ、それは他者が神であることを意味しているのでも、神が大他者であることを意味しているのでもない。

欲望が完成と化すのだろうか。充足に関わる思考はこれとは別様の判断を下したのだったが、言うまでもなく、それこそが良識に他ならない。希求たるがゆえに、愛は成就したものでも完全なものでもないという理由で、ディオティマは愛を半神と断定し、愛を失効させた。世界との関係、食べる、飲むといった世界の諸事物との関係においては、もちろんこのような良識は揺るぎないものである。世界の秩序のなかでそれに異議を唱えることは常軌逸脱の兆候であろう。プラトンから、美しき魂を反語的に語ったヘーゲルに至るまでこうだったのだ！　しかし、不充足のうちにキルケゴールが至高のものへの上昇を認めたとき、キルケゴールはヘーゲルが警告したようにまたしてもロマン主義に陥ったのではなかった。キルケゴールはもはや経験から出発することなく、超越から出発する。キルケゴールは、世界を起点とすることなく神を思考した最初の哲学者であった。サルトルの表現を使って言うなら、他者の近さは「自己からの存在の剝離」といったものではないし、「一致が堕落したもの」でもない。ここにいう欲望は単なる欠損ではない。社会的関係は自己の享受よりも価値のあるものだからだ。そしておそらく、人間に委ねられた神の近さは自己の神性を享受する神の境遇より以上に神的な境遇なのであろう。キルケゴールはこう書いている。「現世的な財については、それに対する欲求を感じることが少なければ少ないほど、人間はより完全である。現世的な財について語る術を心得たある異教徒の言ったことだが、神はなにも欲しがらないがゆえに幸福であり、わずかしか欲しがらないがゆえに、賢者は神についで幸福である。しかし、人間と神との関係においては、この原理は逆転される。神への欲求をより多く感じれば感じるほど、人間はより完全な者となるのだ。」こうも書かれている。「神を愛さなければならないのは、神が完全だからではなく、神を求めるからだ。」こうも書かれている。「愛したいという欲求——それが至高の〈善〉であり至高の浄福である。」

知の領野でも、不在から至高の現前への同様な反転が生じる。キルケゴールは書いている。「私が信仰をもっているとしても、それを直接的に確信するに至ることはありえない。なぜなら、信じること、それはまさに弁証法的な往還だからである。たえず恐れとおののきのうちにあるとしても、決して絶望することのないような往還だからである。信仰とは他でもない、どんな危険をも冒すような覚醒状態にあなたを保つ自己への無限の配慮であり、真に信仰を有しているかどうかを問いただそうとするこの内的な配慮なのである。」超越はなんと不確実性によってしか可能ではないのだ！　同様にして、キルケゴールは良識の「勝ち誇った自信」とも訣別する。世界との関係においては挫折であるもののうちにこそ、勝利の喜びがあるからだ。「善意のひとがいつか別の世界で勝利するだろうとか、善意のひとの大義がいつか現世で勝利を得るだろうなどとわれわれは言おうとしているのではない。そうではなく、善意のひとはその生涯をつうじて勝利しているのである。生身のその生に苦しみながら、彼は勝利する。その悲嘆の時に、彼は勝利するのだ。」

充足の図式からすると、探求を命じるのは所有であり、享受は欲求よりも善きものであり、勝利は失敗よりも真なるものであり、確信は懐疑よりも完全なものであり、答えは問いよりも遠くにまで赴く。その場合、探求、苦しみ、問いは発見の、享受の、幸福の、答えの減弱したものであろう。同一的なものと現在をめぐる不完全な思考であり、貧弱な認識であり、赤貧の状態にある認識であろう。またしても、これは良識そのものである。それはまた常識でもある。

しかし、宗教的なものの解釈学は、均衡を得ることなき思考なしですませうるのだろうか。そもそも哲学それ自体にしてからが、「狂った」思考を叡知をもって遇すること、愛に叡知をもたらすことではなかろうか。そうだとすれば、認識、答え、結果といったものは、神という語がそこで意味を得るような思考の域には依然として達することなき心性に属することになろう。

＊　ローマの「哲学研究所」の紀要に一九七七年に発表された。

（1）存在論的に解釈されたものである限りにおいて、形而上学的性格の判断はおそらくなんの意味ももたない。というのも、ここでの問題は存在の彼方だからだ。

（2）存在性（*esse*）が能作であり出来事であり過程であることを表現するために、存在するという動詞を能作として表現するために、私たちは *essence* を *essance* と書くことにする。

（3）フッサール『現象学的心理学』（*Psychologie phénoménologique*, p.384. 強調引用者）。

（4）フッサール『デカルト的省察』（*Méditations Cartésiennes*, Vrin, 1969, p.10）。

（5）言語は倫理的関係において生まれるのだが、倫理的関係にかんする私たちの分析をここでくりかえすことはしない。私たちは他者を前にした〈自我〉の分裂を記述したが、〈自我〉は、どんな積極的関与をも超えて無限に他者に対して責任を負うている。人質たる〈自我〉は、かかる責任によって、時間の手前としての〈記憶不能なもの〉にかんする証しをもたらす。〈自我〉は〈無限者〉についての証しをもたらすのだが、証しされたとしても、〈無限者〉は客観性として現れたりはしない。証しは倫理的関係を起点としており、倫理的関係はこのように他に類を見ない関係であるから、それに先だつ経験、言い換えるなら志向性に送り返されることがない。この点については、拙著『存在するとは別の仕方で　あるいは存在することの彼方へ』（*Autrement qu'être ou au-delà de l'essence*, p. 179 et sq.）、拙論「神と哲学」（《*Dieu et la philosophie*》, *in Le Nouveau commerce*, n°30-31）、エンリコ・カステッリ主催の一九七二年のシンポジウムでの講演「開示の真理と証しの真理」（《Vérité du dévoilement et vérité du témoignage》, in Actes du Colloque sur Le Témoignage, Paris, Aubier, 1972, pp. 101-110）を参照されたい。

哲学と目覚め

1　知は存在に対して外的で、存在から独立しているが、知をひき起こしたのは存在の真理に他ならない。存在に対する知の外在在は知のうちに「内面化」可能なものであるが、知はまた真理の場でもある。これは、思考と存在との一致が生じるような世界での事態である。ここにいう一致は比較不能なもの同士の不可解な適合、「心的事象」と空間的で「物理的な事象」という、明らかに共通の尺度をもたないもの同士の理に反した同等性でもない。思考と存在との一致は知覚における事態である。知覚とは、開かれたものと把持可能なもの、与えられたものと摑まれたもの、あるいは了解、内包されたものとが世界のうちで根源的な仕方で結合することなのだ。こうして、知という観念と存在という観念は相関的なものと化し、共に世界へと送り返される。存在を思考することならびに知を思考すること、それは世界を起点として思考することである。したがって、存在と意識は現前ならびに再‐現前に、初原的な事物としての把持可能な固体に、あるものに、多様な射映を貫いて同一化される自己同一的なものに、こう言ってよければ〈同一者〉に結びつけられる。これが知覚の存在的な（ontique）叡知であり、日常生活の叡知であり、知覚から派生した科学に普遍性を保証する諸概念の叡知であり、真理の、世界の叡知である。

　このような叡知を教える哲学は存在的な様式を維持してきた。いや、そうした哲学の直接的言説がまとう諸形式にしてからがすでに存在的な様式を堅持している。哲学は存在者（*étant*）と関わるものであるようにみえる。哲学が存在論的なもの（ontologique）たらんとする場合にも、そうであるようにみえる。存在者の存在については、それが存在するとは言えない以上、存在者の存在がもはや「なにものか」でないことは言うまでもない。だからといって、動詞としての存在の真理を語り、このような存在を現出せしめる開示を語りたいという誘惑が消えてしまうわけではない（ただし、書き手の不手際や軽薄さゆえにこのような誘惑がひき起こされるのではない）。哲学のかかる存在的な様式をある種の言語の論理性に還元し、それを乗り越えるべきものとみなすだけで、はたして事はすむのだろうか。哲学の存在的様式はカント主義にとっての真理を意味しているのだろうか。つまり、なんらかの仕方で所与に、存在の表象に、存在の現前に、世界には帰されることのないような有意味な思考の不可能性を意味しているのであろうか。カント主義のいまひとつの相貌に即して言うなら、そのような思考は新たな超越論的仮象を意味しているのであろうか。これまでにも、哲学が用いる表象の言語はしばしば糾弾されてきた。真理がなんらかの至高の知覚の真理であるかのように、あるいはまた、なんらかの昇華された感受性の真理であるかのように、表象の言語は真理を言明するのだが、そのため、真理はいわば〈自然〉科学の真理として、歴史的叙述の真理として解されてしまう。その場合、いかに巧妙な仕組みを、さらには複雑にすぎるほどの仕組みをもとうとも、真理は依然として、存在という精妙な時計仕掛けのなんらかの部品の組み合わせと関わりつづけることになろう。ひとつ例を挙げるなら、『問いかけとしての思考』（*Pensée interrogative*）から『思考と現実』（*La Pensée et le Réel*）を経て『不可能な問いかけ』（*Impossible Interrogation*）に至るジャンヌ・ドゥロムの努力の本義は、存在的な、さらには存在論的な語りの意味することとは異質な意味することを哲学者たちの言語に見いだし、哲学と存在論を切り離し、ある意味では哲学と真理を切り離しさえすることにあった。やはり一言つけ加えておくべきであろうが、これは、哲学が虚偽の治世であるという意味ではない。芸術についても、それを虚偽の治世と呼ぶなら正確さを欠くことになろう。

こうした努力にもかかわらず、存在的な知とみなされた哲学は今日、科学的知の整合的で、伝達可能で、普遍的な諸成果とは比べようもないものとして、信頼をことごとく失ってしまった。いや、ずいぶん以前から、哲学は、哲学者同士の不一致ゆえに信頼を損ねていたのだった。『方法序説』はこうした不一致を嘆いているし、この不一致は『純粋理性批判』の、そしてまた、一九一〇年の有名な論考『厳密な学としての哲学』で論証されたようなフッサールの現象学的探求の動機でもあった。ただし、形而上学の終焉という主題のもとに生じている哲学の軽視が今日もっともはっきりと表現しているのはおそらく、みずからが用いる言語の泥沼にはまった哲学による意味の歪曲の永続化が自覚されたということであろう。かかる意味の歪曲ゆえに、哲学はその思考の意味を背面世界として実体化し、この意味に存在的な射程しか見いだすことができなくなった、というのである。そうなると、後退をつづける哲学の最後の仕事は、形而上学的と称される言語の脱‐構築（dé-construire）をその本義とすることになる。形而上学的と称される言語は存在的なものではあるが知覚でも科学でもない。そこで、脱構築された建築資材を精神分析にかけることで、形而上学的言語のうちに、なんらかのイデオロギーの兆候を示すような意味を少なくとも見いだそうとする努力がなされることになるのだ。

2　今日の危機に先だってすでに、ヘーゲルの哲学は、知覚の言葉を語り、宇宙の秩序の配列や歴史的出来事の連繋を表現するような哲学の傲慢を自覚したものとして現れた。その場合、哲学的真理はなにものかへの開けではなく、ある言説の内的規則、ロゴスとしての言説の論理学と化す。客体と客体に適合する主体との相関関係という存在的構造を有した知覚、科学、説話はもはや真理の原型ではない。それらは弁証法の一定の契機であり、弁証法に生じた波瀾である。ではロゴスとしての言説はまた存在についての、ひとつの言説であるかというと、そうではない。ロゴスとしての言説は諸存在者の存在そのものであり、こう言ってよければ存在としての存在なのだ。実在論的な真理の原型との絶縁を語ることはすでにしてこの絶縁を実行することである。それほどまでに、かかる哲学は首尾一貫したものなのだ。弁証法に単に荷担しようとする時にもすでに、ヘーゲルの哲学は弁証法的な言説と化している。ヘーゲルの哲学は決してメタ言語を使用しない。それは、文字どおり序文なしで展開するものなのだ。これとは逆に、ある種の言語を糾弾する哲学者たちも、糾弾されている当の言語を依然として話しているにすぎない。「真理」同士は相矛盾し、一見すると互いに他を排除しているかにみえる。にもかかわらず、哲学は、哲学史上の数々の「真理」を回収してしまうのだ。〈表象〉に属する数々の真理は、弁証法的言説ないし存在としての存在の運動のある一定の契機において、論理的にある地位を定められ、この地位を占める。けれども、思考ならびに存在の過程、この過程の真理それ自体はというと、もはや〈表象〉の枠内にとどまるものではない。合理性は、〈表象〉から〈概念〉への移行をその本義としており、〈概念〉はもはや〈表象〉のひとつの様態ではないのである。

しかしながら、〈概念〉は、私たちに伝えられた哲学の合理性の特徴たるある種の要素を維持している。この要素は、把持可能なものへと向かう知覚と説話の叡知に依然として属している。合理的なものと接することと、それは把持することである。知はもはや知覚ではない。それは概念でありつづける。合理的なものは総合であり、歴史的なものの共 - 時化であり、言い換えるなら現前であり、さらに言い換えるなら存在であり、つまりは世界であり現前である。理性的動物性の思考は〈イデア〉において成就され、〈イデア〉のうちに歴史が現前することになる。弁証法はかかる〈イデア〉をめざすのだが、そのような弁証法においては、隔時的に踏破された諸契機が、昇華されるとともに保存されつつ再認される。言い換えるなら、これらの契機は弁証法において同一化されるのだ。〈現前〉の哲学であり、〈存在〉の哲学であり、〈同一者〉の哲学である。相矛盾するもの同士が和解し、なんと同一的なものと非‐同一的なものとが同一であることになるのだ！　〈同〉と〈他〉との緊張関係を超えたところにも、このように〈同〉の知解可能性をめぐる哲学が依然として位置しているのである。

合理性ならびに存在の過程は、ロゴスそのものの論理学として展開される。おそらく、今日でもなお、ヘーゲルや新ヘーゲル主義のもとでの弁証法のこのような展開は、科学を前にしてもひるむことなく哲学するような高慢な哲学の可能性――それも最後の可能性として残されている。この可能性は成熟した人間性の可能性であり、言い換えるなら、みずからの過去をいまだ、あるいはもはや忘れることのない人間性の可能性ではある。ただし、このような人間が可能であるとしても、彼がヘーゲル的体系のその後の歩みを忘れ去ることは決してできないだろう。この体系から生まれた、世界を変革しようとする試みには数々の危機が刻印されている。精密科学と称されるものの発展ならびに、それによって促進された技術をつうじて勝利し、万人に伝えられた合理性を前にするとき、やはり件の哲学の合理性は色あせざるをえないし、ヘーゲルの教えをもってしても、哲学者同士の新たな確執を阻止することはできなかった。さらにその後、人間の知の社会的条件や下意識的な条件が発見されることにもなった。こうしたことを思い出から消し去ることは決してできないのだ。フッサールの仕事のほとんどいたるところにこの種の批判はちりばめられているのだが、思弁的構築物の恣意性に対する、『厳密な学としての哲学』での手厳しい裁きはヘーゲルを標的としたものだった。ヘーゲルの仕事の実際の展開の詳細には立ち入るものではないとはいえ、フッサールのこの批判は、ひとつの時代の感性でさえあった深い不信感を証示している。フッサールのこの論考が出版されてから、六六年の歳月が、三分の二世紀がたった今も、この不信感は消え去ってはいない。「事象そのものに」、諸事物が「ありのままに現出するような」明証性の真理に立ち戻ろうとした、『論理学研究』の現象学の影響力は、自然主義的実証主義の難点を証示するだけのものではなく、弁証法的言説への、さらには言語それ自体への不信の念をも証示しているのだ。

しかし、科学的哲学の新たな約束――フッサールの約束――もまた同様に眉唾ものとうつったのではなかったろうか。フッサールの現象学は、直進する自発的意識を遡るという素朴な仕方で、開けとしての真理に達しようと努めた。範疇的形式の次元においてさえも、「血肉をそなえた」存在に、与えられた存在の明証としての真理にまで遡ろうと努めたのだったが、このような努力を貫徹できずに、フッサールの現象学は、「あるがままに与えられる存在」の内存在の次元での構成を説く超越論的な教えをくりかえし修正することとなった。言語の彼方を約束した『論理学研究』それ自体が、意味の構成に際して言語記号が果たす不可欠な役割を無視することはできなかったし、『イデーン』第一巻も、あらゆる意識的生の根底に、臆見的措定が潜んでいることを肯定している。だとすれば、意識的生のもっとも内密な構造はいずれも命題的な構造を有していることになろう。ここにいう言説がたとえ弁証法を斥けるものであるとしても、意識的生の精神的連繋はいずれも言説と化す寸前の状態にあることになろう。それに、フッサールがたえず、意識を同一化された存在者と関係づけていたこと、この点も見逃せない。意識は〈同一者〉の思考なのである。論理的思考をあたかも審問しようとするかのように、分析は前‐述定的なもの（pré-prédicatif）へと遡行するのだが、前‐述定的なものはまずもって、論理的なものに生じるありとあらゆる形式的変容を支える基体を中心として結節する。それゆえ、再‐現前ないし表象の構造および現前の真理としての真理の構造にとってまさになくてはならないものであった実詞、命名可能なもの、〈同一者〉

としての存在者が、依然として意識の根源的でかつ特権的な措辞でありつづけるのだ。それだけではない。特筆すべきは、内的知覚であるような反省によって、現象学自身が表象や現前の真理の構造を引き出していることであり、このような反省においては、記述の手法が意識の流れを知のうちで「共時化」してしまうのである。究極の省察（*Nachdenken*）という哲学的行為としての現象学はしたがって、存在的な真理のモデルへの忠誠をなおも維持していることになる。現在、〈同一者〉、存在者と関わる把持としての知覚はここでもなお、前‐述定的な経験（ただし、前‐述定的なものが経験であるまさにその範囲でこう言うのだが）における素朴な魂の最初の運動であるとともに、省察する哲学の究極の挙措でありつづけているのである。

3　とはいえ私たちの考えでは、現象学は、このように存在的でかつ存在論的な認知論として表現されるにもかかわらず、思考と世界との連関、存在ならびに〈世界〉という観念の支えとなるこの連関についての省察には尽きることのない哲学の意味に留意するよう呼びかけている。フッサールの哲学は、経験の解明としてではなく、それとは別の仕方で思考を評価することを可能にしてくれる。ここにいう経験はつねに存在についての経験であり世界への現前である。その場合、思考は、たとえ驚きとともに始まったとしても、所与と「意味志向」との適合、主体に見合った思考にとどまる。まさにこのようなものである限りにおいて、思考は経験であり、意識的主体の事態であり、多様なものを一個の安定した規則のもとに統合する超越論的統覚のごとき統一性という事態、それも揺るぎないものとして固定された統一性という事態なのである。ただし、これがフッサールの考察における主観的なものの唯一の様態であるわけではないし、また、それが主観的なものの最初の様態であるわけでもない。フッサールの考察はいつも、計画どおりに進む言説や「体系」以上に意表をつくものなのである。

なるほど、フッサールの現象学は原理のなかの原理としての直観に訴える。その場合、存在をありのままの姿で、同一的なものとして現前せしめるものとみなされた直観のうちに、〈存在〉と〈同一者〉の概念の起源が見いだされることは言うまでもない。フッサールの現象学は、このような明証的な現前ならびにその現出の場としての〈同一者〉の地平に（あるいはまた、このような現前へのノスタルジーに）訴え、このような現前を理性の理性たる所以とみなしている。にもかかわらず、フッサールの現象学は論理‐数学的な形式的連繫までも審問に付す。『論理学研究』の「プロレゴメーナ」では、心理学主義に抗して、論理‐数学的な形式的連繫の客観性が確証されていたのだが、フッサールの現象学はかかる連繫を審問に付すことになるのだ。現前するものの現れはうわべだけのものではもちろんないが、それは生きた思考をいわば閉塞させるものでもあろう。言語ならびに言語によって担われる臆見に由来する記号がこうして、計算の操作に役立つものとして、生きた思考の意味に取って代わることになる。思考する者の眼のしたで、とはいえ彼の知らぬ間に、本質的に客観的なものであるはずの、生きた思考の意味が変質してしまうのである。既得のものとしての知識、生きた思考を相異なる筆記のうちに貯蔵した結果としての知識——そればかりか、自分が思考するものに呑み込まれて自分を失うような思考の主題として与えられる知識、そのいずれも、充実した意味のうちで維持されることはない。ひとを欺くと同時にみずからも欺かれるような一種のゲームとしての、意味のずれないし転移（*Sinnesverschiebungen*）が、客体化する意識、明晰かつ判明な清廉な意識の中核で演じられるわけだが、だからといって、自発的で素朴な意識の理性的な歩みが妨げられるわけではまったくない。ただし、存在を同一化する明晰な理性のこの歩みは、さながら立ったまま眠る夢遊病者の歩みのようなものと化す。いうなれば、客観的秩序に対しては明敏であるにもかかわらず、理性は白昼、不可思議なワインのごときものを眠らせ、発酵させているのだ。一点の曇りもない客観的な視線の十全なる知性も、意味のずれの前には無防備なものでしかない。ところで、このような素朴さが、この世界でもっとも公平に分配されたものたる良識に即して、客観化しつつ直進する科学的探求を依然として導いているのだ。理性の宿る状態としての世界の明証性が、この明証性を生きる理性的生をなんと蒙昧に陥れ、それを石化するかのようである！　視線たるがゆえに存在的志向をそなえた素朴な視線が他ならぬその対象によって塞がれ、おのずと逆転させられ、いわば「小市民的に」ある状態に落ちつき、『申命記』の表現を用いてさらに言うなら、飽食して肥満するかのようである。したがって、世界の認識としての認識の冒険は単に明証の精神性でありその合理性であり、光であるのみならず、精神のまどろみでもあり、いまひとつの意味での合理性を要請しているかのようなのだ。とはいえ、見られたものに課せられたなんらかの制限を乗り越え、見られたもの、主題化されたものが現れるような平面に属する地平を拡張し、ひいては、ある部分を起点としつつも一種の弁証法によって全体を取り戻そうとすることがここでの問題なのではない。主題のうちに現前する所与の客観的地平を探る歩みもいまだ素朴さを拭い去ってはいない。世界のヴィジョンとこのヴィジョンのしたに潜む生とのあいだには、根底的な異質性が、弁証法を挫折させるような差異があるのだろう。平面それ自体を変えなければならないのだ。しかし、外的な経験に内的な経験を付加しようというのではない。世界から、知によってすでに欺かれた生へと遡らなければならないのだが、ここにいう知はその主題で満足し、自分の魂と名を失い、押し黙った匿名のものになりかねないほどにその対象に没頭しきっている。反自然的な運動——反自然的なと言うのはこの運動が世界に反するものだからだが——によって、世界にかんする知とは別の心性へと遡らなければならない。これが〈現象学的還元〉という革命であり、この革命は永久革命なのだ。〈還元〉は、知のうちで忘れられ去勢されたこのような生をふたたび生気づけ活性化する。かくしてこの生は絶対的な〈生〉、論理必然的に認識された〈生〉と呼ばれることになるのだが、このような形容は、知にまつわる用語で思考するフッサールならではのものであろう。自己同一化をつうじて自己自身と関わり、自己に休らう〈現実〉のしたに、この〈現実〉の現前のしたに潜む生を、〈還元〉は引き出す。そもそも主題化された存在はその充足ゆえにこのような生に敵対し、みずから現出することによってこの生を抑圧するのだが、〈還元〉はかかる生を引き出すのだ。まどろんでいた数々の志向は生へと目覚め、忘れられていた地平を、忘れられていたがゆえに依然として新たなものたる地平をふたたび開くことになる。同一性を帰結として得た主題をかき乱し、経験のなかで同一性に休らう主体性をそこから目覚めさせるのも、この忘れられた地平である。〈世界〉のなかで存在と調和する直観的理性、知における適合のうちに宿るこの理性としての主体がこうして審問に付されることになる。還元という挙措をくりかえし、内世界的なものへの従属の一切の痕跡を飽くことなく意識から拭い去り、そうすることで、純粋意識という名を冠されたものを引き出そうとするフッサール現象学のスタイル、このスタイルそれ自体が、〈同一者〉の思考のうちで存在的な運命に従属した意識の背後に見いだされるものへの注意を喚起しているのではなかろうか。

還元は、自然的態度から超越論的態度への移行を意味している。このような用語が想起させる、カント主義との近接は周知のとおりである。しかしながら、知られているように、フッサールの課題は、世界にかんする科学の主観的諸条件を定め、科学の有効性の論理的前提を引き出すことであるよりもむしろ、世界へと向かう思考によって忘れられた主観的生の豊穣さを十全に評価することであった。このような超越論的生に固有な利害関心はいかなるものであろうか。世界をめざす自然的意識の合理性に、この超越論的生はいかなる合理性をつけ加えるのであろうか。まずもってデカルト的と称される道をつうじて成就される、超越論的生への移行は確実性を探し求めているようにみえる。この道は、世界の経験という適合なき明証から、世界の経験を形づくる思考作用についての反省へと遡行し、この遡行によって、世界の経験の確実性ないし不確実性の度合いを測ろうとする。私たちは依然として、知の哲学から、存在と〈同一者〉の哲学から、認識の理論から抜け出してはいない。しかし、反省の確実性に依拠した〈還元〉は有意味な思考を他ならぬ世界から解き放つ、と言うこともできる。適合という規範から、同一化というすでに成就した営みへの服従から、主題のうちでの完全な集摂、現前の再 - 現前以外のものではありえない存在から、〈還元〉は有意味な思考を解き放つのだ。とすれば超越論的還元は、思考と適合したみずからの明証のうちなる一切の真なる意味の規範としてのコギトの確実性への単なる内向ではないことになろう。超越論的還元は、知と同一化の未完成、〈同一者〉の同一性が強いる規範とは対照的なこの未完成にもかかわらず、存在するようなある意味の教えなのである。世界にかんする知覚や科学の未完成、そこでは、見られたものがめざされたものと重なり合うことは不可能なのだが、超越論的還元はこのような未完成を完成に導いたりはしない。しかるに、超越論的還元はかかる適合の不在を適合的な仕方で認知し測定する。超越論的還元が論理必然的なものと称される所以であろう。かくして知は反省に伴う適合をつうじて完成され、自閉することになる。知は今や、知と同時に非 - 知の知でもあるものと化したのだが、そのような知がつねに有意味な心性であることに変わりはない。

4　ところが『デカルト的省察』（第六節ならびに第九節）では、還元された意識への反省のこのような論理必然的合理性はもはや、直観とそれが充たす意味志向との適合という事態ではない。論理必然性は非適合的な直観のうちに宿っているのだ。疑うことのできない始原という論理必然的なものの性格は、明証のいかなる新たな特徴にも、新たな型のいかなる光にも由来してはいない。この性格は、「真に十全な」と称される意識野の核に、かかる意識野の限られた一部分に由来している。まさにこの点において、「生きた」(*vivant*) という語を強調したつぎのような表現が現れることになる。「この核、それは自我の自我自身への生きた現前 (*die lebendige Selbstgegenwart*) である。」もうすこし先にいくと、「われ在りという生きた明証」(*während der lebendigen Gegenwart des* Ich bin) という言葉がしるされている。このような明証や現前するものの生きた性格は、適合にもとづく十全な被覆に帰されるのだろうか。(そもそもデカルト的なコギトの例外性自体、デカルトが言うように、本当にコギトの知の明晰さと判明さに由来するのだろうか、と問うこともできよう。) 生き生きとした生は、意識にもとづいて解釈されねばならないのだろうか。身をもって経験すること (*erleben*) としての生き生きとした生は、単に主体と客体との区別に先だつだけの混濁した不分明な意識、主題化や知に先だつものにすぎないのだろうか。これとは別の仕方で、心性を語るべきではないだろうか。「生きた」という形容詞は、主体の様式を表す経験 (*Erleben*) という語にフッサールの言説が当初から与えていた重要性を際だたせているのではなかろうか。経験 (vécu) という措辞で示される、反省以前の自我の経験は、統握 (*Auffassen*) 以前の質料 (*hylé*) とはちがって、客観化に先だつものであるだけではない。生きた現在――この用語が時間にかんするフッサールの草稿でどれほど重要なものと化したかは周知のとおりであるが、ベルクソン的持続における現在にも比すべき衝撃的で意表をつく性格を生きた現在が有していること、この点を、『内的時間意識についての講義』は根源的印象 (*proto-impression*) を語りながら示唆している。予見不能なものであるがゆえに、生きた現在は、過去を宿しているようななんらかの胚子のなかで準備されたものでは決してない。生きた現在の湧出と渾然一体化した絶対的外傷もまた、生きた現在が知の適合性に差し出す感性的性質と同様の重要性をもつ。

われ思う‐われ在りの生きた現在は単に、自己意識を原型とした絶対的な知であるのではない。生きた現在は「動じることなき魂」の安定性の断絶であり、内在性としての〈同一者〉の断絶なのだ。それこそが覚醒であり生なのだ。

『現象学的心理学』では、感受性は質料が射映（*Abschattung*）としての機能を帯びるに先だって生きられるものとみなされている。感受性の内在性とは、時間の受動的総合をつうじて自己への現前が集摂されることである。しかし、経験が生きられるのは、内在性の内部にありつつも内在性から区別されるような自我にとってであり、『イデーン』第一巻からすでに、この自我は「内在性のなかの超越」とみなされていたのだった。その限りにおいて、自己への現前はある断絶に即して生起することになる。自己への現前の同一性――反省以前のものの沈黙せる同語反復――のなかで、同一者と同一者との差異が、位相差（déphasage）が、内密なものの核心にはらまれた差異が姿を表すのである。この差異を敵対関係に還元することはできない。敵対関係は依然として和解の余地を残しており、同化によって乗り越えうるものだからだ。ここでは、いわゆる自己意識は断絶でもある。〈他〉が意識という同一者に亀裂を生ぜしめるのであり、意識の経験を可能にするのもこのような亀裂である。同一者よりも深いところから、他が同一者を呼び起こすのだ。目覚めた自我（*Waches Ich*）であり、自我の目覚めである。まどろむ自己自身は眠りつつもなにかと関わっている。が、このなにかと融合することはない。内在性のなかの超越としての心は、それを要請するものと融合することなしに目覚めている。フッサールは書いている、「より仔細に検討するなら、眠りは覚醒との関係において意味をもつのであり、眠りそれ自体のうちに潜在的な目覚めがはらまれている」（*Husserliana IX*, p. 209）、と。

5　〈自我〉においては、質料とそれ自身との同一化が断たれ、内在性からの差異が生まれるのだが、しかし、このようにして出来する〈自我〉それ自体はまたしても〈同一者〉の自己同一化なのではないだろうか。私たちの考えでは、主観的なものの意味に余地を与えるものとしての〈還元〉が、その真の意味を、件の主観的なものの意味を明かすのは、間主観的還元というその最終的段階においてである。フッサールにおいては、最後の最後まで、認知論的解釈によって精神という要素が特徴づけられていた。しかるに、間主観的還元においては、主体の主体性は目覚めという外傷として現れるのだ。

間主観的還元は単に、「第一次領域」の「独我論」ならびにそこから帰結する真理の相対性に逆らって進み、多様な主体性同士の一致に依存する知の客観性を確たるものたらしめようとするだけのものではない。存在の核心あるいは世界の中核において、自我は、特権的なものとして、特権的なものであるという意味において第一義的なものとして定立されるのだが、〈他者〉は自我をこのような実詞化（hypostase）から、ここから引き剝がすのであり、自我、それも第一義的な自我にとって、この自我とは異なるいまひとりの自我が有する意味の解明は、自我がここからこのように引き剝がされる仕方を記述するものなのだ。ところが、このような引き剝がしのうちで、私が「私のものであること」（mienneté）の究極の意味が明かされるのである。このような「私」としての意味の他人への授与をつうじて、あるいはまた、私が他人に自我としての意味を付与することを可能ならしめるような、私自身にとっての私の他性をつうじて、ここそこは互いにところを入れ換える。こうして構成されるのは空間の等質性ではない。そうではなく、自我が第二義的な次元に追いやられるのだ。しかも、紛れもなく第一義的なもので覇権主義的な自我が、これほどまでに自己自身と同一な自我が、その「固有性」においてある自我が、まさに自分の皮膚のしたにあり、今、ここにある自我がなんと第二義的な次元に退くのである。そうなると、私は他人を起点として自分を見、他人へと曝露され、返済すべき債務を負うのだ。

　自我がその第一義性から引き剝がされるような、他の自我とのこのような関係こそが認知論的ならざる出来事をなすのだが、この出来事は、認識とみなされた反省や、ひいては自我論的〈還元〉にとっても不可欠なものである。他者の顔（付言するなら、フッサールが語るような他の身体の表現のすべてが顔の倫理的開けであり、その倫理的要請である）を前にして、第一次領野はその優位を失って「第二義性」のうちに転落し、このような「第二義性」のうちで、主体性は自我論的なものから、自我性ならびに自我中心性から目覚めるのである。

　恍惚ゆえにか、はたまた天使のような無頓着ゆえにか、みずからの現世での体重を忘れ去って、酩酊のなかで、あるいはまたほとんど魔術的な昇華を伴う観念論をつうじて、「個的な意識」から「普遍的な意識」へと上昇する単なる抽象とは逆に、間主観的還元にかんするフッサールの理論はある外傷――外傷（trauma）であって驚き（thauma）ではない――を描き出しているのだが、この外傷とは、他人に直面した自我を自己から解き放ち、独断のまどろみから目覚めさせるような覚醒の驚異の可能性なのである。〈同一者〉――〈同一者〉が他人から逃れることはないのだが――には吸収されることのない〈他人〉による〈同一者〉の攪乱をくりかえすものとしての還元は、不眠ないし覚醒（*Wachen*）への、認識を超えた目覚めを表している。認識はこのような目覚めのひとつの様態にすぎない。主体が分裂するわけだが、かかる主体の分裂は、超越論的統覚の統一性の不可分な堅固さによってはもはや保護されることがない。〈他者〉であるような他なるものに発する目覚め、それはたえず〈同一者〉の優位を揺るがす。酔いからの覚醒たるこのような目覚めは、質実としての単なる明晰さを超えたものである。そのような質実といえども、あるいは弁証法の介入によって動揺や運動をはらむことがあるかもしれないが、それは依然として

〈同一者〉の意識でしかなく、同一的なものと非‐同一的なものとの同一性として完成される〈同一者〉の休息でしかない。〈同一者〉に平安を与えることなき〈他者〉によって、〈同一者〉は目覚め、覚醒するのだが、そもそもの初めから〈同一者〉は、生けるものとしてのその眠りのなかで〈他者〉によって凌駕されているのだ。これは、認識の主題のうちに定位されるような、不等性についての経験ではなく、生としての超越という出来事そのものなのだ。他者への責任としての心性がこのような超越の構えであり、この責任は端的に心性そのものなのだ。このような超越において、他の人間への超越と神への超越を区別することはおそらく時期尚早にすぎるであろう。

6　ただし、以上に述べたことはもはやフッサールのうちには存在していない。最後まで、フッサールにおいては、〈還元〉はあくまで劣った認識からより完全な認識への移行にとどまっている。あたかも奇跡でもおこったかのようにフッサールは還元を決意するのだが、この還元を動機づけているのは、素朴な認識にはらまれた矛盾の顕在化にすぎない。魂の心性ないし精神の精神性は依然として知でありつづける。したがって、ヨーロッパ精神の危機は西欧の科学をみまった危機のひとつにすぎない。存在の現前から、自己自身と同等な魂から、〈同一者〉のうちでの多様なものの集摂から出発したこの哲学が、知の用語とは別の用語で、〈同一者〉の転覆ないし目覚めを語ったことは一度たりともない。しかしながら、フッサールのうちには、科学から派生した技術に対する批判にはとどまることなき、知としての知に対する批判が、厳密な意味での科学文明に対する批判が存在している。知の知解可能性は他でもない、みずからの同一性によって疎外される。フッサールの哲学における〈還元〉の必然性は、与えられるものへの開けの只中に存する閉鎖のごときものを、自発的な真理のなかに潜むまどろみを証示している。このような自己満足を、私たちは超越の動揺に対する小市民的な反抗と呼んだのだった。〈同一者〉は自己同一化し、自己へと回帰するが、同一化可能な〈理性〉はこのような自己回帰をつうじてその完成を標榜する。思考それ自体があたかも休息を得ようとするかのように求めてやまないのも、かかる〈同一者〉の自己同一性である。しかし、このような同一性のうちには、蒙昧が、硬直化が、怠慢が潜んでいるのではないか、と危惧しなければならない。もっとも理性的な理性とはこのうえもなく目覚めた覚醒であり、覚醒状態の只中での目覚めであり、状態としての覚醒からの覚醒ではなかろうか。そして、他人との倫理的関係は、覚醒という永久革命が具体的な生と化すような出来事ではなかろうか。生の瑞々しさとは過剰な発出であり、内包不能なものによる内包するものの破産であり、経験としてすでに供されているような自分自身の内容たることをやめた形式であり、目覚めについての意識には帰することなき意識への目覚めであり、最初の運動――他者への最初の運動でありつづけるような目覚めではなかろうか。間主観的還元はかかる運動の外傷を明かすのだが、外傷は主体の主体性そのものを密かに打つのだ。超越。この語はいかなる神学的な前提もなしに用いられている。逆に、神学のほうが生の過剰を前提としているのだ。超越、それは第三「省察」（フランス語版）の末尾でデカルトが語ったためまいのごときものだ。過剰な光に焼かれた眼の痛みであり、自分を高揚させる他人によって〈同一者〉がかき乱され、目覚めさせられることである。このような生の超越にもとづいて神の観念を考えるのであれば、その場合には、生は熱情であると言うことができる。ただし、ここにいう熱情は酩酊ではなく酩酊からの覚醒であるのだが。たえず覚醒させるべき覚醒。新たな目覚めによる、覚醒への覚醒。倫理。

〈他人〉による〈同一者〉の審問、それを私たちは目覚めと呼び、生と呼んだのだったが、知の範囲を超えるこのような審問があくまで哲学の事象であるということ、この点は、いま示したようなフッサールの思想の構成によって証示されるだけではない。それは数々の哲学の頂点に現れるものでもある。たとえばプラトンにおける存在の彼方。窓を通って入ってくるアリストテレスの能動的知解。有限な私たちの容量ないし能力を凌駕する、私たちのうちなる神の観念。カントにおける、観照的理性から実践的理性への高揚。ヘーゲルにおいてさえ、〈他人〉による承認が追求されている。さらには、ベルクソンにおける持続による刷新や、ハイデガーにおける明晰なる理性からの覚醒などがここにいう哲学の頂点をしるしているのだが、実は、本論で使用された覚醒という観念自体、ハイデガーから借用されたものなのである。

　これらの哲学が語る超越——目覚めないし覚醒——を、私たちは世界やなんらかの背面世界についての認識として、あるいはまた世界観（*Weltanschauung*）として語っているのではない。超越、目覚め、覚醒、これらの永久革命は、意識の素朴さを除去することを気にかけた知、数々の帰結の意味について問うような認識論へと延長されてゆく知にとっても不可欠なものである。超越は超越についての経験に帰したりはしない。なぜなら超越は、主体の一切の措定、知覚され同化された一切の内容に先だつ衝撃だからだ。超越ないし目覚めは、すでにして〈無限者〉のことを気にかけた人間性の生そのものである。そこから哲学が生まれるのだが、哲学は超越の言語であって、経験を語る説話ではない。超越の言語は語り手がその話に内属しているような言語であり、それゆえ必然的に人格にもとづく言語である。それは、語られたことを超えて理解されるべき言語、言い換えるなら、解釈されるべき言語なのである。哲学、それは間主観的な「筋立て」を織りなす哲学者たちのことであり、誰もこの「筋立て」を解くことができないとはいえ、そこでは、注意の弛緩や厳密さの欠如は誰にも許されてはいないのである。覚醒しつづけることならびに超越することの倫理的意味を起点として開かれる数々の展望、なかでも〈内包不能なもの〉への関わりとしての時間の隔時性については、ここでは考察をひかえることにしたい。

＊　一九七六年九月にシャンティイーで開かれたシンポジウムでの講演。ガン大学文学・哲学部「宗教研究センター」（一九七七年三月九日）、ペルーズはモンテリピド修道院の「国際高等現象学研究センター」（一九七七年十月十日）でも、同様の講演がなされた。

無用の苦しみ

Ⅰ　現象学

意識のなかでは、苦しみはひとつの所与であり、ある種の「心理学的内容」である。その限りでは苦しみは、色や音や接触の経験と同様のものであり、どんな感覚とも変わるところがない。しかし、まさにこのような「内容」のうちにありつつも、苦しみは「意識に反して」であり、引き受けることのできないものである。引き受けることのできないものであり、「引き受けえないこと」である。「引き受けえないこと」は、私たちの感受性の尺度、把持し、摑むための私たちの手段の尺度を凌駕するような過度の感覚の強さに、なんらかの量的な「過剰」に由来するのではない。そうではなく、感性的内容に刻みつけられた余剰、「過剰」は、この内容において開かれ、そこに付加されるようにみえる意味の次元に、苦しみとして浸透していくのだ。カント的な「われ思う」は、いかに異質な要素、いかに分散した要素をも、そのアプリオリな形式のもとで、秩序へと統一し、意味へと包摂しうるものなのだが、このような「われ思う」にとっては、苦しみは単に総合にあらがう所与であるだけではない。そうではなく、有意味な総体への所与の集摂に対する拒否が、この集摂に反対する仕方でもあるかのようなのだ。その場合、苦しみは秩序を擾乱するものであると同時にこの擾乱そのものでもある。棄却ないし棄却の兆候についての意識であるのみならず、この棄却そのものでもある。「掌握」としてではなく、流出として「作用する」逆向きの意識なのだ。苦しみはひとつの様態である。性質という範疇でもあれば様態という範疇でもあるような曖昧さである。意味の否認、意味の拒否が感性的性質として課せられるのだが、それこそ、「経験された」内容を装いつつも、耐えられないものが意識のなかで文字どおり耐えられないものと化す仕方であり、「耐えることができない」という仕方である。逆説的にも、「耐えることができない」というこの仕方それ自体が感覚ないし所与なのである。矛盾をはらんだと言ってもよいような構造である。ただし、この矛盾は、知解作用によって産み出される肯定的なものと否定的なものとの弁証法的緊張のように形式的な矛盾ではない。それは感覚としての矛盾であり、苦しみに伴う痛みとしての矛盾であり、苦痛としての矛盾なのだ。

意識に反したものであり、苦痛であるという点で、苦しみは受動性である。この場合、「意識を獲得すること」は実際には獲得することではない。もはやそれは現勢的活動としての意識を成就することではなく、その逆行性ゆえに、被ることである。いや、被ることを被ることでさえある。というのは、苦しむ意識が意識する「内容」は他ならぬこの苦しみの、苦痛の逆行性そのものだからだ。ここでも受動性はひとつの様態であるとともに何性（quiddité）でもあるのだが、かかる受動性はおそらく、能動性との概念的な対立とは無関係に受動性が根源的な仕方で意味するような場所を示しているのであろう。その心理-物理的な条件や心理-生理学的な条件を捨象して、純粋に現象学的に見るなら、受苦することの受動性はいかなる能動性の反対物でもない。原因と相関的な帰結や、客体によって触発され刺激される感性的受容性、「前に立てられてあること」（ob-stance）としての客体と相関的な感性的受容性の場合とは事情が異なるのである。すでにして、私たちの感官の受容性は迎え入れることとしての能動性であり、そもそもの初めから知覚と化しているのだが、苦しみの受動性はこのような受容性よりも根底的な受動性である。苦しみにおいては、感受性は傷つき易さ、感傷性であり、受容性よりも受動的なものである。感受性は試練であり、経験よりも受動的なものである。まさしく苦痛なのだ。実を言うと、受動性によって苦痛が記述されるのではない。苦痛によって、受苦することが理解されるのだ。苦しむことは純然たる受苦である。人間の自由を傷つけることで、人間を堕落させるような受動性がここでの問題ではない。痛みは人間の自由を制限して、ついには自己意識を損ない、受苦の受動性たる人間に事物の同一性しか残すことがない。苦しむ人間の人間性は、非‐自由とは別の仕方で人間性を引き裂く苦痛によって圧倒される。苦痛は荒々しく狂おしい仕方で人間性を圧倒する。非‐自由によって行為を支配し麻痺させるような否定よりも仮借ない仕方で、苦痛は人間性を圧倒するのだ。非‐自由ないし苦しみにおける受苦することにあって重要なのは、苦痛として出来する否の具体性であり、この否は言表におけるいかなる否よりも強い否である。たぶん、苦痛の否定性のほうが言表における否定の源泉であり核なのであろう。苦痛における否、それは無意味に至るほどに否定的なものである。どんな苦痛も苦しみと関わっている。苦しみは生と存在の行き止まりであり、生と存在の不条理である。そこでは、いわば無垢な仕方で、痛みが意識を情動によって「着色する」ことはない。痛みという苦痛、この障害に他ならないものは炸裂であり、不条理さのこのうえもなく奥深い構えなのである。

固有の現象として内的に見るとき、苦しみは無用のものであり、それは「無動機、無目的」である。以上のように考えてくるなら、少なくともこの点は確かであろう。ここでの分析をつうじて示唆されているかにみえるこの無意味な基底は、いわば混じりっけなしの痛みという経験的な状況によって確証されるのだが、この痛みは意識のうちで孤絶を保つか、さもなければ意識の他の部分を呑み込んでしまう。この点を納得するには、医学的な新聞記事から、いくつかの執拗でかつ根治しにくい痛みの例を抜き出すだけで十分であろう。末梢神経の傷害から生じる神経痛や腰痛しかり、悪性腫瘍に犯された患者たちが感じているかもしれない耐えがたい激痛しかり、である。[1] このように痛みが病的状態の中心的現象と化す場合もあるのだが、このような「病気としての痛み」を他の心理学的状態に統合したとしても、「病気としての痛み」が軽減されるわけではない。それどころか逆に、苦痛の非情さに苦悩や悲嘆が付け加えられることになろう。しかし、さらに歩を進めることができる。つまり、他者と関わる生において、他者との関係において、心的に不遇な状態に置かれ、虐げられ貶められたひとびとの「病気としての痛み」に言及することで、あるいは純粋な痛みの本質的事態に到達できるかもしれないのだ。他者との関係において味わわれる苦しみは、その荒々しい有毒性を失うことこそないが、もはや心の全体を覆うものたることをやめ、新たな領野で新たな光のもとに置かれることになる。ただし、いわゆる精神障害がこの新たな領野に踏み込みうるのは、「純粋な痛み」である限りでの精神障害がこの新たな領野に投影されて、そこで私につきつけられ、「無根拠、無目的の」痛みという根本的な倫理の問題を引き起こす場合を措いて他にない。精神障害が、私の義務という名の医療にはらまれた不可避でかつ卓越した倫理の問題をひき起こす場合を措いて他にない。苦しみという苦痛——この根源的受動性、無力、放棄、孤独——は、引き受けることのできないものでもあるのではなかろうか。このようにある秩序や意味の統一性に統合されないものであるがゆえに、苦しみという苦痛はある逃げ場の可能性、より正確に言うなら、嘆き声や叫び声やうめき声の通路であるような逃げ場の可能性なのではなかろうか。嘆き声や叫び声は、別の自我による助けを、治療を、救助を求める初原的な訴えであり、[2] 別の自我の他性、その外部性が救済を約束するのではなかろうか。救いうるものへの最初の通路がこうして開かれるわけだが、そこでは、慰めや死の延期を求める訴えよりも容赦なく、また切迫した、鎮痛を求める訴えがうめき声とともに発せられ、この訴えをとおして、医学的なものという人間学的範疇が第一義的なもの、還元不能なもの、倫理的なものとして課せられることになる。

その本性からして無意味で常軌を逸した純粋な苦しみ、出口もなくおのれに縛りつけられた純粋な苦しみのなかで、間‐人間的なものにおけるある彼方が素描される。(3) ついでに述べておくが、こうした状況を起点として考えるとき、技術としての医学、ひいては医学が想定しているテクノロジー一般――あまりにも軽々に「良識家たち」の頑迷さの標的とされるテクノロジー一般は、いわゆる「力への意志」から単に生じたものではなくなる。この悪しき意志は、人間たちを養い、彼らの苦しみを和らげるよう定められたある文明の高度な思考が、場合によっては払わなければならない代価にすぎないのだ。

この高度な思考は、依然として不確実な近代性、依然として点滅をつづける近代性の名誉である。この高度な思考は名もなき数々の苦しみの世紀の後に告知されたのだったが、そこでは、苦しみに苦しむこと、他の人間の無用な苦しみへの苦しみ、他者を襲う理不尽な苦しみに対する私の正義の苦しみが、間‐人間的なものの倫理という展望を苦しみに対して開くことになる。このような展望のなかでは、他者における苦しみと私における苦しみとが根底的に区別される。(4) 前者の苦しみは、私にとっては許容できないものとして、私に懇願し、私に訴える。一方、後者の苦しみは、その組成からして元来無用なものである苦しみが意味を得るような私固有の冒険である。誰か他の者の苦しみ――たとえそれが容赦ない苦しみであるとしても――ゆえの苦しみと化すことで、私における苦しみのみが耐えうる苦しみと化すのだ。私たちの世紀に生じた数々の残虐さをとおして、他者の苦しみへの留意は、これらの残虐さにもかかわらず、いや、これらの残虐さゆえにこそ、人間の主体性のまさに結び目として確証されえたのだった。こうして、かかる留意は至高の倫理的原理にまで、異議を唱えることのできない唯一の原理にまで高められ、ついには、数々の大規模な人間集団の希望を、その実践的規律を司ることになる。このような留意や行動はあまりにも絶対的なものとして、あまりにも直接的なものとして人間たちに――人間たちの自我に課せられるので、全能の神からそれらを期待する場合には彼らは必ずや恩寵を失うことになる。なんらかの弁神論への信頼よりも、忌避不能なこの責務の意識のほうが精神的な意味で神をより近しいものたらしめるのだが、これが弁神論への信頼以上に困難な道であることは言うまでもない。

2　弁神論

苦しみの曖昧さを浮き彫りにしようとする現象学の試みから、私たちは本論を始めたのだったが、この曖昧さゆえに、様態〔としての苦しみ〕は、意識が「担う」内容ないし感覚としても現れる。何性である限りにおいて、苦しみという「一切の一致への敵対」も、それがかき乱す他の「内容」と関わりをもたざるをえない。ただしその場合にも、「一切の一致への敵対」は数々の根拠を得、みずから根拠と化すことになる。孤立した意識の内部においてもすでに、苦しむことの苦悩は、報いとしての価値をもち、報いたらんとするものとして意味を獲得し、それゆえ、さまざまな仕方で、無用性としてのその様態を失ってしまうようにみえる。ところで、仕事をしようとする努力や仕事が終わったあとの疲労のうちに苦しみの苦悩が姿を現す場合にも、それは、ある目的をめざす手段として意味を得るのではなかろうか。たしかに、苦しみの苦悩のうちに生物学的目的性を見いだすこともできないわけではない。病気において生を脅かす数々の陰険な危険に抵抗する生の自己保持への警告という役割を、苦しみの苦悩が果たすこともありうるのだ。しかし、「知恵が深まれば悩みも深まる」と『コヘレトの言葉』一・一八は述べており、そこでは苦しみは、少なく見積もっても理性や精神的洗練の代価として現れている。苦しみはまた個人の性格を鍛え上げるものでもある。とすれば、この場合の苦しみは共同生活の目的論にとって必要なものとなろう。社会的不安が、集合体の健康に役立つ注意を目覚めさせるのである。苦しみのこのような社会的効用は、育成し調教し抑圧する〈権力〉の教育的機能にとって不可欠なものなのだ。罰への恐れが叡知の端緒なのではなかろうか。制裁として被られた苦しみは社会や人間の敵を更正させる、と考えられてはいないだろうか。このような政治的目的論は言うまでもなく、生存の価値に、存在における社会や個人の存続に、至高の、究極の価値として承認された社会や個人の健康に立脚している。

けれども、社会的に「活用」されることで苦しみがまとう合理的形態はすでに、痛みの無根拠でかつ悪しき無意味によって差し貫かれている。いずれにせよ、苦しみのまとう合理的形態が、苦しむ心理的障害者を打ち、孤立させる激痛の緩和につながることなどありはしないのだが。人間たちの法廷によって課せられる懲罰における、痛みの合理的管理は、ただちに抑圧といういかがわしい外観をまとうのだが、このような管理の裏側で、正義は不当で、かつ奇異な挫折を味わう。数々の戦争が、犯罪が、強者による弱者の圧迫が正義を挫折させるのだ。このような正義の挫折はところで、運命の糸でたぐりよせられたかのように無用の苦しみへと連れ戻される。さながら存在論的倒錯の帰結ででもあるかのように、自然の災禍から派生した無用の苦しみへと、挫折した正義は連れ戻されるのだ。苦しみの現象学によって明かされた、苦しみそれ自体の根底的有害性とは別に、人間の経験は歴史のうちに潜む悪意を、悪しき意志を証示しているのではないだろうか。

しかしながら、西欧の人間は、道徳意識の字義どおりの教えのうちに不可視のものとして潜む形而上学的秩序および倫理に固有な意味を引き合いに出すことによって、こうした騒乱にも意味を見いだそうとした。思いやりにあふれた叡知によって、明確に定義された神の絶対的善性によって、超自然的なこの善性によって意欲された数々の超越的目標の治世である。言い換えるなら、この善性は〈自然〉や〈歴史〉のうちにも不可視のものとして放射され、〈善〉へと通じる道程を司ることになるのだ。これらの道程が痛苦なものであることは言うまでもない。こうして痛みは有意味なものと化し、進歩への信念ないし信仰によってかいま見られた形而上学的目的性になんらかの仕方で従属することになる。弁神論はなんとこうした信仰を前提としているのだ！　これが、私たちの生きる社会での魂の内面的平静には欠くことのできない大いなる理念である。この理念は、現世での苦しみを理解可能なものたらしめることをその任務としている。原罪、あるいはまた人間存在の生来の有限性と関係づけられることで、現世の苦しみは意味を得るに至る。なぜ悪が地に満ちているのかも、「全体の見取り図」をとおして説明されることになる。悪は数々の罪を償うものとして呼び求められる。時間の終末にあって悪は、存在論的に限定された数多の意識に、慰めと補償をもたらすのだ。本質的に無償でかつ無意味な苦しみ、一見すると恣意的なものとうつる苦しみのうちに、意味を、秩序をかいま見ようとする超感覚的な見地であろう。

もちろん、ここで疑義をはさむこともできる。広義の弁神論にせよ狭義の弁神論にせよ、弁神論は本当に、神を正当化し、信仰の名において道徳を救済し、苦しみを耐えることのできるものたらしめるのに成功したのだろうか。弁神論に頼る思考の真の意図はいかなるものであろうか。いずれにせよ、弁神論が人間たちに及ぼす誘惑を過小評価し、その影響の深さを見誤ることはできない。今日用いられている表現を使うなら、思考のうちへの弁神論の侵入が有する「画期的な」（*epochemachend, historial*）性格を見誤ることなどできはしない。二〇世紀に数々の試練が生じるに至るまで、弁神論はヨーロッパの人間の自己意識の構成要素のひとつを成していたのだ。無神論的進歩主義のなかでも、弁神論はいわば息をひそめて生き延びた。無神論的進歩主義といえども、〈善〉の有効性を信頼しているからだ。あくまで存在に内在したものとしてではあるが、無神論的進歩主義は、自然や歴史の諸法則によって、不正や戦争、悲惨や病いに目に見えるかたちで打ち勝つことを、その任務としていた。一八、一九世紀には、神の摂理にもとづく

〈自然〉や〈歴史〉が道徳意識の諸規範を提供していたのであって、それは多くの点で啓蒙の世紀の理神論と結びついていたのだ。弁神論という名称がライプニッツによって与えられたのは一七一〇年のことでしかないが、弁神論はある種の聖書読解と同じくらい古いものである。みずからの不幸を〈原罪〉によって、いや少なくとも自身が犯した罪によって説明しようとする信者たちの意識を、かねてより弁神論は支配してきた。キリスト教徒たちにとっては弁神論はこのように〈原罪〉と主として結びつくものであるが、それに加えて、弁神論はある意味では旧約聖書に暗黙のうちにはらまれてもいる。旧約聖書では、〈離散〉のドラマはイスラエルの民の犯した数々の罪に淵源を有するものとされているからだ。祖先たちの悪しき行い、追放の苦しみによってもいまだ贖われることのないこの悪しき行いが、追放された者たちに、その追放の期間と過酷さを告げるのである。

3 弁神論の終焉

おそらくはこれこそが二〇世紀の私たちの意識にとってこのうえもなく革命的な事態であり、また〈聖史〉に生じた一大事件でもあるのだろうが、陰に陽に西欧の思考に付随してきた弁神論と、今世紀の流れのなかで苦しみやその苦痛がまとった形態との一切の均衡は破壊されてしまった。今世紀はその三〇年のあいだにふたつの世界大戦を経験した。右翼、左翼双方の全体主義、すなわちヒトラー主義とスターリニズムがあり、ヒロシマがあり、ソ連の強制収容所があり、アウシュヴィッツの、カンボジアの大量虐殺があった。こうした数々の野蛮に与えられた名が物語るすべてのことが再び回帰するのではないか、という強迫観念とともに、今世紀は終わろうとしている。決然とした仕方で、苦しみとその苦痛が押しつけられるのだが、いかなる理性もそれを制限することはない。どんな倫理からも乖離して政治と化した理性の肥大化が、苦しみを抑えることはありえないのだ。

これらの出来事のなかにあって、ヒトラーの支配下でのユダヤ民族のホロコーストは、人間のいわれなき苦しみの範例をなしているように私たちには思える。そこでは、悪の悪魔的な恐怖が姿を現したのだったが、以上のことはおそらく単なる主観的感情ではあるまい。苦しみと弁神論との不均衡は、アウシュヴィッツにおいて、目を焦がすようなまぶしさとともに明かされたのだった。アウシュヴィッツが可能であったということ、それによって数千年にわたる伝統的信仰は揺るがされる。神の死をめぐるニーチェの言葉は絶滅収容所では経験的とも言える意味を得たのではなかろうか。ユダヤ民族はつねに〈聖史〉に結びついてきたのだから、〈聖史〉に生じたこのドラマがユダヤ民族を主要な登場人物のひとりとしていたとしても、あるいはそれは驚くべきことではないのかもしれない。ただ、この民族の集団的魂と運命がなんらかのナショナリズムに縛られていると考えるのは誤りであろう。この民族の挙措は、ある状況では、〈啓示〉に依然として属するものとして現れる。たとえここにいう〈啓示〉が終末の黙示録であったとしても、である。また、かかる〈啓示〉[5]が哲学者たちに「思考のきっかけを与える」にせよ、彼らの思考を妨げるにせよ、このことに変わりはない。

ここで私はカナダはトロントに住むあるユダヤ人哲学者の考察に言及しておきたい。この哲学者、エミール・ファッケンハイムは、その仕事のなかで、なかでもベルナール・デュピュイ神父によってフランス語に訳され紹介された『歴史のなかでの神の現存』[6]のなかで、人間性と神性とのあの大破局をつぎのように分析している。「ナチスによるユダヤ民族の大量虐殺はユダヤの歴史のうちでも前例のない出来事である。ユダヤの歴史以外の場所でも、このような大量虐殺は前例がない。実際に起こった数々の大量虐殺も、少なくともつぎのふたつの点で、ナチスによるこのホロコーストとは区別される。いわゆる大量虐殺では、権力や領土や富の奪略の名目で（ただし、こうした根拠が恐るべきものであることに変わりはないのだが）、数々の民族全体が殺された（……）。これに対して、ナチスによる皆殺し、それは抹殺のための抹殺であり、皆殺しのための皆殺しであり、悪のための悪である（……）。しかも、犯罪それ自体よりも、犠牲者たちの置かれた状況のほうが紛れもなく異様であった。カタリ派の分派たるアルビジョワ派の信者たちはその信仰ゆえに死んだ。死ぬまで彼らは、神は殉教者を必要としていると信じつづけたのだ。黒人のキリスト教徒たちはその人種ゆえに殺されたのだが、彼らもまた、その信仰のうちに慰めを見いだすことができた。彼らの信仰が揺るがされることはなかったのだ。ナチスによるホロコーストにおいて殺された百万以上のユダヤの子供たちは、ユダヤ教の信仰ゆえに殺されたのでも、ユダヤの信仰とは無関係なんらかの理由で殺されたのでも、彼らをユダヤの子供として残した先祖たちの忠誠心ゆえに殺されたのでもなかった」（一二三―一二四ページ）。虐待され虐殺されたこれら六百万のひとびとの大半を占めたのは、東欧出身のユダヤ人たちであったが、彼らは、私たちの世界の曖昧さによって堕落させられることのもっとも少なかった人間存在を代表しており、殺された百万余の子供たちは子供としての無垢を有していた。殉教者たちの死ではある。しかし、殉教者たることの威信さえが死刑執行人によってたえず破壊されるなかで、この死は与えられる。そして今、いわゆる「歴史の校訂者たち」によって殉教という事実そのものにはさまれた死後の疑義によって、この破壊の最終段階が完成しようとしている。痛みは混じり気のない毒であり、苦しみは根拠も報いも伴ってはいない。苦しみを味わった者たちや死んでいった者たちの犯した罪によって、このような痛みや苦しみを説明づけようとするどんな話や思考をも、痛みや苦しみは不可能で忌まわしいものたらしめる。今世紀の法外な試練を前にして、弁神論の終焉は不可避なものとなった。が、と同時に、弁神論のこの終焉はより一般的な仕方で、他の人間における苦しみの正当化不能な性格を、自分の隣人の苦しみを正当化しようとする自我とともに到来する災厄を明かしているのでもなかろうか。つまり、無用なものとしての苦しみという現象それ自体、原理的には他者の痛みのことなのだ。私たちの世紀の非人間性のなかで、この非人間性に抗して確証された倫理的感受性からすれば、隣人の痛みの正当化は紛れもなく一切の背徳の源泉であろう。苦しみつつ自己を糾弾すること、それはおそらく自我が自己へと再帰することである。それゆえおそらくは、「他のために」という他者とのもっともまっすぐな関係が、主体性のもっとも奥深い冒険であり、主体性の究極の内奥なのであろう。ただし、この内奥は控えめなものでしかありえない。それは、みずからを模範たらしめることも、堂々たる言説として物語られることもありえない。主体性の究極の内奥は説教と化すや否や、必ずや倒錯に陥るのである。

二〇世紀の数々の出来事をつうじて、その根底的な有毒性を明かした無用の痛みが提起する哲学的問題は、したがって、弁神論の終焉以降にも宗教性が維持しているかもしれない意味に、善意という人間の道徳性に関わるものであろう。アウシュヴィッツでは神は沈黙していたのだが、先に引用した哲学者によると、アウシュヴィッツは逆説的にもかかる神の啓示を、つまりは忠誠を命じる命令を伴っている。アウシュヴィッツで不在であった神をアウシュヴィッツ以降放棄すること——イスラエルの存続をもはや保証しないことはとりもなおさず、イスラエルの抹殺をもくろんだ国家社会主義の犯罪的企てを成就し、聖書の倫理的教えを忘却することであろう。ちなみに、ユダヤ教はこの教えの担い手であり、民族としてのイスラエルの生存は数千年にわたるこの教えの歴史を具体的に持続させてきたのだった。なぜ神を放棄してはならないのか。絶滅収容所で神が不在であった以上、そこには悪魔が紛れもなく現存していたからだ。エミール・ファッケンハイムによれば、この悪魔の目論見に加担しないためにも、ユダヤ人は生きつづけ、ユダヤ人でありつづけなければならないのだ。アウシュヴィッツ以降、ユダヤ人はユダヤ教に忠誠をつくし、その生存の物質的、さらには政治的な諸条件に専心することになる。

トロントの哲学者のこの最終的な省察は、それをユダヤ民族の運命に関わる省察たらしめるような用語で表現されているが、そこにある普遍的な意味を見いだすことも可能であろう。サラエボからカンボジアに至るまで、人間はこの世紀において数多の残虐さを目にしてきた。ヨーロッパが、ヨーロッパの「人間科学」がその主題をとことん突きつめたかにみえるこの世紀において、である。これらすべての恐怖のなかで、すでにと言うか依然としてと言うか、人間は「最終解決」の焼却炉の煙を吸っており、「最終解決」は突然、弁神論を不可能なものにしてしまった。では、人間は無関心を決め込み、世界を無用の苦しみに委ねようとするのだろうか。弱者や敗者を不幸に陥れるような盲目的な力の奔出、悪意あるひとびとを残らず味方につけた勝者に対しては不幸を免じるようなこの盲目的な力の奔出に、かかる政治的宿命に、世界を委ねようとするのだろうか。それとも、人間の目に依然として悪魔的なものとうつる秩序ないし無秩序には加担しえないものとして、人間は、さらに困難の度を増した信仰、弁神論なき信仰をつうじて、〈聖史〉を継続しなければならないのだろうか。これまで以上に、歴史は各人における自我の能力に、他の人間の苦しみに触発された自我の苦しみに訴えているのだが、自我のこのような憐憫は無用のものならざる苦しみ（ないし愛）である。それはもはや「無根拠な」苦しみではなく、そもそもの初めから意味を有した苦しみなのだ。慰めをもたらす弁神論のまったき不在のなかで今世紀に相次いで展開された、無用でかつ正当化不能な痛みを知った後で、二〇世紀の終わりに臨む私たちはみな、ユダヤ民族がその忠誠を強いられているのと同様に、先ほどの二者択一の二番目の選択肢を選ぶよう強いられているのではなかろうか(7)。今日の信仰がまとう新たな様態であり、私たちの道徳的確信からすると、それはまた近代性の出現にとってまさに不可欠な様態でもある。

4　間 - 人間的な秩序

私たちは間 - 人間的な見地から苦しみを記述しようと試みてきた。その場合、苦しみは自我のうちでは有意味なものであるが、他者のうちでは無用なものとみなされたのだったが、このような試みは相対的な観点に立って苦しみを考えることを意味してはいない。そうではなく、私たちは苦しみにある意味の次元を取り戻させようとしたのであって、この次元の外では、意識に内在する荒々しい苦痛としての苦しみの具体性は単なる抽象と化してしまうのだ。間 - 人間的見地から苦しみを考えること、それは、多様な意識の共存のうちに苦しみを認めることでもなければ、社会的決定論のうちに苦しみを認めることでもない。このような共存は、社会にある人間たちがその環境や自分たちに共通な運命についてもちうる単なる知識を伴っているにすぎない。〈都市国家〉の政治的秩序においては、〈法〉が市民のあいだの相互的責務を確立するのだが、間 - 人間的見地はこのような秩序のなかでも存続しうるものであると同時に、そこで失われかねないものでもある。真に間 - 人間的なものは、他の者に対してある者が無関心ではないことのうちに、他の者に対するある者の責任のうちに宿っている。ただし、非人称的な法のうちに書き込まれる責任の相互性が、この私としての自我の倫理的構えに刻印された責任という純粋な愛他主義と重なり合うに先だって、まさに相互性の機縁となる一切の契約に先だって、ある者は他の者に対して責任を負うている。愛他主義および没利害の超脱はなるほど相互性においても存続しうるかもしれないが、そこで弱められ、かき消されてしまうかもしれないのだ。倫理に後続するものであるか倫理に先だつものであるかはともかく、政治的秩序、「社会契約」によって創設される政治的秩序は、倫理にとっては不十分な条件でも、倫理の必然的な到達点でもない。倫理的なものとしてある自我は、〈都市国家〉から生じた市民とも、その自然なエゴイズムゆえに一切の秩序に先行するような個人とも区別される。ホッブズ以来の政治哲学は、一切の秩序にこのように先行する個人から、〈都市国家〉の社会的、政治的秩序を引きだそうとし、ときにその試みは成功したのだったが。

間‐人間的なものはまた、ある者が他の者に訴え、頼ることのうちに存してもいる。ただしこのような訴えは、慣習における「人格同士の交渉」として確立されるような善良な態度の単なる交換によって、他者の威光にみちた他性が卑俗化され色あせるのに先だっている。この点については、本論の冒頭で語ったとおりである。以上が真に倫理的な意味のまとう数々の相貌なのだが、それらは、〈自然〉状態とか市民状態とか呼ばれるもののうちで自我と他人がまとう相貌とは区別される。相互性を気にかけることなく、他の人間に対して私が負う責任という間‐人間的見地から、他の人間の無償の救済を求める私の訴えをつうじて、一者と他人との関係の非対称性をつうじて、私たちは無用の痛みという現象を分析しようと努めたのだった。

＊　初出 *Giornale di Metafisica*, n°4, 1982, pp. 13–26).

（1）一九八一年四月四日に『ル・モンド』紙に掲載されたエスコフィエ＝ランビオット医師の記事、「痛みを治療するフランスの最初の機関はコシャン病院で創設された」を参照。

（2）この点については、フィリップ・ネモの見事な著書『ヨブと悪の過剰』(Philippe Nemo : *Job et l'Excès du Mal*, Grasset, 1977）を参照されたい。そこでは、総合や秩序に対する苦しみの抵抗それ自体が、心性固有の閉域たる純粋な内面性の破産として、超越という出来事として、さらには神への誓願として解釈されている。『ヌーヴォー・コメルス』誌、第四一号に掲載された、同書にかんする私たちの分析をも参照されたい。

（3）以下に引用するタルムードの対話ないし寓話（バビロニア・タルムード「ベラホット」篇、五b）には、根底的な苦痛として、思考不能な絶望を内に抱えたものとして、内に閉じこもったものとして、悪の内的構造の外に存する他の人間や医療に訴えるものとして、苦しみを捉える考え方が反映されている。「ラヴ・ヒヤ・バール・アバが病いにかかったので、ラヴ・ヨハナンは彼を見舞った。ラヴ・ヨハナンはラヴ・ヒヤ・バール・アバに、あなたは自分の苦しみが気に入りましたか、と尋ねた。苦しみもそれが約束する報いも私の気に入りません、との答えを受けて、訪問者は病人に、あなたの手を出しなさい、と言った。そして訪問者は病人を床から起こした。すると今度はラヴ・ヨハナンが病気になり、ラヴ・ハニナの訪問を受けた。あなたは自分の苦しみが気に入りましたか、という同じ問いが発せられ、苦しみもそれが約束する報いも気に入りません、という同じ答えが返ってきた。手を出しなさい、とラヴ・ハニナは言い、ラヴ・ヨハナンを寝床から起こした。ここでひとつの問いが生じる。ラヴ・ヨハナンはひとりでは起きられなかったのだろうか。囚人はひとりではその幽閉から脱出することはできない。これが答えである。」

（4）私における苦しみはあまりにも根底的な仕方で私のものなので、この苦しみがなんらかの説教の主題と化すことはありえない。人間の精神的伝承をつうじて証示される苦しみ、それも喜んで迎えられた苦しみが真実なる観念を意味しうるのは、あくまで私における苦しみとしてであって、一般的な苦しみとしてではない。他人たちのために苦しむ義人の贖いとしての苦しみ、光明を与えるものとしての苦しみ、このような苦しみはドストエフスキーの作品の登場人物たちによって追求されている。私になじみ深いユダヤの宗教的伝承のこともまた想起される。『雅歌』では「私は愛に病んでいる」と言われているし、タルムードのいくつかの箇所でも苦しみが話題となっている。タルムードが「イェスリン・シェル・アハヴァー」と呼ぶのは愛ゆえの苦しみのことで、そこには他人たちへの贖いという主題が込められてもいる。タルムードでは、苦しみはしばしば「無用性」と境を接するものとして描かれている。前註3を参照していただきたいが、そこでは、義人にとっての試練たる苦しみはまた「私の気に入らないもの」でもある。「苦しみも、苦しみに結びついた〈報い〉も私の気に入らない」のである。

（5）周知のように、文字にも事実にも明晰かつ批判的な留意を怠ることのないモーリス・ブランショはある箇所でこう書いている〔『エマニュエル・レヴィナスによせる論文集』に掲載されたブランショの論考「われらが影の同伴者」のこと〕。「いかにして哲学するのか。アウシュヴィッツの記憶のなかで、いかにして書くのか。『なにが起こったかを知ってくれ、忘れないでくれ、しかし、決してあなたがたは知ることはないだろう』、焼却炉の近くに埋もれた走り書きをつうじてしばしば私たちにこう訴えかける者たちの思い出のなかで、いかにして哲学するのか」、と。思うに、アウシュヴィッツが語られるとき、私たちの政治的な世紀において、ソ連の強制収容所や他のすべての拷問の場所で死んだ者たちすべてがそこに現前するのだ。

(6) *La Présence du Dieu dans l'histoire*, Verdier, 1980.

(7) 先に私たちは、広義の弁神論は聖書のある種の読解によって根拠づけられると言った。もちろん、それとは別の読解も可能であるし、ある意味では、人間の歴史に生じた精神的経験で〈聖典〉と無縁なものはなにひとつない。とくに私がここで考えているのは『ヨブ記』のことであるが、そこでは、ヨブを襲う理由なき苦しみにもかかわらず、また、ヨブの友人たちの弁神論への敵対にもかかわらず、神へのヨブの忠誠が(二・一〇)、倫理へのヨブの忠誠が(二七・六)証示されている。ヨブは最後までこの弁神論を拒みつづけるが、『ヨブ記』の最後の章(四二・七)では、〈天〉を救うことに急なあまり、義人の苦しみを目にして神を正当化した者たちよりも、ヨブのほうが神から好まれることになる。これは、「弁神論の哲学的探求すべての失敗について」(*Über das Mislingen aller philosophischen Versuche in der Theodicee*)という驚嘆すべき小品において、カントが試みた『ヨブ記』の読解とほぼ一致している。そこでカントは弁神論を擁護する論議の理論的弱さを論証しているのだが、「この古びた聖なる書物が寓意的に表現している」ことを、カントが彼なりの仕方で解釈した結論はこうである。「このような精神状態において、ヨブが証明しているのは、彼が道徳性を信仰に立脚させたのではなく、信仰を道徳性に立脚させたということである。この場合、信仰はそれがいかに薄弱なものであれ、純粋で本源的な種類に属する唯一のものなのだが、ただし、それは恩恵を請い求めるものとしての宗教ではなく、善良に営まれる生活としての宗教を確立するものなのだ(*welche Religion nicht der Gunstbewerbung, sondern des guten Lebenswandels gründet*)。」

哲学、正義、愛

――「〈他者〉の〈顔〉が哲学の始まりそのものである」。あなたはそう述べておられますが、これは、哲学は有限性の体験とともに、この体験のうちで始まるというよりもむしろ、正義への呼びかけとしての〈無限〉の体験のうちで始まるという意味でしょうか。とすると、哲学は哲学それ自体に先だって始まるのでしょうか。哲学的言説に先行する経験のうちで、哲学は始まるのでしょうか。

――エマニュエル・レヴィナス　私にとって第一義的なものとみえる意味の秩序は、人間同士の関係から私たちにもたらされる秩序に他ならず、したがって、〈顔〉ならびに〈顔〉の意味にかんする考察によって明かされるすべてのことが知解可能性の端緒であるということ、その言葉で私が言いたかったのはなによりもこの点です。言うまでもないでしょうが、倫理によって開かれる展望のすべてがただちにここで素描されることになります。しかし、その素描がすでにして哲学的言説に属するものだと言うことはできません。哲学は理論的な言説である。理論的な学問はこのような素描よりも多くのことを想定している、と私は考えたのです。他の人間の〈顔〉に応答するにとどまらず、他の人間のかたわらにいる第三者にも私が接近するに応じて、理論的な、観照的な態度の必要性それ自体が生まれるのです。〈他者〉との遭遇はそれ自体で、〈他者〉に対する私の責任です。隣人への責任、おそらくはそれが隣人愛と呼ばれているものの峻厳な名称なのでしょう。隣人への責任としての隣人愛、それは〈エロス〉なき愛であり、慈愛であり、倫理という契機によって情念の契機が制御されるような愛であり、邪欲なき愛なのです。愛という使い古され、手垢にまみれた語を、私はあまり好みません。他者の運命をみずからの責任において引き受けること、と言い換えましょう。それこそが〈顔〉を「見ること」であり、他者が誰であれ、私は彼の運命をみずからの責任において引き受けるのです。この他者が私のただひとりの対話者であるなら、私はもっぱら数々の責務を課せられるだけでしょう！　しかし、私はただひとりの「任意の他者」だけが存在するような世界のうちで生きているのではありません。この世界のうちには、つねに第三者がいます。第三者もまた私にとっての他人であり、私の隣人なのです。そこで、ふたりの他人のうちどちらが優先されるか、一方が他方を迫害していないかどうか、この点を知ることが、私にとって重要になります。ですが、人間たち、この比較不能な者同士を比較してはならないのではないでしょうか。それゆえこの場合には、他人の運命をみずからの責任において引き受けることよりも公正なる正義のほうが先だつことになります。数々の責任をまず負うべき場所で、私は判断を、裁きをくだすのです。ここで、理論的、観照的な次元が誕生します。この次元の基盤たる公正なる正義への気遣いがここで誕生するのです。正義は判断ないし裁きと比較を伴っています。が、これは原理的に比較不能なもの同士の比較です。というのも、各人はかけがえのない唯一の存在であり、いかなる他者も唯一の存在だからです。ただし、このような正義が現れるのはつねに、〈顔〉を起点としてであり、他者への責任を起点として、です。正義に関心を向けなければならないというこの必要性のうちで、公正という考えが現れるのですが、この公正の観念が客観性の観念を基礎づけるのです。「計量」の、比較の、検討の必要がある時点で生じます。この意味において哲学とは、最初のものたる慈愛から叡知が生まれでることでありましょう。言葉を弄ぶわけではありませんが、哲学とは慈愛の叡知であり、愛の叡知でありましょう。

——他者の死の体験、そしてまた、ある意味では自身の死の体験は、隣人の倫理的迎接とは無縁なものでしょうか。

——レヴィナス　あなたはいま、「〈顔〉のなかにはなにがあるのか」という問いをたてられたわけです。私の考察では、〈顔〉は肖像のような形あるものではまったくありません。〈顔〉との連関は、絶対的に弱きものとの連関であると同時に、絶対的な仕方で外に曝されたものとの連関です。それは、一糸もまとわぬ剝き出しのものとの連関であると同時に、貧しきものとの連関です。〈顔〉との連関は貧窮との連関であり、ひいては、寄る辺なきもの、死と呼ばれるこのうえもない孤絶を身に被りうるものとの連関なのです。つまり、〈他者〉の〈顔〉のなかにはつねに〈他者〉の死が、それゆえある意味では殺人への誘いが、最後まで突き進み完全に他者を無視せよという誘惑がはらまれているのです。しかし、と同時に、逆説的なことですが、〈顔〉は「汝、殺すなかれ」でもあるのです。「汝、殺すなかれ」を、もっと明確に語ることもできます。それは、他者をひとりぼっちで死なせることはできないということです。私へのいわば呼びかけがあるのです。ここが私には重要な点だと思われるのですが、おわかりのように、他者との関係は対称的なものではない。マルチン・ブーバーが言うのとはまったくちがうのです。ある〈私〉、ある自我にこの私が〈きみ〉と語りかける場合、ブーバーによると、〈きみ〉と語りかけられる自我は、私に〈きみ〉と語りかける自我としてこの私の前にいることになる。つまり、対称的な関係があることになる。ですが、私の考察によりますと、〈顔〉との関係において確証されるのは逆に非対称性なのです。最初の段階では、他者が私にとってなんであるかは、私にとってほとんどどうでもよいことです。それは他者に固有の関心事です。私にとって、他者とはなによりもまず、私が責任を負うている相手なのです。

――死刑執行人も〈顔〉をもっているのでしょうか。

――レヴィナス　あなたの問いのうちには、悪の問題のすべてがふくまれています。〈正義〉を問題にする際には、私は悪との闘いという考えを導入し、悪への無抵抗という考えと袂を分かちます。自己防衛に問題があるとしても、「死刑執行人」は隣人を脅かす者、この意味において暴力を呼び寄せる者であり、もはや〈顔〉をもちません。ただし、私の思想の核心、それはかつて私が「間主観性の非対称性」と呼んだものです。すなわち、〈自我〉が例外的な位置を占めるということです。この点については、私はいつもドストエフスキーを援用します。彼の登場人物のひとりが言うには、私たちは皆、万事に対して、万人に対して罪を負うているが、私は他の誰よりも多く罪を負うているのです。この考えと矛盾するものではありませんが、私はこの考えにただちに、第三者への配慮、ひいては正義をつけ加えます。かくしてここで、死刑執行人をめぐる問題のすべてが始まることになる。正義ならびに他の人間、私の隣人の防衛を起点として始まるのであって、私に関わる脅威を起点として始まるのではまったくありません。〈正義〉の秩序がないのであれば、私の責任に限界はありません。正義を起点として、あるていどの「必要暴力」が存在することになります。他方、正義を語る際には、裁き手たちを承認しなければならない。国家ならびに数々の制度を認めなければならない。対面の秩序においてのみならず、市民たちの世界でも生きなければならないのです。とはいえ、それとは逆に、国家の合法性、非合法性を云々しうるのは、〈顔〉との関係を起点として、他者を前にした私を起点として、です。人格同士の関係が不可能であるような国家、国家に特有の決定論によってあらかじめこの関係が管理されるような国家、それは全体主義的な国家です。以上に述べたことからもわかるように、国家には限界がある。ホッブズの考えでは、国家は慈愛を制限するためではなく、暴力を制限するためのものであり、それゆえ国家に限界をもうけることはできないのですが。

――その場合、国家はつねに暴力の言いなりになるのでしょうか。

――レヴィナス　国家のうちには、暴力的な部分が存在します。ですが、この部分が正義を伴うこともありうる。可能な範囲で暴力を回避すること、この必要性を否定しているわけではありません。国家間の営みにおいて暴力に代わるもの、たとえば交渉や話し合いに託しうるすべてのことが肝要であるという点にはまったく異論の余地はありません。けれども、合法的な暴力は存在しない、と言うこともできません。

――予言のごとき言葉は国家に抗するものでしょうか。

――レヴィナス　予言は極度に大胆果敢な言葉です。というのは、予言者はいつも王のまえで語るからです。予言者は地下に潜行し、その啓示をひそかに練るのではありません。驚くべきことに、聖書では、王はこの直訴を受け入れるのですが、なんとも奇妙な王様がいたものです！　なるほど、イザヤやエレミヤは迫害されました。が、王たちにおもねる偽予言者がつねに存在することを忘れてはなりません。真の予言者のみがこびへつらうことなく王や民衆に語りかけ、彼らに倫理を思い起こさせるのです。旧約には、国家それ自体を告発する表現はまったく見られません。そこにあるのは、国家と世界の政治との端的な同一視に対する抗議です……。イスラエルの王になるよう要請されたとき、サムエルは動揺しました。なぜなら、彼らがすべての諸国民と同様に王を欲していたからです。『申命記』は王権にかんするある理論を語っていますが、そこでは国家は〈律法〉に適合するものとして予見されています。倫理的な国家という考えは聖書に由来するものなのです。

——倫理的国家は最小限の悪なのでしょうか。

——レヴィナス　いや、そうではなく、それは諸国民の叡知なのです。第三者が〈他者〉に悪事を働くときにも、〈他者〉はあなたと関わっています。ですから、その場合あなたは正義の必要性ならびにある種の暴力の前に立つことになります。第三者はたまたまそこにいるのではありません。ある意味では、すべての他人たちが他者の顔のうちに現前しています。が、世界に私たちふたりしかいないのなら、なにも問題は生じないでしょう。他者が私に優先するのですから。他者が私を煩わし、私を迫害するときにも、私はあるていどこの他者に責任を負うています。これが日常的な単なる規則に堕さないことを願うほかありません。エレミヤの『哀歌』には——今日の対談では予言者のことがおおいに話題になっているので『哀歌』を引き合いに出したのですが——あまり長くないある一節、「打つ者に自分の頬を差しだす……」という一節があります。が、私は隣人たちに対する迫害にも責任を負うています。私がある民族に属している以上、この民族や私の近親者たちもまた私の隣人です。私の近親者ならざる者たちと同様に、彼らも防衛する権利を有しているのです。

——ブーバーにおける相互的な関係とは異なる非対称性について先ほどお話しになられましたが……

——レヴィナス　市民としては、われわれは相互的な存在です。ただ、それは対面よりも複雑な構造です。

——たしかに。しかし、初発の間‐人間的な領野には、ある危険性がはらまれてはいないでしょうか。相互性なき関係では、優しさの次元も存在しなくなるという危険が。正義と優しさは無関係なふたつの次元なのでしょうか。

——レヴィナス　正義と優しさは非常に近いものです。かつて私はこう推論しました。正義もまた慈愛から生まれるのだ、と。正義と慈愛とが相前後して生じる段階とみなされるなら、その場合には、両者は互いに無関係なものにみえるかもしれません。しかし、実際には両者は不可分で、かつ同時的なものです。孤島にいて、人類も第三者も存在しないというなら、話は別ですが。

——正義の体験は、他人の苦しみに同情する愛の体験を想定している、こう考えることはできないでしょうか。ショーペンハウアーは愛を同情とみなし、正義を愛のひとつの契機たらしめました。この点についてどうお考えでしょう。

──レヴィナス　なるほど、そのとおりです。ただし私にとっては、同情による苦しみ、他人の苦しみゆえに苦しむことは、それよりもはるかに複雑であると同時に包括的なある関係、他者への責任の一契機にすぎません。実を言うと、私は、他者が罪を犯したとしても、他の人間たちが罪を犯した場合にも、他者に責任を負うているのです。私にとっては、これがユダヤ意識の本質的なポイントです。いや、私はそれが人間の意識にとっても本質的なポイントだとも思っています。すべての人間たちが互いに責任を負うている。が、「私は他の誰よりも」責任を負うているのです。私にとってもっとも重要なことのひとつ、それが先に述べたような非対称性であり、また、「すべての人間たちが互いに責任を負うているが、私は他の誰よりも責任を負うている」という言表なのです。これはドストエフスキーが語ったことで、お気づきのように、私はそれをまた引用したわけです。

──それで、正義と愛の関係はどうなるのでしょう。

──レヴィナス　正義は愛から生まれるのです。だからといって、正義の厳格さは責任にもとづいて理解された愛に反旗を翻すことができない、というわけではまったくありません。なすがままに任せておくなら、政治はそれ固有の決定論に従うことになります。愛はたえず正義を監視しなければならない。ユダヤ教神学では──ただし私はこの神学に全面的に従っているのではありません──、神は正義の神ではあるが、そのもっとも重要な属性は慈悲です。タルムードの言葉によると、神はつねに「ラフマナー」すなわち〈慈愛深きお方〉と呼ばれます。ラビの釈義では、このテーマが余すところなく探求されています。なぜ、創造にかんするふたつの物語があるのか。その理由はこうです。最初の物語では「エロヒーム」と呼ばれる〈永遠なるもの〉はまずこう望んだ——これはみな喩え話にすぎませんが——正義を唯一の基礎として世界を創造しようと、「エロヒーム」は望んだのです。しかし、この世界はぐらついていたのかもしれない。そこで、第二の物語では〈聖四文字〉が登場し、慈悲の介入がそこで証示されることになるのです。

——では、愛が根源にあるのでしょうか……

——レヴィナス　愛が根源的なものです。しかし、私は神学的な意味でそう言っているのではまったくありません。私自身はほとんど使いません、その愛という語を。愛という語は使い古されたものだし、不明瞭さをふくんでいますから。愛につづくのが厳格さで、それが愛に命令をくだすのです。『観念に到来せし神について』という題の、私のもっとも新しい本で、私は、いかなる時に神の言葉が聴取されるのかという問いを深めようと試みました（ただし、この試みはどんな神学とも無縁なものです）。神の言葉は、〈他者〉の〈顔〉のうちに、〈他者〉との出会いのうちに刻印されています。弱さと要求、このふたつのものを〈他者〉の〈顔〉は表現しています。では、これが神の言葉なのでしょうか。この言葉は、〈他人〉に責任を負うよう私を強いるもので、この責任は他に譲渡しえないものですから、ここにこそ選びがあるのです。あなたが誰かに委ねるような責任はもはや責任ではありません。私はあらゆる人間の身代わりになるが、誰も私の身代わりになることはできない。この意味で、私は選ばれた者なのです。先に引用したドストエフスキーの言葉をもう一度思い起こしてみてください。選びはなんら特権ではない、私はつねにこう考えてきました。それは、道徳的な責任を負う限りでの人間的人格の根本的な特徴なのです。責任は個体化であり、個体化原理です。「人間は質料によって個体化するのか、それとも形式によって個体化するのか」というよく知られた問題については、私は、他者への責任による個体化という意見を唱えたい。実にたいへんなことです。このような倫理の、ひとを慰めるような側面を、私は宗教の持ち分とみなすのです。

——優しさは宗教に属しているのでしょうか。

——レヴィナス　人間の個体化原理としての責任に欠けているもの、それはおそらく、責任を負うにあたって神があなたの手助けをするということです。それが優しさなのです。しかし、神の援助にふさわしい者であるためには、神の手助けなしになすべきことをなそうと意欲しなければなりません。神学的な仕方で、私はこの問題に踏み込んだのではありません。私は倫理を語っているのですが、それは人間的なものである限りでの人間性のことなのです。思うに、倫理は白色人種が作りだしたものではありません。学校でギリシャの作家たちのものを読み、ある種の進歩をとげた人間が倫理を作りだしたのではないのです。唯一の絶対的な価値、それは、他人の優先権を認めうるという人間の可能性です。たとえそれが聖潔の理想とみなされるとしても、このような理想を斥けうるような人間が存在するとは、私は思いません。人間は聖人である、と言っているのではありませんよ。人間とは聖潔が異論の余地のないものであることを認めた者だ、と言っているのです。それが哲学の始まりです。それが理性的なものであり、知解可能なものなのです。こんなことを言うと、現実から乖離しているかにみえるかもしれません。けれども、忘れてはなりません、このことだけを語る書物、言い換えるなら霊感にもとづく言葉と私たちとの結びつきを、この書物のなかの書物との関わりを。おそらくは、文学もそのすべてが聖書の予感であり、その想起なのです。書物と私たちの結びつきの根深さをつい忘れて、私たちは安易にも、書物のうちにあるのは机上の空論であり、絵空事の偽善にすぎないと考えがちです。たとえそれが書物以前の書物でしかないにせよ、いかなる人間のうちにも書物が存在しています。それが箴言や寓話であれ、さらには民話であれ、霊感に由来する言語がいかなる人間のうちにも存在するのです。人間という存在は単に世界にあるのではない。それは世界-内-存在（*in-der-Welt-Sein*）であるのみならず、霊感に由来する〈言葉〉と結びついた「書物への存在」（*zum-Buch-Sein*）でもあります。書物は、通りや家や衣服と同時に、私たちの実存することには欠かすことのできない環境なのです。誤って、書物は単なる用在（*Zuhandenes*）として、手に委ねられるものとして、マニュアルとして捉えられています。書物と私との関係は単なる使用物との関係ではまったくない。それは、鎚や電話と私が結ぶ関係とは同じ意味をもつものではないのです。

――哲学と宗教とのその関係についてですが、哲学することの起源には、宗教に近い、存在の直観があったとは思われませんか。

――レヴィナス　その点については、他者との関係が知解可能なものの端緒であることを銘記したうえでこう申し上げましょう。私を他者に関わらせるものを語ることなしに神との関係を描くことはできない、と。キリスト教徒に語りかけるときには、私はいつも『マタイ伝』二五章を引用します。そこでは、神との関係が他の人間との関係として描かれているからです。これは比喩ではありません。神は他者のうちに真に現前しているのです。他者との関係のうちで、私は神の〈言葉〉を聞きます。これは比喩ではありませんし、ただ単に極度に重大なことでもない。それは文字どおり真実なのです。他者が神だ、と言っているのではありません。他者の〈顔〉のうちで私は神の〈言葉〉を聞く、と言っているのです。

――〈顔〉は神と私たちとの媒介なのでしょうか。

――レヴィナス　いや、ちがいます、ちがいます。まったくちがいます。それは媒介ではない。〈顔〉は、神の言葉が響く様式なのです。

――神の言葉が響く様式と媒体は同じものではないのでしょうか。

――レヴィナス　そうではありません。いいですか。これでは、神学談義をすることになってしまう！

――〈他〉と〈他者〉との関係はどのようなものでしょうか。

――レヴィナス　私にとって、〈他者〉とは他の人間のことです。お望みなら、少々神学談義をしてみましょう。御存知のように、旧約でも、神は人間のもとに降りてきます。父なる神は、たとえば『創世記』九章の五節や一五節で、『民数記』一一章の一七節で、『出エジプト記』一九章の一八節で、人間のもとに降下しています。父なる神と〈言葉〉とは切っても切り離せないものです。言葉をつうじて、倫理的命令、愛しなさいという命令をつうじて、神の降下はなされるのです。世界の運行を中断する戒律は、〈他人〉の〈顔〉のうちに到来します。〈顔〉を前にしたとき、なぜ私は自分が責任を負うていると感じるのでしょうか。「おまえの弟はどこにいるのか」と問われたときのカインの答えがそれでした。カインは、「私は弟の守護者でしょうか」と答えたのです。このように、〈顔〉にはらまれた神の〈言葉〉が見誤られているときには、〈他人〉の〈顔〉は他の像となんら変わらない像とみなされるのです。カインの答えは神をばかにしたものだ、それは「ぼくじゃない。別のひとだよ」という子供を想わせる、と考えてはなりません。カインの答えは真摯なものです。彼の答えに欠けているのは、倫理だけです。そこには存在論だけがふくまれているのです。私は私で、彼は彼だ、という存在論だけが。存在論的には、私たちは別々に切り離された存在なのです。

——あなたがおっしゃったように、そのような〈他者〉との関係では、意識はその第一義的な地位を失うのでしょうか……

——レヴィナス　そうです。責任を負うたものとしての主体性は、まずもって命令をくだされる主体性です。その場合、ある意味では他律が自律をしのいでいます。ただし、この他律は隷属、隷従ではありません。言ってみれば、純粋に形式的なある種の関係も、内容によって充たされると、その意味たる形式的な必然性よりも強固な内容を有することになるのです。「Bに命令するA」という表現はBの非‐自由を表わしています。けれども、Bが人間でAが神であるとき、この服従は隷属ではなく、逆に人間への呼びかけと化します。形式化をひかえなければならない場合もあるのです。神が存在するなら、自我は不可能になる、とニーチェは考えました。AがBに命令し、Bがその自律を失ってもはや主体性を有さなくなる、このようなケースを説明するにはニーチェの考えはきわめて有効です。しかし、形式的なものにとどまることなく思考する場合、内容を起点として思考する場合、他律と呼ばれる状況はまったく別の意味をまとうことになります。まずもって強いられた責任の意識、それは主格ではもちろんありません。むしろ、それは対格です。責任の意識は「命令され任命される」（ordonnée）。このフランス語は実に重宝な語です。司祭に任命されるとき、そのひとは命令されるわけですが、実際には権力を授かるわけで、かかるふたつの事態をこの語は表しているのです。このような意味において私は、意識、主体性は他人との関係においてはもはや筆頭としての地位をもたない、と言うことができるのです。私の考え方は、ある種の現代哲学の趨勢と全面的に対立しています。そこでは、なんら人間的なものを有さない合理的、存在論的システムの単なる分肢、単なる契機として、人間が捉えられているからです。ハイデガーにおいてさえ、結局のところ、現存在（*Dasein*）は、存在するという自己の本分に、「存在するという行い」に、存在という出来事に執着した存在一般の構造です。その限りでは、人間的なものが徹頭徹尾、存在の意味であるわけではない。人間とは存在を了解する存在者であり、この意味において、存在の現出である。このようなものとしてのみ、人間は哲学の関心をひくのです。同様に、構造主義的探求にもられたいくつかの思想からも、数学的合法性と同様に冷酷な純粋形式や普遍的な構造や集合が引き出されます。こうして引き出されたものが人間的なものを牛耳っているのです。一方の手が他方の手に触れる仕方を考察した、メルロ＝ポンティの見事な一節があります。一方の手が他方の手に触れ、後者が前者に触れる。結局のところ、手は触れられるとともに、触れることに触れるわけです。触れることに触れる手、というこの反照の構造。あたかも、人間を介して、空間が自分自身に触れるかのようです。ここではおそらく、人間がそのひとつの契機でしかないような非人間的な——反ヒューマニズムの、とも言えるのではないでしょうか——そういう構造が好まれているのです。現代哲学における、ヒューマニズムへの同様の不信は、主体という概念との闘いを伴っています。主体が喚起するような人間的なものをもはやはらむことのない知解可能性の原理が、人間の運命への気遣いと関わることのない原理が求められているのです。それに対して、他人との関係において意識はその筆頭としての地位を失うと私が言うのは、以上のような意味においてではありません。私が言いたいこと、それは逆に、筆頭としての地位を失った意識において人間性の目覚めがある、ということです。意識のかかる人間性はその権力、権能のうちに宿っているのではまったくない。責任のうちに、人間性は宿っているのです。受動性のうちに、迎接のうちに、他者に対する責務のうちに、人間性は宿っているのです。他人が第一義的なものであり、ゆえに、私の意識の至高性をめぐる問題はもはや第一義的な問題ではないのです。これは私の著書のタイトルでありますが、「他なる人間のヒューマニズム」を私は強く推しているのです。

私の興味をひく最後のこと、それは、他人との関係のこのような優位のうちにはつねに、関係がすでにして欠損でしかないような統一性の卓越、この古来の大いなる観念との断絶がはらまれている、ということです。プロチノス的な伝統との断絶です。「失われた」統一性とは無関係なものとして社会性を捉えなければならない、というのが私の考えの骨子なのです。

——西欧哲学は自我論であるというあなたの批判もそこから帰結するのでしょうか。

――レヴィナス　自我論である、そのとおりです。『エンネアデス』を読めばわかるように、〈一〉は自己意識をもちません。自己意識をもつと、それ自体ですでに〈一〉は多様なものと化し、完全性を喪失してしまうからです。たとえひとりぼっちであったとしても、認識においてはふたりなのであり、自己を意識するときにも、すでにして断絶があるのです。人間や事物のうちにありうるさまざまな関係はつねに、統一性に近いか遠いかによって評価されます。関係とはなんでしょうか。時間とはなんでしょうか。統一性の堕落であり永遠性の堕落である、というのです。あらゆる宗教にあてはまることですが、善き生とは神との合致であると語る多くの神学者たちがいます。合致とは、統一性への帰還の謂です。これに対して、他者への責任という対他関係にこだわることで確証されるのは、社会性に固有の卓越であり、それを神学的な言葉で言うなら、神との近さ、神と共にある社会なのです。

――多様性の優越、ということでしょうか。

――レヴィナス　多様性の優越です。統一性の堕落として、それを考えることもちろんできるのでしょうが。ふたたび聖句を引用しますと、創造された人間は「殖えよ」という言葉で祝福されるのです。倫理的、宗教的な言葉で言い換えるとこうなります。あなたは愛すべきひとをもち、そのひとのために生きなければならない。たったひとりで、自身と相対していることはできないのだ。神は最初から人間たちを男と女として創造しました。「男と女として、神は彼らを造った」のです。ところが、私たちヨーロッパ人にとっては、あなたにとっても私にとっても、統一性の獲得がつねに本質的なことです。融合が本質的なものなのです。愛は融合であり、融合において十全に開花する、というのです。プラトンの『饗宴』

でディオティマは、愛それ自体は半神である、と述べていますが、それは愛がまさに分離であり、他人への欲望にすぎないからです。

――その観点からすると、あなたの考えではエロスとアガペーの区別はどうなるのでしょうか。

――レヴィナス　私はフロイト主義者ではまったくありません。ですから、アガペーはエロスから生まれる、とは思いません。ただし、性が重要な哲学的問題であることを否定するつもりはありません。人間が男と女に分割されたことの意味は生物学的な問題に還元されたりはしないからです。かつて私は、他者性は女性的なものにおいて始まると考えていました。これはなんとも奇妙な他者性です。女性と男性とのあいだにあるのは矛盾でも対立でもない。それ以外の差異があるのでもない。光と闇が対立しているのとは訳が違うのです。この区別はたまたま生じたものではありません。だから、愛にとってこの区別がどのような位置を占めるのかを探求しなければなりません。今日は、この点についてはこれ以上あなたがたにお話しすることはできませんが、いずれにせよ私は、エロスはアガペーでは決してないし、アガペーはエロスとしての愛の派生物でもなければエロスとしての愛が衰退したものでもない、と思っています。エロスに先だって、〈顔〉があった。エロスといえども、〈顔〉と〈顔〉のあいだでしか可能ではないのです。エロスの問題は哲学的な問題であり、他者性と無縁ではありません。三〇年ほど前に私は『時間と他者』という本を書きましたが、そこでは、私は女性的なものが他者性そのものであると考えていました。それを否定するつもりはありませんが、私がフロイト主義者であったことは一度もありません。『全体性と無限』にはエロスにかんする一章があって、そこでは、享楽と化す愛としてエロスが描かれています。これに対して、アガペーについては私は深刻な考え方をしています。他者への責任にもとづくものとして、それを捉えているのです。

――「他者に対する責任は自由の手前から到来する」、とあなたはおっしゃっています。これは目覚めないし覚醒に関わる問題です。覚醒すること、それは、他人に責任を負うた者として自分を発見することです。それは、つねに債務を有した者、それゆえまさに自由の手前にある者として自分を発見することです。覚醒することと応答すること、それは同じことなのでしょうか。債務を有した者として自分を発見すること、それはすでにして応答することなのでしょうか。それとも、「自分を発見すること」と「応答すること」のあいだには、自由が（悪意や応答しないことの可能性が）あるのでしょうか。

――レヴィナス　重要なのは、他者との関係が目覚めであり、まどろみからの覚醒であるということであり、この目覚めが責務であるということです。この責務は自由な決定に先だたれているのではないか、あなたはこうおっしゃいました。私にとって重要なこと、それは、他者への責任のうちには、人間性を構成する記憶可能ないかなる決定よりも古き拘束のごときものがあるということです。他者に目覚めないことの可能性が人間のうちにあることは明白です。悪の可能性があるのです。悪、それはただ存在だけからなる秩序です。逆に、他人へと向かうことは、存在のうちに人間がうがった突破口であり、「存在するとは別の仕方で」なのです。「存在するとは別の仕方で」が確実に勝利するだろうという確信は、私にはまったくありません。人間性が完全に消滅してしまうような時期もあるかもしれない。けれども、聖潔という理想は、人間が存在のうちに導入したものなのです。聖潔という理想は存在の諸法則に反するものです。作用と反作用との相互性。費やされた力の補塡。戦争がいかなるものであれ、正義を詐称する冷淡な言葉に秘められた「残忍さ」がいかなるものであれ、均衡を取り戻すこと。これが存在の法則です。病いもなく例外もなく無秩序もない、それが存在の秩序です。私は幻想を抱いているわけではない。ほとんどの場合、事態はこのように展開するでしょうし、いつそれがぶりかえすやもしれないからです。友愛が断たれたかにみえる時にも、人間は友愛に到達する。が、人間はまた政治的秩序を構築しもする。政治的秩序においては、存在の決定論がまたしても姿を現すかもしれないのです。この点について私はいかなる幻想も抱いてはいませんし、歴史の終末を楽観視する哲学を有しているわけでもありません。おそらく、さまざまな宗教は私以上にこの点を思い知らされていることでしょう。しかし、こうした由々しい可能性にひきずられることなく行為すること、それが人間性の本義です。人間性への目覚めとはそういうことなのです。数々の義人たちや聖人たちが歴史上に存在したではありませんか。

——では、存在は惰性であり、応答しないこと、他者へと目覚めないことなのでしょうか。

——レヴィナス　惰性はたしかに存在の大いなる法則です。しかし、人間性がそこに出現することで、この法則をかき乱す可能性が生じるのです。長きにわたって、存在の法則はかき乱されるのでしょうか。一瞬だけのことでしょうか。現実主義者にとっては、人間性は存在のつまずきであり、存在の「病い」でしょうが、しかし悪ではありません。

――十字架のつまずきでしょうか。

――レヴィナス　そう、お望みなら、そう言うこともたしかにできます。その言葉は、いま私が語ったことをよく表しています。ユダヤの思想のうちにも、それと同様の考えがあります。ユダヤ民族の歴史がまさにそうです。私にとって、存在の危機という観念は人間に固有のなにかを語るものであり、このなにかはきっと人間が有する予言的時間に呼応しているのでしょう。存在の「過酷さ」や、経過することなき現前とみなされた永遠と袂を分かった時間性が、他ならぬ予言の構造において生まれるのです。

――それが時間の始まりなのでしょうか。

――レヴィナス　そうです。現前ならびに現在を起点として理解しうるような時間がありますが、そこでは、過去は過去把持された現在でしかなく、未来は来たるべき現在でしかありません。その場合、再現前化が心的生の根本的な様態となりましょう。しかし、他者との倫理的関係を起点とした場合、私は、過去および未来が固有の意味をもつようなある時間性をかいま見ることになります。他者への責任においては、決して私の現在と化したことのない他者の過去が「私と関わる」のです。私にとって、他者の過去は再現前化されたものとしての表象ではありません。他者の過去、さらにある意味では、私が一度も参画したことのない人間の歴史、私が一度もその場に居合わせたことのない人間の歴史は私にとってもあくまで過去なのです。未来はどうでしょう。存在の揺るがしえない秩序が彷彿されますが、それは、すでに準備万端整った状態で、「あたかもすでに到来したかのように」私を待つある現在を、私が予期することではありません。さもなければ、時間性は共時性であることになりましょう。未来は予-言の時間であり、それはまた命法、道徳的秩序、霊感にもとづくメッセージでもあります。近々に発表する予定の論文のなかで、私はこうした考えの核心的な部分を論じようと努めました。つまり、未来は単に来たるべきものではないのです。時間の無限が私を恐れさせることはありません。私が思うに、それは「神へ」という運動そのものであり、時間は、「現在」の肥大化したもの、現在のイデア化されたものたる永遠よりも善きものなのです。

——ハイデガーのうちに、あなたは、〈他〉に対する〈同〉の優位を崩すことなき、西欧哲学の継承者を見ておられますが……

——レヴィナス　私にとって、ハイデガーは今世紀のもっとも偉大な哲学者です。おそらく、千年という単位で考えても、傑出した哲学者のひとりでしょう。しかし、そのことに私はずいぶんつらい思いをしています。というのも、私は一九三三年に彼が何者であったかを忘れることが決してできないからです。たとえ、それが短期間のことであったとしても、です。彼の仕事のなかで、私が感嘆の念を抱いているのは、『存在と時間』です。現象学のひとつの達成と申せましょう。まさに天才的な考察です。後期のハイデガーについては、私ははるかに乏しい知識しかもっていません。少し危険だなと私が思うのは、ここでもまた、人間を匿名の、中性の知解可能性の分肢たらしめ、神の啓示をそこに従属させるような議論の展開です。「四大」(*Geviert*)のうちには、複数の神が存在しています。

――ハイデガーが存在と存在者とのあいだにたてた存在論的差異をふまえるとき、ハイデガー的存在はあるていど、「存在するとは別の仕方で」に対応していると考えることはできないでしょうか。

――レヴィナス　いや、私はそうは思いません。それに、「存在するとは別の仕方で」は「なにものか」ではありません。それは他者との関係、倫理的関係です。ハイデガーにおける倫理的関係、「共同存在」(*Miteinandersein*)は、世界への私たちの存在のひとつの契機にすぎません。倫理的関係が中心的な場所を占めることはない。「共に」(*Mit*)、それはつねに〜のかたわらに存在することであって、〈顔〉への応対ではありません。それは「一緒にいること」(*zusammensein*)であり、おそらくは「一緒に行進すること」(*zusammenmarschieren*)なのです。

――ひとつの契機にすぎないというのは本当です。しかし、同時にそれは現存在にとって本質的な構造であるとも言えるのではないでしょうか。

――レヴィナス　そう、たしかにそうです。しかし、古来、人間が社会的動物であることは周知の事態です。そのことの意味を私は探ろうとしているのではまったくありません。しばしばこの点で私は批判されるのですが、私の考え方のうちでは、世界なるものが過小評価されています。ハイデガーにとっては、世界は実に重要なものです。杣道《そまみち》には木々はありますが、そこで人間たちと出会うことはありません。

――「待遇」(*Fürsorge*)のような構造ないし契機は、他者への援助ではないでしょうか。

――レヴィナス　そうです。けれども、与え、飢えた者を養い、裸の者に服を着せることが存在の意味である、いや存在しなければならないという任務を超えたものであるとハイデガーが考えていたとは、私には思えません。

――この問題にはまだ議論の余地があるのでは……

――レヴィナス　そのとおりです。この問題はまだ解決していません。安心してください。私は変人ではありません。ハイデガーの思弁的な偉大さを見くびるなどとは、私には思いもよらないことです。しかし、彼の考察の力点はそれとは別のところにある。くりかえしますが、彼の分析は天才的なものです。けれども、心境（*Befindlichkeit*）にかんする彼の理論は、他者への心配についてなにを語っているでしょうか。私にとってはこれが本質的なポイントなのですが、神を畏怖することはなによりもまず他者に対する心配を意味している、私はこのようにさえ考えているのです。他人に対する心配は、心境をめぐるハイデガーの考察では登場しません。というのも、この理論――二重の志向性にかんする実に鮮やかなこの理論では、どんな情動、どんな恐れも結局は自己に対する情動であり、自己に対する心配であるからです。最悪の不安も自己に対する苦悩なのです。では、他人に対する心配はどうなるのでしょう……

もちろん、他人に対する心配を自己に対する心配として解釈することは可能です。その場合には、他人のことを心配する私は、他人と同様の状況に自分が陥ることを恐れているのだ、という一種のすりかえがなされます。けれども、他人に対する心配はこのようなものではないのです。子供のことを心配する母親のみならず、友人のことを心配する私たちひとりひとりが、他人のことを心配しているのです。

〔つけ加えておくと、どんな他の人間も友人です。おわかりですか。〕『レビ記』一九章のいくつかの聖句は、さながら偶然の一致が生じたかのように、「神を畏れなさい」という言葉で終わっていますが、これらの聖句は、他の人間に対する悪しき行いの禁止を語ったものです。こういう問題を扱うにしては、心境の理論はあまりにも短すぎるのではないでしょうか。

――ハイデガーは世界の一種の神聖化をおこなった。それゆえ、彼の思想は異教のひとつの頂点をなしている。こうお考えでしょうか。

――レヴィナス　いずれにせよ、ハイデガーは景色を形づくるすべてのものに対して実に鋭い感覚を有していました。ここにいう景色は芸術が描き出すような景色ではなく、人間がそこに根づいているような場所です。それは他のくにに移住した者の哲学ではまったくないのです。それは自分のくにを離れた者の哲学でもない、とさえ言えるでしょう。――私にとっては、移住者たることはノマドたることではありません。ノマドほど根づいた者はいないのですから。いずれにせよ、移住する者は百パーセント人間です。人間の移住が存在の意味を破壊したり、解体したりすることはありません。

――ハイデガーには地理的な根づきがあるとお考えでしょうか。『困難な自由』に収められた、ハイデガーとガガーリンにかんするあなたの論考を拝読した限りでは、あなたは、ハイデガーにおける根づきを、地理的空間での局所的な根づきとして解釈しているように感じられます。ハイデガーにおける根づきはこのような局所的な根づきなのでしょうか。それよりもむしろ、〈世界〉への根づきが問題となることはありえないのでしょうか。

――**レヴィナス**　ありえません。人間性はつねに同じ光景のなかで経験され、描き出されています。わずかのあいだでも月面にいたのであれば、その場合にはもちろん、地球への帰還は故郷への帰還のごときものでしょう。しかしハイデガーは、ひとは幾何学的空間では生きていけない、と言いました。ガガーリンは幾何学的空間に住んだのではありません。なぜなら、彼は地球に帰還したからです。ただ、幾何学的空間は彼の場所、彼の職業的活動がなされる場所でありえたのです。

――ハイデガーにおける世界は本当にこの地上とは別物、ある光景への同一化とは別物なのでしょうか。

――**レヴィナス**　ガガーリンとハイデガーにかんする私の論文は乱暴なものにみえるかもしれない。ハイデガーには、中心たるヨーロッパに人間が占める位置を語った数々の論考があります。ハイデガーにとっては、ヨーロッパが、ドイツ的な西欧が中心をなすのです。まさに、ハイデガーの地政学でしょう。

――あなたの思想にローゼンツヴァイクはどのような影響を及ぼしたのでしょう。

――**レヴィナス**　私にとってもっとも大きかったのは、全体性に対する彼の批判であり、彼のヘーゲル批判です。これこそローゼンツヴァイクの偉大な思想なのですが、最初の知解可能性は〈創造〉、〈啓示〉、〈贖い〉の連繫であるという考え方にも、私は深く感銘を受けました。〈創造〉、〈啓示〉、〈贖い〉はあとから派生した概念ではありません。いかなる時にこれらの概念が歴史に登場したかを問うてもほとんど意味はありません。これらの概念は一切の意味の源泉なのですから。ローゼンツヴァイクを論じたステファン・モーゼスの著書のために書いた序文で、私はこの点をくりかえし述べました。ローゼンツヴァイクの仕事は、過去、現在、未来という時間の抽象的な契機を脱形式化するものです。三つの形式的な次元を有する空虚な形式としての時間はもはや問題ではありません。過去、それは〈創造〉です。具体的に過去を考えるためには〈創造〉を考えなければならない、ローゼンツヴァイクはあたかもこう言っているかのようです。未来、それは〈贖い〉であり、現在、それは〈啓示〉です。銘記すべきは、ここで現在と〈啓示〉、未来と〈贖い〉とが同一視されているということではまったくありません。形式的なある種の概念が全面的に知解可能なものと化すのは具体的な出来事においてでしかないという、実に先駆的な考えが重要なのです。ここにいう具体的な出来事は形式的な諸概念よりもはるかに非合理的なものとみえるかもしれませんが、形式的な諸概念が真に思考されるのはこの具体的な出来事においてなのです。これはまた、明らかにフッサールの現象学によってもたらされた考えでもあります。ローゼンツヴァイクはフッサールの現象学のことを知らなかったのですが。

――ブーバーとマルセルの影響についてはどうでしょう。

――レヴィナス　だいぶ年をとってから私はブーバーを読みました。マルセルについても同様です。しかし、近々に発表される小論で私はこう言いました。ブーバーの土地を歩んだ者はみな、たとえ自分がどこにいるのかわからなくても、ブーバーに恩義がある、と。知らない間に国境を超えてしまっていて、自分が踏み込んだ国に忠誠を尽くさなければならないかのようです。この土地、この領域を画定し、〈きみ〉(Du, Tu) という〈他者〉のテーマを認めたのがブーバーそのひとなのです。マルセルも私にきわめて近しい存在です。ただし、思うにマルセルにあっては、対話が最後には存在論によって凌駕されてしまいます。「神は存在である」という伝統的な存在論を継承しようとする姿勢がマルセルにはある。マリオンの著書『存在なき神』はお読みになりましたか。そこでマリオンが述べているような考え、神は「存在するとは別の仕方で」であり存在の彼方であるという考えは、きっとマルセルを震え上がらせることでしょう。

――とくにラテン・アメリカで顕著な現象ですが、あなたの哲学とマルクス主義との総合を確立しようとするさまざまな試みがなされています。この点について、どうお考えでしょう。

――レヴィナス　私はドゥセルと面識があります。彼はかつて私の言葉をずいぶん引用していましたが、今は、政治思想、さらには地政学に近いところにいます。彼以外にも、私は、「解放の哲学」を練り上げている実に好感のもてる南アメリカの組織を知っています。とくに、スカノーネとは親しい間柄です。友人でフライブルク大学神学科教授のベルンハルト・カスパーとともに、私はある会合をもちましたが、そこには南アメリカのカトリックの哲学者たちが参加していました。南アメリカの民衆意識に立ち戻ろうとする興味深い企てが見られる一方で、議論の展開の仕方やリズム、根底的な問いの立て方からは、ハイデガーの多大な影響がうかがえました。こうしたグループに取り上げてもらえることを、私はうれしく思います。誇りにさえ思います。これは心底からの同意です。つまり、彼らもまた「それ」を経験したということです。

――愛の思想であるあなたの思想がマルクス主義のような征服の哲学と相容れる可能性ははたしてあるのでしょうか。

――レヴィナス　いや、マルクス主義のうちには征服があるだけではありません。そこには他人の承認があるのです。他人が自分に支払われるべきものをみずから要求するとき、私たちは他人を救済することができる。なるほど、マルクス主義の本義はこのような命題のうちにあります。私が当然彼に払うべきもの、それを要求するよう、マルクス主義は人間を導くのです。自我と他人たちとを根底的に区別する私の立場とはいささか異なりますが、それだからといって、マルクス主義が糾弾されるなどということはありえません。マルクス主義が多大な成功を手にしたから、こう言うのではありません。それは、マルクス主義が〈他人〉を真剣に受けとめたからなのです。

――政治的イデオロギーである限りにおいて、マルクス主義はやはり、暴力による権力の掌握を説く、権力の哲学です。

――レヴィナス　それはマルクス主義に限ったことではない、どんな政治的イデオロギーにもあてはまることです……ただ原則的には、マルクス主義を説く者たちの望みは政治的権力を無用のものたらしめることだった。いくつかの至言の意味もここにあるのですが、たとえばレーニンは、料理婦が国家を指導しうるような日がやがて来るだろう、と言っています。ただしこれは、実際に料理婦が国家を指導するという意味ではまったくない。政治的な問題がもはや今日のような言葉では考えられなくなるような日が来る、とこの言葉は言っているのです。あるメシアニズムをそこに見ることができます。では、現実にはなにが生じたのか……　二〇世紀の歴史が私にもたらした大いなる失望のひとつ、それは、このような運動がスターリニズムのきっかけになったということです。まさに極め付きです！

——一九世紀においてすでに、無政府主義的社会主義とマルクス主義的社会主義とのあいだには亀裂が生じていました……

——レヴィナス　たしかにそうです。しかし、スターリニズムにおける寛大さの退化はそれとは比べものにならないほど深刻なものです。

——……現代のマルクス主義においては、初期のマルクス主義にはお馴染みのものであった〔国家の〕消滅という理念が姿を消してしまったのでは……

——レヴィナス　おそらくそうでしょう。ただし、他人との関係について私が語ったことのうちには、正しい国家を容れる余地があります。このテーマこそ、われわれの対談の出発点だったのです。

——そのような国家が存在しうるとお考えですか。

——レヴィナス　ええ、倫理と国家との一致は不可能ではありません。正しい国家は、宣伝や宣教からよりもむしろ、義人たちや聖人たちから生まれることになりましょう。

——アリストテレスが「友愛論」で言っているように、くだんの愛は国家の存在それ自体を必然的ならざるものにしうるものでしょう。

——レヴィナス　いや、最初に申し上げたように、私はむしろこう考えています。正義なしでは慈愛は不可能であり、慈愛なしでは正義は堕落してしまう、と。

＊　R・フォルネ、A・ゴメスによるインタヴューで、一九八二年一〇月三日と八日におこなわれた。

非志向的意識

I　方法

哲学の進展は、それをたどる者がいかなる契機から、あるいはいかなる地点から説明を試みるかによって、さまざまに意味を変える。外から眺めることによってのみ、かかる変転を把握し判断することが可能となる。探求者自身についてはどうかと言えば、彼は哲学が達したある地点で哲学の現状を明らかにしようと試みているわけだが、まさにこの地点でみずからの心を占める諸々の主題を描写するという方策しか彼には残されていないのだ。

私が書くものの根底にあるのはおそらくフッサールである。意識を動かす志向性という概念、とりわけ意味の地平という観念を私はフッサールに負うている。意味の地平は、思考されるもののなかに思考が吸収されるならば、かき消えてしまう。思考されるものとはつねに存在の意味作用を担うものである。かき消された意味の地平は、志向的と称される分析によって再び見いだされる。すなわち志向的分析は、存在者と存在の地平を「忘却した」思考を反省して検討し、この意味の地平を蘇らせるのである。かかる分析の原理、範例、模範をなによりも私はフッサールに——そして同じくハイデガーに——負うている。それらが、いかにしてあの地平を再び見いだすか、いかにしてあの地平を探さねばならぬかを、私に教えてくれたのだ。私にとっては、これこそ現象学がもたらした本質的な寄与なのである。そしてこの寄与には、あらゆることがらがそこにかかっているような以下の大原則が付加される。すなわち、思考されるもの——対象、主題、意味——は、それらを考える思考にみずからを委ねると同時に、みずからの出現が主観に対していかに配置されるかを決定するものでもある、という原則である。換言すれば、存在はみずからの諸現象を決定するのである。

こうした一切のことが具体性の新たな様式を定める。現象学にとっては、この具体性が、日常的な意識であれ科学的な意識であれ、対象によって吸収され対象のなかに絡めとられた意識の素朴な抽象性を包み込み支えているのだ。以上のことから、諸概念を発展させ、ある概念から別の概念へ移行する新たな方法——経験的プロセスにも、分析的演繹、総合的演繹、弁証法的演繹にも還元されない新たな方法——が導きだされる。

しかしながら、この精神の具体性を現象学的に分析する際に、フッサールにあっては——西欧の尊重すべき伝統にふさわしく——観照的なものの特権、再現前化および知の特権が現れる。したがって存在の存在論的な意味に対する特権が現れるのだ。このことに関しては、たとえば非観照的な志向性、レーベンスヴェルト（生活世界）の理論、固有な身体の役割など、私が述べたのとは反対の事態を暗示するようなことがら——メルロ＝ポンティが強調したことがら——を、フッサールの作品から等しく引き出すこともできるのだが、それでも事態は変わりはしない。この点にこそ——そしてまた一九三三年から一九四五年に繰り広げられ、知が回避することも理解することもできなかった出来事のなかに——、私の考察をしてフッサールの超越論的哲学の最終地点から、あるいは少なくともフッサールの諸々の定式から離反せしめるような理由が存しているのである。

まず私が述べておきたかったのは以上のことである。つぎに私は、他者への関係が有する優位性の肯定へと私に道を開いてくれた、いくつかの展望について記しておきたい。このテーマは何年も前から私の念頭を去ることのなかったものであるが、そこで問われているのは、間主観性の研究に際してフッサールが導入したような志向性に適合する知の諸構造ではない。最後に私は意味の観念について触れたい。この観念は、他者への関係を起点としたとき、知とは根本的に異なった仕方で思考に課せられることになる。

2　現象学と知

知とみなされた心性は自己意識に到達する。一般に普及した哲学はかかる心性のなかに有意味なものの起源と故郷をしつらえ、そこに精神を認める。人間の心性のなかに生じること、そこで起きることはすべて最終的には知られてしまうのではないだろうか。抑圧されたものであれ変質させられたものであれ、秘密や無意識は、それらが見失った意識もしくはそれらを見失った意識によって、依然として測られあるいは癒される。あらゆる体験（vécu）が経験（*expérience*）と呼ばれるのは正当なことである。体験は「受け入れられた教え」へと変貌し、この教えは知の統一性へと集束する。たとえ体験の次元や様態がいかなるものであったとしても、つまり観照、意志、情動性であれ、感性、悟性であれ、外的知覚、自己意識、自己反省であれ、客観的主題化であれ、みずからを明かさないものの内密性であれ、第一性質、第二性質、身体感覚、一般感覚であれ、それは知の統一性へと集束することになろう。このとき、隣人や社会集団や神との関係さえもが、集団的経験、宗教的経験と化すであろう。生きることという未規定性に、実存することと、存在することという単なる形式性に還元されたとしても、心性は、見ること、感じることという様態のもとで、これやあれを生きている。生きる、存在するがあたかも他動詞であるかのように、そしてこれやあれが目的語であるかのように。『省察』のなかでデカルトがコギトという語に関しておこなった拡大運用を正当化するのはおそらく、この暗黙の知である。一人称で用いられたコギトという動詞は、あらゆる知が充足しているような〈自我〉の統一性をうまく言い当てているのだ。

知としての思考は思考可能なものに、つまり存在と称される思考可能なものに関わっている。存在に関わる思考は自分自身の外に存しているのだが、しかし驚嘆すべきことに、みずからのうちにとどまってもいる。あるいはみずからのもとに帰還してもいる。自己の外在性もしくは自己の他性は内在のなかに回収されるのだ。思考が認識するもの、思考が「経験」において学ぶものは思考にとって他なるものであると同時に思考に固有なものでもある。ひとが学ぶことのできるものは、すでに知っていることに、そしてまた、喚起可能で再‐現前化可能な記憶として思考の内面に組み込まれていることに限られる。時間に支配される経験のなかにあって失われたり単に来たるべきものであるようなことがらの共時性および統一性のごときものを、想起と想像が確立するのである。

現前、現在、再現前化に対する特権を私たちはフッサールのなかに見いだす。

時間の隔‐時性はほとんどつねに共時性の喪失として解釈されている。あたかも未来の時間化が手による取得のごときものや回収の試みでしかないかのように、またあたかも未来の到来が現在の入口でしかないかのように、未来の到来は未来把持を起点として理解されるのだ。

学ぶこととしての思考は、摑むこと、把握、学ばれることがらの取得、所有を含んでいる。学ぶことが「把握」だと言っても、これは単なる比喩ではない。技術という利害関心を有するに先だって、把握とはすでにして受肉した実践の下絵であり、すでにして「掌握」である。現前は手による維持と化すのである。このうえもなく抽象的な講義であるなら、「生活世界」、あのレーベンスヴェルト内の事物に対して手が行使する支配をまったく無視することができるのだろうか。認識する自我に対して出現する存在は、自我になにかを教えるだけでなく、事実上自我にみずからを与えるのだ。すでにして知覚は把握する。ドイツ語のベグリッフ〔概念〕は、この支配という意義を保持している。「みずからを与えること」は――「杯から唇までの」距離がどれほどの努力を要求するとしても――思考する思考に見合ったものであり、その思考に対し、思考の「超越」をとおして、所有や享受や満足を約束する。受肉した思考として、みずからの思考対象に合致しうるという事実によって、あたかも思考がみずからの尺度に見合った仕方で思考するかのようだ。かくして思考と心性は、内在に、つまり自己充足に属することになる。まさしくこれが世界という現象なのである。すなわち思考可能なものと思考するものとの一致が把握によって確立されるということ、この思考可能なものの出現はみずからを与えることでもあるということ、この思考可能なものの認識は、あたかも欲求を満たすかのように、満足であるということ、これが世界という現象なのである。思考と世界のあいだに、ある相関を――つまり相関そのものを――確立したとき、フッサールが表現しようとしたのもおそらくこのことなのだ。フッサールは観照的知――客観化し主題化する知――を、目標の尺度を満たす知として、みずからを充実させる空虚な志向性として、そのもっとも完成した形態で描き出した。

西欧精神のあらゆる潮流がそこへとそそぎ込み、そのあらゆる次元が現出する場であるヘーゲルの作品は絶対知の哲学であると同時に満足した人間の哲学でもある。観照的な知の心性は、自分の尺度に見合った仕方で思考するような思考を構成する。この思考は、思考可能なものと合致し、自分自身と等しくなり、そしてついには自己意識と化す。かくして〈他〉のなかに見いだされるのは、またしても〈同〉なのである。

思考の活動性はいかなる他性にも勝っている。そして最終的にはこの点にこそ思考の合理性そのものが存しているのだ。他なるもの、先んじたもの、遅れたものとして与えられるものが有する分散や非適合性よりも、概念による総合や要約のほうが強力なのである。この総合と要約は、主体の統一性へと、われ思うの超越論的統覚の統一性へと送り返される。ヘーゲルはつぎのように書いている(『論理学』II、ラッソン版二二一頁)。「概念の本質を構成している統一性を、統覚という本来総合的な統一性として、つまりわれ思うもしくは自己意識の共同性として理解しようとする目論見は、『純粋理性批判』の最も深く最も遠大な目論見のひとつなのだ。」われ思うの統一性は知としての精神の究極の形態なのである。たとえわれ思うが、認識対象と融合し、認識の体系に同一化するとしても。われ思うの統一性は知としての精神の究極の形態なのである。そして、あらゆるものが、一個の体系を構築しながら、このわれ思うの統一性に帰着することになる。知解可能なものの体系とは、つまるところ、自己意識なのだ。

ここでつぎのような問いを提起することが可能であろう。思考する者に見合った思考とは自明の理ではなかろうか。たしかにそのとおりである、もしその思考が神についての不可能な思考を意味するのでなければ。

つぎのように問いをたててみよう。志向性は、フッサールとブレンターノがそう断言するように、つねに再現前化に基礎を置いているのか。志向性は「意味付与」の唯一の形態なのか。有意味なものは主題化や再現前化につねに関与しているのか。有意味なものは多様性の集約および時間の分散の集約につねに起因するのか。思考は最初から合致や真理へと運命づけられているのか。思考とは理念的自同性として所与を把握することでしかないのか。もともと思考とは自分に等しいものとの関わりなのか。つまりその本質から言って、思考とは無神論的なのか。

3　疚しい意識と容赦なきもの

1　志向性を起点とするならば、意識は意志の様態として理解されねばならない。志向〔意図〕という語がすでにそのことを暗示している。だからこそ志向的意識の諸相に、能作という名称を付与することは正当化されるのである。また他方では意識の志向的構造は再現前化によって特徴づけられる。再現前化は、観照的なものであれ非観照的なものであれ、あらゆる意識の根底にあることになろう。このブレンターノのテーゼに対してフッサールは、それに精確さを与え、周到にも客観化作用という観念でそのテーゼを包み込んだのだが、それでもやはりこのテーゼがフッサールにとって有効であることには変わりない。意識は、現前を、自己の面前での定立を、つまり「世界性」を与えられているという事実を含意するのだ。さらに意識は、把握や取得や共‐把捉〔理解〕や専有へと開かれたものでもある。

　志向的意識とは、存在者の存在が展開され集約され顕示されるような舞台を、存在のなかにあって、積極的に支配しようとすることではないのか。意識とは、存在すること（*esse*）自体をめざすこの存在することの果てなき努力のまさにシナリオのごときものである。存在するというこの特別な動詞は軽々しく助動詞と称されたりもするが、この動詞の明白な意味は努力（*conatus*）に帰着する。そして、この努力のほとんど同語反復的な実践こそが意識なのである。

　しかし、志向性として構造化されて世界や諸客体へと向かう意識は、間接的に、または付随的とでも言うべき仕方で、自分自身についての意識でもある。つまり世界や諸客体を再現前化する能動的な自我についての意識であり、この再現前化の作用そのものについての意識であり、心的活動についての意識なのである。しかしながら、この意識は間接的なものではあるが媒介を欠いており、暗黙のものであれ単に付随的なものであれ、志向目標を欠いている。非志向的な意識はただちに内的知覚に変わってしまうかもしれないが、やはり内的知覚とは区別されなければならない。この意識、つまり反省された意識は、自我、自我の状態、自我の心的能作を対象としている。世界へと向かう意識には、その志向的直行性ゆえに、非志向的なものについての間接的体験やその地平を忘れがちであるという避け難い素朴さ、つまりみずからに随伴するものを忘れがちであるという避け難い素朴さがそなわっている。それゆえ世界へと向かう意識は、意識を反省することによって、この素朴さを回避しようとするのである。

かくして哲学にあっては、非志向的なものについてのこの体験はすぐさま、いや早まってと言うべきか、いまだ明白ではない知として、あるいは十全な光をあてるべきなおも混乱した表象として考察されることとなる。主題化された世界の不分明なコンテクストは、反省すなわち志向的意識によって、明晰判明なる所与に、知覚された世界それ自身を表象する所与のごときものに変えられるというわけなのだ。

しかしながら以下のように問うことは禁じられているわけではない。志向的なものに付随して体験される非志向的なものは、自己意識と解される反省された意識から眺められた場合に、その真の意味を保持し、その真の意味を明かすのだろうか。内観に対する伝統的な批判は、いわゆる自発的意識が内観によって変質を被るのではないかとつねに疑ってきた。つまり、反省という探査し主題化し客観化する無遠慮な視線のしたで、自発的な意識は変質を被るのではないか、それはまるでなんらかの秘密を侵害し無視するようなものではないか、と疑ってきた。この批判はつねに反駁されたが、つねにそのたびに蘇るのである。

単に前反省的なものとみなされるこの非反省的意識は、思考する自我が世界に出現し世界に属しているのと同じように、反省によって志向的に自己自身をめざす志向的意識に暗黙のうちに随伴している。では、この非反省的意識のなかではいったいなにが起こっているのだろうか。この根源的な隠蔽のなかでは、表現不能なものにそなわったこの仕方のなかでは、不明瞭なものがこのように「自己に閉じこもること」のなかではなにが起こっているのだろうか。そこには混乱や絡み合いがあると言われているが、そうした混乱や絡み合いは、いわばポジティヴな仕方ではなにかを意味しうるだろうか。以下のものを区別すべきではなかろうか。すなわち、概念における個別者の包含、観念における前提の暗示、地平における可能事の潜在性、これらのものと前反省的意識のなかでの非志向的なものの内密性を区別すべきではなかろうか。

2　自己についての前反省的意識の「知」は、厳密に言って、なにかを本当に知っているのであろうか。混乱した意識であり、あらゆる志向に先だつ――もしくはあらゆる志向から退いた――暗黙の意識でもある、この前反省的意識は、能作ではなく、純粋な受動性である。受動性とは言っても、前反省的意識が有する《存在することを選択したことなしに存在する》という資格においてのみそうなのではない。また、あらゆる受託に先だってすでに実現されている諸可能事の錯綜のなかへの失落、ハイデガーの言う被投性（*Geworfenheit*）のごときもののなかへの失落という資格においてのみ受動性であるわけでもない。「意識」とは、自己についての知を意味するよりはむしろ、現前の消失もしくは控え目な現前なのである。「意識」とは、疚しい意識（mauvaise conscience）なのである。それには志向も目標もない。鏡を見るかのように世界のなかに映し出された自分自身を見つめ、それによって確立されて自己を定立する人格、そのような人格が仮面として疚しい意識を保護することさえないのだ。名前もなく、立場もなく、資格もない。いわばあらゆる属性を剝ぎ取られて、現前を恐れる現前なのである。この裸出性は開示の裸出性でもなければ真理の剝き出しとなった裸出性でもない。意識の非志向性によって、あらゆる意志の手前で、あらゆる過ちに先だって、自我が非志向的に同一化される際には、自同性はみずからの確立を前にして後ずさりする。自己還帰たる自己同一化にはらまれているであろう執拗なものを前にして後ずさりするのである。疚しい意識あるいは柔弱さ。それは告発されるべき罪責性を欠いてはいるが、自己の現前そのものの責めを負う。疚しい意識とは、つまり任命されざる者、正当化されざる者、詩篇作者の表現によれば「地上における寄留者」（一一九・一九）、《国なき者》、あえてなかへ入ろうとはしない《家なき者》の慎みなのである。おそらくこれこそが、本来、心的なものの内面性なのである。世界のうちにあるのではなく問いただされてあること、これが心的なものの内面性なのだ。世界のなか、存在のなかにあってすでにして自己を定立し肯定する——あるいは閉塞する——自我は、この心的なものの内面性に関与することによって、またそれを「思い出す」ことによって、曖昧なもの、謎めいたものでありつづける。そしてそれゆえ、自己性の自同性がもっとも顕著に現出する場合、すなわち言語においては、《私は（je）と言うこと》においては、パスカルの言葉を借りるなら、自我はみずからを憎むべきものとみなすのである。知解可能性および意味性の原理としてのAはAであるの尊大な優位性、この至高性、この人間的自我のうちなる自由については、つぎのように言うこともできよう。それらはすなわち謙譲の到来でもあるのだ、と。存在の肯定ならびに存在の閉塞化の問いただしは、——単なるレトリックにたやすく変じてしまうのだが——あの「人生の意味」の探求のなかにも見いだされる。生命的、心理的、社会的目的に由来する分別をすでにそなえた世界内の自我が、実は疚しさに起源を有していたかのように。

　前反省的で非志向的な意識を、前述したあの受動性の意識化として描き出すことは不可能であろう。もしそうすれば、非志向的な意識のうちにあって、主体の反省が際だつことになってしまう。このとき主体は「格変化しない主格」としてみずからを定立し、存在に対する正当な権利を確約され、非志向的なものの柔弱さを、まるで克服すべき精神の幼さや無感動な心性にたまたま生じた発作的な虚弱化であるかのように「支配する」であろう。非志向的なものとは最初から受動性なのであり、対格こそがいわばその第一の「格」なのである。しかし実を言えば、いかなる能作にも関与しないこの受動性が非志向的なものの「疚しい意識」を描き出すというよりも、受動性のほうが「疚しい意識」によって描き出されるのだ。疚しい意識とは、不安のなかで示される実存することの有限性ではない。つねに早すぎるものである私の死は、存在することとして存在に固執しつづける存在を頓挫させるのだが、けれどもこの死という躓きは、存在するという清廉潔白な意識（bonne conscience）をも、努力（*conatus*）という疎外不能な権利にもとづく道徳をも揺るがすことはない。それに対して、非志向的なものの受動性、非志向的なものの「自発性」の様態そのもののなかでは——「自発性」というテーマが「形而上学的」観念によってなんらかの仕方で定式化されるに先だって、まさに正義が問われるのである。すなわち、知であり、《摑む手》による支配であるような志向的意識とともに確立される存在のうちに定立されて存在することがはたして正しいかどうか、まさにこのことが問いただされるのだ。疚しい意識として存在する、問いただされて存在する、しかも問いに応答せねばならない——これが言語の誕生である。話さねばならない、私は（je）と言わねばならない、一人称として存在しなければならない、まさしく自我として存在しなければならない。しかしこのときから、自我というみずからの存在の肯定のなかで、自我は存在への権利の責めを負わねばならなくなる。

「自我とは憎むべきものである」というパスカルの言葉の深い意味がここにおいて開示されるのだ。

3　存在するというおのれの権利の責めを負わねばならない、しかもなんらかの匿名の法やなんらかの法的実体の抽象性に準拠するのではなく、他者のための恐れのなかで責めを負わねばならないのだ。私が「世界内にあること」、私の「日向」、私のわが家とは、他者に属する土地の簒奪ではなかったのか。他者はすでにして私によって圧迫され、飢えているのである。再びパスカルを引用しよう。「ここは私の日向だ、この言葉こそが大地全体の簒奪の開始であり象徴である。」したがって恐れとは、いかに意図と意識において悪意をもたなくとも、私の実存することが犯しかねない暴力と殺害に対する恐れなのだ。存在への純粋な固執から清廉潔白な意識のほうへいかに立ち戻ろうとも、この恐れは私の「自己意識」のはるか後方から到来する。この恐れは他者の顔から私のもとへ到来するのである。隣人の顔の極限の廉直さは現象の凝固した諸形式を引き裂く。それは、防御もなく死に曝されていることの廉直さである。かくして、あらゆる言語に先だち、あらゆる身振りに先だって、ひとつの要求が絶対の孤独の底から私に向けられるのだ。要求を向けられ命令を通達されて、私の現前と私の責任は問いただされるのだ。

他者の死に対する恐れと責任。たとえ他者の死に対するこの責任の最終的意味が容赦なきものを前にしての責任であったとしても。またそれが、絶対の極限において、他者をたったひとりで死に直面させてはならないという義務であったとしても、他者の死を恐れ、その死に責任を負わねばならない。私に要求する顔の廉直さはそもそも、死に直面することで、ついにその防御なき曝露を十全に開示し、まさに顔を向ける。このような他者の死と対峙しながら、無力ながらも他者の死に立ち向かいながら、死という絶対の極限において《他人をひとりにさせないこと》、それは、私を召喚する要求に対し「われここに」（me voici）と答えることにすぎないかもしれない。しかしそれこそが、おそらくは、社会性の秘密なのであり、無償性と虚しさの極みにおける隣人への愛、肉欲なき愛なのである。

他者のための恐れ、隣人の死のための恐れは私の恐れではあるが、いかなる点においても私のための恐れではない。したがってこの恐れは、情動性に関する『存在と時間』の見事な現象学的分析とは一線を画すことになる。『存在と時間』における情動性の構造は再帰的なものであり、情動はつねに情動をかきたてるなにかについての情動であると同時に、自己自身のための情動でもある。ここでは情動性は自分の情動をかきたてること——たとえば自分を恐れさせ、自分を喜ばせ、自分を悲しませること——に存している。～についてのと～のためのという二重の「志向性」は比類なき情動性すなわち不安という性格を帯びることとなる。《死へと向かう存在》では、有限な存在が自己の有限性についてこの有限性そのもののために情動をかきたてられるのである。しかし、他人のための恐れが、私の死のための不安に逆転することはない。この恐れはハイデガーの現存在の存在論からはみ出しているのである。現存在が抱く清廉潔白な意識とは、「この存在それ自体をめざして」存在することであり、《死へと向かう存在》がその終わりと躓きをしるしているのだが、しかし《死へと向かう存在》がこの清廉潔白な意識のうちになんらかのためらいを呼び覚ますわけではない。このような意識の彼方で、存在は倫理によって混乱させられるのである。

《おのれの存在それ自体をめざして存在すること》の「自然らしさ」と関わることによって、あらゆるものが——他者までもが——用在（*Zuhandenes*）としての意味を獲得するように思える。しかしこの「自然らしさ」のなかで逆に、存在するという自然さが問いただされるのである。他者の顔を起点として逆転が生じる。他者の顔においては、光のうちなる現象のただなかで、意味性の剰余が意味するのである。この剰余を栄光と呼ぶこともできるであろう。この栄光は私を呼び止め、私に命じる。神の言葉と称されるものは、私を呼び止め私に要請するこの要求のなかで、私のもとに到来するのではなかろうか。私に似た個人は一般性という形式のもとで私に対して出現しおのれを現すにすぎないのだが、先の要求は、この一般性という形式を、対話へのありとあらゆる誘いに先だって引き裂き、そして他の人間の顔と化すのである。思考可能なものをなんらかの仕方で主題化することや、対話へとなんらかの仕方で誘われることによってではなく、呼びかけによって神は私の観念へと到来するのではなかろうか。この呼びかけによって、把握不能なものについての非志向的思考のなかへ、私は入っていくのではないか。世界内存在のあらゆる情動性に比較して、ここには新しいなにかがある。その新しさとは、絶対的に異なるもの、他なるもの、再現前化不能なもの、把握不能なもの、すなわち〈無限〉に対して私が「無関心ではいられない」ということである。〈無限〉は――人間という類に属する存在者の現出の場たる再現前化による表象を引き裂きつつ――私を指定して、いかなる退路も断たれた唯一者、選ばれた者として、他者の顔のなかで任命する。神の呼びかけである他者の顔は、しかしながら、私と私に話しかけた神とのあいだに関係をうちたてたりはしない。他者の顔はふたつの項のあいだに、連結のごときものを、共存、共時化を――たとえそれが理念的なものであっても――決してうちたてはしないのだ。〈無限〉は、終点へと向かう思考にとっては、なにも意味しえないであろう。〈神へ〉は目的性ではないのである。栄光という言葉が存在の彼方で意味しているのは、おそらく、〈神へ〉、もしくは神に対する恐れが終末論的なものには還元されえないということなのだ。この還元不能性によって、存在論的固執としての存在へ、あるいは最終の思考としての死へと向かっていた意識が、人間のうちで、断ち切られるのである。存在と無の二者択一は最終的なものではない。〈神へ〉は存在の一プロセスではない。なぜなら呼びかけのなかで、すでにして私は他者のほうへ、隣人のほうへと差し向けられていたからである。隣人という他人をとおして呼びかけは意味するのであり、この隣人のために私は恐れねばならないのだ。

存在はみずからの存在することのうちに同語反復的に――あるいは動物のように――存続しつづける。そしてこの存在の肯定においては、みずからを同一化する自同性の観念的活力が、人間個人の生活や生存競争――生命的生存、意識的生存、理性的生存のための競争――のなかで確立され閉塞する。かかる存在の肯定の背後において、自我は、隣人の顔のうちで神から要求されることによって驚異を覚える。自己を奪われ神を恐れる自我の驚異。これは、自同者の自同者自身への永遠で不可逆的な回帰の停止、この回帰が有する論理的、存在論的特権の不可侵性の停止のごときものである。自同者の自同者自身への回帰はあらゆる他性を否定し第三者を排除するのだが、自我の驚異はこの回帰の理念的優位性を停止させる。またそれは、〈同〉の〈他〉への関係と目される戦争および政治を停止させるのだ。自我の至高性が自我によって廃棄されることによって、憎むべき自我という様態のなかで、倫理が、そしておそらくは魂の精神性そのものが意味するのだ。なぜならば人間もしくは人間の内面性とは、非志向的意識の内面性への回帰、疚しい意識への回帰だからである。またこの回帰は、死よりも不正を恐れ、不正を犯すよりも不正を被ることを、そして存在を確立するものよりも存在を正当化するものを好むという、人間の可能性への回帰でもある。存在すべきか、それとも存在すべきではないのか、比類なき問いが存するのはおそらくここではない。

＊ この論考は、哲学会国際連盟の支援による *Philosophes critiques d'eux-mêmes*（vol. 10, Berne, 1983）に掲載された。なお、この発表では、*Christlicher Glaube in der modernen Gesellschaft*（Herder, Fribourg-en-Brisgau）所収の *Dialogue* における考察の一部と、*Exercice de la patience* 誌のブランショ特集号に掲載された発表とが使用されている。

一者から他者へ　超越と時間

I　一者と知解可能性

『エンネアデス』第五書（v, 1, 6）では四つの隠喩が「〈不動者〉の運動」――あるいは〈一者〉を起点とする存在の発出――を表現している。プロチノスによれば、この運動によって多様なもののさまざまな次元が作り出されるのだが、四つの隠喩のうちでは、火が放つ熱の形象、雪が放つ冷たさの形象、芳香性の物質が放つ香りの形象よりも、太陽が放つ光の形象のほうが先行している。最初の多様性とは、すなわち観照的なものの光、視覚の光であり、見ることと見られるもの、思考と思考されるものの二重性なのである。最初の外在性――〈一者〉に対する外在性――とは〈一者〉の知解（intelligence）である。認識することとしての知解は、〈一者〉から切断される隔たりに応じて多様であるのだが、しかしそれだけではない。〈一者〉からの隔たりだけでは、知性は多様性に関わるのみである。すなわち観念（プラトン的なイデア）の多様性――存在の存在することを四散させる多様性――に関わるのみであって、能作として〈一者〉に関わることはない。「知性はこの根源を思考する。しかし根源を単一性のうちで把握しようと望みながらも、知性は根源から隔てられ、多様化する他のことがらを受け取ることになる……　知性は視覚の対象の漠然とした下絵を所有していた。この下絵がなければ知性が対象を迎え入れることはなかったであろうが、しかし一なる対象は多様なものとなってしまった。かくして知性は対象を認識し見るのであり、知性は能作としての視覚と化したのである。」（v, 3, 11）能作として観念を手中にすることによって、知性は〈一者〉の統一性をすでに逸するか逃してしまう。というのも〈一者〉の統一性はあらゆる多様性を排除するからである。思考するものと思考されるものとを区別する際には、さらには自己意識と解された自同者の自同性のなかにもすでに多様性が出現しているのだが、そのような多様性であっても排除されることになるのだ。哲学史において、この自同者の自同性のうちに〈一者〉の統一性が求められるようになるのは、まだ先の話である。

能作としての知性は多様な観念に到達する。しかし多様な観念を知解するものとしての知性は、この多様性そのものによって〈一者〉から絶対的に切断されているわけではない。なぜならこの種の多様性は〈一者〉に対するノスタルジー、郷愁でありつづけるからである。認識の運動とでも呼ぶことのできるような見ること、あるいは今日的な用語で言えば、知のノエシス－ノエマ的な志向性は満たされはするが四散し、まさしくこのように四散したものであるがゆえに、〈一者〉の統一性に比較すれば欠乏状態である。それにもかかわらず、あたかもこの欠乏そのものをとおして〈一者〉が感じ取られるかのようなのだ。見ることが引き起こす四散そのものをとおしての願望にいまだとどまっているとはいえ、認識は自分が見て主題化するものの彼方に赴き、かくしてみずからの複数的合理性という欠損そのものを介した超越であるかのようなのだ。四散しつつも認識は多様な本質に接近していくのだが、あたかもかかる接近が接近不能な〈一者〉に対する信仰――プロチノスは祈りについて語っている（v, 1, 6）――であるかのように思えるのだ。〈一者〉から隔たることによって、知性による認識は曖昧なものと化し危険を冒すことになる。ただし、この認識の多様性は「故郷」から遠くはなれたところにとどまったまま、それでいて、欠乏として、「ネガとして」「故郷」に再び結びつくことができる。ちょうど、知性から切断されこの世の事物のうちに四散した魂がヒュポスタシスの次の段階においては内省することができるようになり、「天上の声が聞こえる」ことを待つように。この「内省すること」、この「自己に集中すること」、この自己意識における知はすでに自分よりも高きものへの願望であり、知性への願望であり、かくして〈一者〉への願望なのである。

したがって〈一者〉に対するノスタルジーと「愛」を永続化するために哲学が必要となる。ノスタルジーと「愛」は知性の「不充足」のなかに植えつけられている。〈一者〉から切り離されているとはいえ、〈一者〉とはいまだ異なるものであるとはいえ、〈一者〉に対して知性は無関心ではありえない、これがノスタルジーである。古典的ギリシャ思想はネオプラトニズムをとおして西欧哲学に伝えられ、それゆえ西欧哲学はヘーゲルに至るまで願望のなかに必ずや不充足を認めることになった。すでにこれは意識の「不幸」である！　不充足や愛はみずからに欠けているものを「ネガとして」もたらすという口実をもうけて、不充足のままであっても、さらには愛が願望でしかなくとも、そこに「満足を見いだすこと」。知恵への愛でしかないもの、すなわち哲学のうちで知恵そのものを放棄すること。こうしたことはすべてロマンティシズムとみなされることになる。もちろんこれは侮蔑的な呼称である。哲学でしかないことにつねに不満な哲学！　〈一者〉から流れ出ながらも〈一者〉を貶めることのなかったものが〈一者〉に帰還すること――「存在の彼方」にある源泉との一致――、これこそ、分離のなかでは、そして分離によって生まれた哲学にとっては重大な関心事なのだ。帰還に対する願望はまさに〈精神〉の息吹である。しかし〈一者〉の完璧な統一性は〈精神〉にも哲学にも増して価値がある。最上のものとは、〈一者〉のこの分割不能性である。すなわち純粋な自同性であり、ここではプロチノスの言う稀な「瞬間」において、一切の多様性、一切の数が廃棄され、さらには隔たりが、もしくは認識することに存する区別さえもが――たとえこの区別が自己意識における認識することと認識されるものとのあいだの区別であったとしても——痕跡も残さずに消失しているのだ。知性は多様性としての観念に到達しそれを把握する。しかし知性が成就し現実化し現実態となり満足するのは〈一者〉においてである。知性が観念を超えて敬虔に願望する〈一者〉——知性のノエシスと等価なノエマの、その彼方にある〈一者〉——は、ネオプラトニズムの図式に従えば、知性のこの願望よりも、知性のこの接近よりも卓越したものとなるであろう。なぜなら願望や接近にはいまだ〈一者〉が不在だからである。認識することの視線のなかにもいくらかの愛はあるかもしれない。しかしこの愛の対象は不在であって、認識されるものの四散によって意味されるものに依然としてとどまっている。愛は、その探求の対象であり、またこの探求を吸収してしまうような終点によってのみ価値があるのだ。すなわち愛は〈一者〉によってのみ、脱自の終点によってのみ、価値あるものとされる。なぜなら、〈一者〉において初めて愛するものが愛されるものと一致するからであり、また脱自の終点においてのみ脱自の運動が廃棄され忘却されるからである。〈一者〉の完璧な統一性、「クロノスの飽満」(v, 1, 4) は愛よりも価値があるものとみなされる。というのも愛は、プラトンの『饗宴』における、ディオティマの教えに従うならば、半神にとどまったままだからである。

2　帰還という知解可能性と欠乏としての時間

存在と知性の彼方にあって、存在や知性よりも卓越したこの完璧な統一性を、ネオプラトニズムは称揚するのだが、最初の数世紀のあいだにヨーロッパを征服しつつあった一神教は、神秘主義的風味と救済の欲求とに応じうるような旅程と逗留地をこのネオプラトニズムによって与えられたのだった。それ以後、信仰は知性の活動をモデルにして理解されることとなる。知性の活動とはすなわち、多様な観念を知性が

「見ること」なのである。——信仰とは挫折であると同時に、挫折のなかでの相対的な達成である。まさしく関係としての達成なのだ。かくして信仰とは、あくまで関係を論理学的な類として頂く形式的な種の宗教的比喩にすぎず、このような関係は、〈一者〉の統一性を起点として理解されることになる。〈一者〉において関係は完成され焼尽されるのだ。逆に言えば、関係が意味するものとは〈一者〉の欠乏なのである。たしかに以下のように問うことには正当な理由がある。宗教とはもともと隣人への愛や正義への配慮とは切り離せないものであり、その宗教を賦活するのが献身であるのだから、このような倫理そのもののなかにこそ、献身はみずからの意味論的生誕の地を見いだすべきではなかったのか。そして献身は、無限に異なる〈一者〉に対して自分が無関心ではありえないことの意味を、認識することの不充足性にではなく、この倫理そのもののなかに見いだすべきではなかったのか。宗教（*religion*）と関係（*relation*）とのあいだに根源的な区別が課せられることになろう！　しかし、ネオプラトニズムを起点として解釈された宗教は、みずからの信仰をノスタルジーとして、帰還の冒険として、起源との一致をめざす冒険として理解することとなった。それゆえ知性は起源に対する最後から二番目の段階にとどまる。このとき以来、実際に、宗教はギリシャ的合理性を受け入れたのであり、こうして宗教は意味のさまざまな模範の要請に応じるべく義務づけられることとなり、この模範に従って陳述されることとなったのである。ここでいう模範とはすなわち、観照的なものの模範であり、認識の模範であり、〈一者〉の統一性に対するノスタルジーであった。かくしてヘレニズムはヨーロッパ哲学史に伝達され、ヨーロッパ哲学は、自立的な思考として自足しようとして、ついにはみずからを宗教から切り離すに至った。

〈一者〉への帰還という知解可能性に依然として忠実でありつづける、このような切断はなにを意味しうるだろうか。〈一者〉の超越性を放棄することによって〈一者〉の統一性の模範に参与すること、かくして〈知性〉による認識が思考の中心と化すこと、これ以外のなにを意味しうるというのだろうか。認識という観照的な出来事においては、認識の行為は見いだされた真理を前にして消失することになる。そしてまたこの出来事においては、学習とは忘却された知識への帰還にすぎないとソクラテスが私たちに教えて以来、真理は再‐発見されるものとなる。それゆえ、観照的出来事とは、〈一者〉への帰還のアナロゴンもしくはイコン（v, 1, 7）、換言すれば、超越に到達するか超越を再び見いだした脱自の成就すなわち消失のアナロゴンもしくはイコンではないだろうか——しかしなぜ観照的出来事のほうが秘められた原型ではないのか——。かくして認識とは、明証性の輝きのなかでの現前への、つまり存在への帰還のごときものとなる。たしかに観念の多様性への帰還ではあるのだが、この帰還はまたつねに、これらの観念の集約、総合、統覚による統一への、その共‐把握への帰還でもあるのだ。さらに言えば、把握されたこの共現前のなかでの、意味の場そのものへの帰還、有意味なものの意味性への帰還でもあるのだ。かかる意味性においては、時間による散失はまさしく知解可能性の欠乏あるいは知解可能性の堕落したイメージとみなされる。実際、以上のことから、ネオプラトニズムの図式に従って、時間に対しては二義性や単なる外見にすぎないという属性が付与されることになったのだ。ネオプラトニズムの図式にあっては、時間とは、「因果性と順序」を含むものとして「永遠の実在」を語り（v, 1, 6）陳述するための単なる一手段にすぎない。永遠なるものの欠乏にすぎないものとしての時間。あるいは永遠なるものの模倣としての時間。「過ぎ行く一切のものは比喩に過ぎない。」ギリシャの遺産がそっくりそのまま、宗教から切り離された哲学に伝達され課せられるのだ。「しかしなぜ観照的なものこそが〈一者〉の秘められた原型ではないのか。」総合し共‐把握する認識の出来事に関して、先に私たちは挿入文の形でおずおずとこのように問うてみたのである。この挿入文に対しては、西欧思想の進展そのものがいくらかの信任を与えてくれるであろう。

なぜなら西欧思想は〈一者〉の超越からみずからを解放し、知の満足のなかでみずからを絶対として再発見したからである。

現前すなわち存在との関わりとしての認識、意味の生誕の地あるいは意味の祖国と化す存在論。これらのもののなかには、帰還と結合というネオプラトニズムの図式の構造が、ほとんど形だけのものと化すほどに拡散して見いだされる。デカルト以来の近代哲学は——そのあらゆるヴァリエーションにもかかわらず——この図式の枠組を保持してきたのである。哲学史のいまひとつの到達点において、すなわちそのあまりにも明白な到達点であるヘーゲルやフッサールの主題系においても、この図式の輪郭をやはりはっきりと識別することができる。実際、この構造がヘーゲルにおいて表しているものとは、絶対的思考の自己帰還であり、みずからを「他者なき」無限の思考と認知するような自己意識における自同的なものと非自同的なものの同一性なのである。そしてもうひとつの登録簿によれば、この構造はフッサールの現象学的還元をも支配している。ここでは純粋意識の自同性が、志向性と解された「われ思う」——自我は意識対象を意識する（*ego cogito cogitatum*）——として、みずからのうちにあらゆる超越、あらゆる他性を呑み込むのである。つまり「あらゆる外在性」は、自分自身のうちでみずからを外在化する主体性の内在に還元されるか、もしくはそれへと逆転されるのだ。コギトにおいてヘーゲルとフッサールは近代哲学の地盤の上で出会うことになるのだが、このコギトという一人称現在が知に対してその先天的な集約とその自己充足を保証しているのである。さらにこの自己充足は、意識の体系的な統一性を予示し、あらゆる他なるものが体系に、体系の現在もしくは共時性——非時間性——に統合されることを予示している。哲学の主題系では、時間は永遠性に、過ぎ行くことのない現在に従属している。現在は普遍的で形相的な諸法則のうちにあっておのれを超出することもない。というのもこの法則が、経験的なものにおける散失を管理するからなのだ。すなわち、人間が耐え忍ぶ直接的な時間性を超えて、無時間的な観念性が不動のものとして存続するのであり、「縮約不能な」持続、回避することもまたぎ越すこともできない持続はこうして、弁証法的な頑なさに置き換えられるのである。また、もうひとつの目論見、もうひとつの企てによっても、すなわち「現象学的記述」が、思弁的時間の抽象性や観念性や形式性の背後で、もしくはその水面下で企てる冒険においても、時間は永遠性に従属することになる。フッサールにおける時間性の分析は、現前や同時性という用語で、すなわち過去把持もしくは先取りされた現在という用語で時間を語ることに帰着するのではなかろうか。時間についての知識なるものがあると言わんばかりに！　まるで時間というものが、自分を認識させる仕方や顕出の諸要請に自分を適合させる仕方のなかで汲み尽くされてしまうかのようである。フッサールの分析においては、有意味なものの意味は、現在および再現前化に対するその適性、主題に組み込まれてそこで展開される一個の総体の同時性と一体をなしている。より根源的には現前つまり（動詞と解された）存在への適性と一体化しているのだ。あたかも現前という観念のなかで——現前によって表出される存在という観念のなかで——、時間のひとつの特権的な様態が再現前化や主題化や志向性における知の誕生そのものと混じり合うかのように。あたかも現前の具体性としての知があらゆる思考の心性であるかのように。顕出は意味の意味性と一致し、理解に訴える。再現前化（*Ver-gegenwärtigung*）——想起と想像——は、現前を過去と未来から引き剝すものとみなされる（過去と未来は、誤った把握の、手が摑むことのできないものの、それゆえ理解不能なものの様態にすぎないというのだ）。つまり再現前化は、過ぎ去ったものからはすでに把握不能となった現前を、来たるべきものからはまだ把握不能な現前を引き剝すのである。過ぎ去ったものと来たるべきものとの再現前化は、現前の最初の取得であり、知性は、再現前化が基礎づける共把握をめざしつつ、なおもこの取得へと送り返されるのである。再現前化は、過去および未来のそもそもは把握不能であった「現在」を主題の共時性へともたらすであろう。隔時性としての時間は損なわれた永遠性、「不動の永遠性の動的イメージ」、すなわち完璧な〈一者〉の動的なイメージでしかないとでも言うかのように。挫折したかかる永遠性の外部で時間を思考することを初めて思想史のなかで試みたのはアンリ・ベルクソンであった。実際、哲学における時間の観念は、永遠性の喪失とみなされてしまった生成と同じ運命をたどったのだが、この点をベルクソンは示したのである。

3　志向性としての思考

認識することの合理性は〈一者〉の絶対性と照応するであろう。つまり認識は、地上で――明白なる顕出の内在性のなかで――認識される存在者と合流し、あるいは反省のなかで自己自身の超越論的な具体性と合流して、満たされるか成就されることになる。すなわち果たされる（*wird erfüllt*）のである。〈一者〉の自己自身に対する同等性――原型と目される同等性――は、かくして知のなかで合致と化し、それゆえ満足と化し、そのようなものとして、有意味なものの意味性そのものとして、ひとつの文明の秘密と化したのである。探求としての認識は依然として欠乏ではあるけれども、もはやそれは、到達不能な〈一者〉あるいは例外的にのみ到達される〈一者〉に対する無力ではあるが信仰厚きノスタルジーではない。真理のなかでの存在の現前は取得であり専有であって、認識することは目的論的な活動なのだ。「潜在性として」思考のうちにとどまるものもまた権能なのだ。フッサールの『危機』によれば、目的論が意識を賦活するのである。意識はひとつの終末へ、ひとつの終点へ、ひとつの所与へ、ひとつの世界へ向かう。認識とは志向性なのだ。すなわち能作であり意志なのである。志向という語そのものが、なにかをめざすこと（*auf-etwas-hinauswollen*）、「私は望む」、「私はできる」を想定している。少なくともフッサールは志向性のなかに「私はできる」および「私はみずからに現前させる」を聞き取っている。再現前化することもしくは現前を支配することに、思考は自分を消費する（se dé-pense)。みずからの現前のうちなる存在は手による把握にみずからを供与する。つまり、それは贈与なのだ。学に関するもっとも抽象的な講義でさえ、私たちが住んでいる世界のなかで、手の届くところにある事物のあいだで始まる。それはすなわちフッサールが「生活世界」と呼ぶ所与の世界内で与えられる事物のことである。意識の志向性とは具体的には把握、知覚、概念であり、あらゆる認識のなかに受肉する実践であり、認識が技術へと延長され、成就されることを早々と約束するものなのである。認識の相関者たる存在はこうして、すでに観念論的とでも呼びうるような存在論を起点として意味することになる。かかる存在はすなわち所与であり贈与でありそして獲得されるべきものなのだ。満足の意味は、知覚されるものが知覚の尺度に抽象的に合致することに単に帰着するのではない。満足の具体性とは享受なのである。「体験」とは単なる「意識内容」ではなく、意味するものである。体験のうちで「われ有り」の自同性が同一化される。自己のなかで満足しそれゆえみずからの存在に固執するコギトの自同性が同一化されるのだ。西欧的人間の自由な自己性が、みずからの機能の限界内で、同一化されるのである。

自由を制限できるのは、自然および社会の力、そして死といった障害のみである。「自然」および「社会」による障害にたいしては、「知」は徐々に打ち勝つことができる。引き受けることも理解することもできない死による障害は「有限な自由」という観念を裏づける。しかし、いずれにしても、自由が権能によって測定されていることに変わりはない。近代という時代は、おそらく西欧の人間にとって本質的な時代なのだが、あらゆる可能事を許された満足した人間という理想、それこそが近代西欧の人間の驚異なのだ。

それゆえ私たちが提起する問いは今やつぎのように表現されることになる。思考は一切の他性を包囲することによってしか思考することはないのか。他性は帰結の統一性のなかもしくは自同者と非自同者の同一性のなかで消失するのか。他性は、観念論でもあれば実在論でもあるという哲学の曖昧さによって、絶対的なものに到達しそれを包括するのか、それとも絶対的なもののうちで消えてしまうのか。絶対的なものを思考する思考は、欲求、欠如、ノスタルジー、あるいは満足、成就、享受をしか意味しないのか。時間の通時性は現前の欠損をしか、ノスタルジーをしか意味しないのか。思考は認識以外の仕方で絶対的なものに近づくことはできないのか。そして思考は、〈一者〉への帰還や統一性との一致よりもすぐれたこの接近の名において卓越することはできないのか。私たちが問いただそうと試みるのは、一般に普及した哲学において支配的な概念構成なのだ。それによれば、思考とは根本的には知、すなわち志向性――意志および再現前化――なのである。(3) 志向的な能作についての考察から出発することにしよう。

4 志向性と疚しさ(4)

フッサール現象学のなかで述べられるような志向性から出発しよう。志向性のうちでは、存在に関わる知と思考との同質性がもっとも直接的な仕方で定式化されている。情動的で能動的な生にそなわる非観照的で根源的な志向性という観念を魂から引き出しながらも、フッサールはその根底においては再現前化――客観化する能作――を維持することになる。この点ではフッサールはブレンターノのテーゼを採用しているのだ。たとえこのテーゼを新しく定式化する際に、フッサールがどれほど慎重を期したとしても、このことには変わりはない。ところで知とはそれ自体、他なるものに対する意識の関係であり、意識の対象たるこの他なるものに向けられた狙いもしくは意志のごときものである。フッサールは、意識の志向性に問いかけることによって、「それが本来何をめざしてるか」（*worauf sie eigentlich hinauswill*）を知ろうとした。志向という語はすでに意志を想定しており、この意志が意識の諸相に能作という呼称を付与することを正当化しているのである。真理の直観のなかでは、知は対象に対する願望の充足として、満足として描かれる。存在に対する支配はこの存在の構成と等価である。なぜなら超越論的還元が、意識自身の独立性以外の一切の独立性を存在のなかで中断しつつ、この中断された存在をノエマとして再び見いださせ、そうして十全なる自己意識に到達させる、あるいは到達させるはずだからだ。十全なる自己意識は絶対的な存在としてみずからを確立し、一個の自我としてみずからを確定する。そしてこの自我は、あらゆる差異を貫いて、「自己自身および宇宙の支配者」として自己同一化する。いかなる暗部をも——たとえそれが自我による支配を危うくするような暗部であったとしても——照らすことのできるものとして、自我は自己同一化するのである。構成する自我がある圏域にぶつかり、肉体としてそこに包含された自分を見いだすこともあるかもしれない。しかし、この包含するものはかつて自分が構成したものであるかもしれないのだから、客観的世界の外在性をもはや有さない受肉の内密性によって、この自我はまるで自分の皮膚のなかにあるかのように、そこ、世界に存在することになるのだ。

　還元された意識は、自己自身について反省することで、知覚や学という意識に固有の能作を、あたかも世界に属する諸客体であるかのように再発見し、それらを支配し、かくしてみずからを自己意識として、絶対的存在として確立する。しかし、還元された意識は付随的とでも言うべき仕方で、意志の狙いをまったくもたない自分自身についての非志向的意識でありつづける。非志向的意識は、世界や諸客体を再現前化する能作的な自我の知として知らず知らずのうちに行使される。自我は意識のなかで「作用し」「望み」そしてさまざまな志向をもつのであるが、かかる自我の意識の志向的なプロセスのすべてに非志向的意識が随伴するのである。非志向的意識とはすなわち意識の意識であり、それは「間接的」で暗黙のものであり、自我に由来するであろうイニシアティヴを欠き、目標を欠いている。私なしでも過ぎ行き、私を老いさせる時間のように受動的な意識なのである。この無媒介的で非志向的な自己意識は、反省や内的知覚とは区別されねばならない。というのも、もしこの区別を怠れば、そのときには、非志向的なものが内的知覚に内的対象として提供されることになるのは確実だからである。あるいは、内的知覚の代わりに、反省が非志向的なものの潜在的なメッセージを表現しようとすることになるからである。

　超越論的自我およびその心的状態や心的能作を対象とする反省的な志向的意識は、暗黙のものと称される非志向的な体験のあらゆる諸相を主題化したり把握したり、あるいは表現したりすることもできる。志向的意識は哲学の基本的企てのなかでそのように仕向けられるのだが、この哲学の企ての本義は、みずからの地平やみずからの暗黙の次元、さらには自分が持続する際の時間そのものを忘れがちな意識にはつきものの避け難い超越論的な素朴さ、これらのものを照らし出すことにあるのだ。

　そのため哲学にあっては、この無媒介的な意識のすべては、単にいまだ明白ではない知として、あるいは十全なる光をあてるべきなおも混乱した表象として——おそらくは早まって——捉えられることとなる。主題化された世界の不分明なコンテクストは、反省すなわち志向的意識によって、明晰判明なる所与に、知覚された世界それ自身あるいは還元された絶対的意識を呈示する所与のごときものに変えられるというわけなのだ。

　しかしながら以下のように問うことは禁じられているわけではない。志向的なものに付随して体験される非志向的なものは、自己意識と解される反省された意識から眺めた場合に、その真の意味を保持し、その真の意味を明かすのだろうか。内観に対する伝統的な批判は、いわゆる自発的意識が内観によって変質を被るのではないかとつねに疑ってきた。つまり、反省という探査し主題化する無遠慮な視線のしたで、自発的な意識は変質を被るのではないか、それはまるでなんらかの秘密を侵害し無視するようなものではないか、と疑ってきた。この批判はつねに反駁されたが、つねにそのたびに蘇るのである。

つぎのように問うてみよう。単に前反省的なものとみなされるこの非反省的な意識は、思考する自我が世界に出現し世界に属しているのと同じように、思考する自己自身を反省によって志向的にめざす志向的意識に、暗黙のうちに随伴しているのだが、では、この非反省的意識のなかではいったいなにが起こっているのだろうか。そこには混乱や絡み合いがあると言われているが、そうした混乱や絡み合いはいわばポジティヴな仕方ではなにかを意味しうるだろうか。潜在的なものという形式的な観念を参照するだけでは十分ではない。以下のものを区別すべきではなかろうか。すなわち、概念における個別者の包含、観念における前提の暗示、地平における可能事の潜在性、これらのものは、前反省的意識と称されるもの、すなわち持続における非志向的なものの内密性と区別されるべきではなかろうか。

自己についての前反省的意識の「知」は、厳密に言って、なにかを本当に知っているのであろうか。混乱した意識であり、あらゆる志向に先だつ暗黙の意識――あるいはあらゆる志向から退いた持続――でもある、この前反省的意識は、能作ではなく、純粋な受動性である。受動性とは言っても、前反省的意識が有する《存在することを選択したことなしに存在する》という資格においてのみそうなのではない。また、あらゆる受諾に先だってすでに実現されている諸可能事の錯綜のなかへの失落、ハイデガーの言う被投性（*Geworfenheit*）のごときもののなかへの失落という資格においてのみ受動性であるわけでもない。「意識」とは、自己についての知を意味するよりはむしろ、現前の消失もしくは控え目な現前なのである。それは時間の純然たる持続なのである。たしかに、反省をつうじて現象学的分析は、過去 - 把持と未来 - 把持の働きによって志向的に構造化されたものとしてこの持続を描き出した。その場合、過去‐把持は、時間の持続そのもののなかでは、少なくとも明瞭なものでありつづける。しかし持続は自我の一切の意志から逃れ、絶対に自我の活動の外にある。持続——老いとしての持続とはおそらく、不可逆的な経過の受動性を起点とした受動的総合の実現そのものなのであり、過去を再現する記憶のいかなる作用も、この経過を取り戻すことはできないのだ。時間の時間性は初めから（*a limine*）、時間の経過によって、再現前化の一切の活動から逃れる。意識が含みもつ暗黙の次元は、さまざまな知識、それも単に秘密の知識とは別の仕方で意味するのではないだろうか。それは、未来および過去の現前あるいは非現前を再現前化する仕方とは別の仕方で意味するのではなかろうか。それは、純然たる持続としての、非介入としての、《執着なしの存在》としての、《つま先立ちの存在》としての、存在することを断念する存在としての持続である。すなわち、それは自我としての執着を欠いた瞬間という審級であり、すでにして経過であり、「入りながら出ていくことなのだ！」このような非志向的なものを含みもつこと、それが疚しい意識（mauvaise conscience）なのである。疚しい意識には志向も目標もない。鏡を見るかのように世界のなかに映し出された自分自身を見つめ、それによって確立されて自己を定立する人格、そのような人格が仮面として疚しい意識を保護することとさえないのだ。名前もなく、立場もなく、資格もない。いわばあらゆる属性を剥ぎ取られて、現前を恐れ、自同的な自我の執着を恐れる現前なのである。意識の非志向性によって、あらゆる意志の手前で、あらゆる過ちに先だって、自我が非志向的に同一化される際には、自同性はみずからの確立を前にして後ずさりし、自己還帰たる自己同一化にはらまれているであろう執拗なものを前にして動揺する。疚しい意識あるいは柔弱さ。それは罪責性を欠いてはいるが告発され、自己の現前そのものの責めを負う。疚しい意識とは、つまり任命されざる者、正当化されざる者、詩篇作者の表現によれば「地上における寄留者」(一一九・一九)、《国なき者》、あえてなかへ入ろうとはしない「家無き者」の慎みなのである。おそらくこれこそが、本来、心的なものの内面性なのである。存在のなかで、皮膚のなかでみずからを確立するという厚かましさを、この内面性は欠いているのだ。《世界内存在》ではなく《問いただされた存在》。心的なもののこのような内面性に関与することによって、またそれを「思い出す」ことによって、存在のなかにあってすでにして自己を定立し肯定する――あるいは閉塞する――自我は、曖昧なもの、謎めいたものでありつづける。そしてそれゆえ、自己性の自同性がもっとも顕著に現出するようなとき、すなわち「私は(je)と言うこと」においては、パスカルの言葉を借りるなら、自我はみずからを憎むべきものとみなすのである。知解可能性および意味性の原理としてのAはAであるの尊大な優位性、この至高性、この人間的自我のうちなる自由については、つぎのように言うこともできよう。それらはすなわち謙譲の出現でもあるのだ、と。存在の肯定ならびに存在の閉塞化の問いただしは、――単なるレトリックにたやすく変じてしまうのだが――あの「人生の意味」の探求のなかにも見いだされる。生命的、心理的、社会的な力に、あるいはみずからの超越論的至高性に由来する分別をすでにそなえている絶対的自我が、その疚しい意識に起源を有していたかのように。

前反省的で非志向的な意識が、この受動性を意識するに至ることはありえないであろう。もしそうすれば、非志向的な意識のうちにあって、主体の反省が際だつことになってしまう。このとき主体は「格変化しない主格」としてみずからを定立し、存在に対する正当な権利を確約され、非志向的なものの柔弱さを、まるで克服すべき精神の幼さや無感動な心性にたまたま生じた発作的な虚弱化であるかのように「支配する」であろう。非志向的なものとは最初から受動性なのであり、対格こそがいわばその「第一の格」なのである。(実を言えば、いかなる能動性にも関与しないこの受動性が非志向的なものの「疚しい意識」を描き出すというよりも、受動性のほうが「疚しい意識」によって描き出されたのだ。）疚しい意識とは、不安のなかで示される実存することの有限性ではない。つねに早すぎるものである私の死は、存在することとして存在に固執しつづける存在をおそらく頓挫させるのだが、けれども不安のなかでのこの死という躓きは、存在するという清廉潔白な意識をも、努力（*conatus*）という疎外不能な権利にもとづく道徳をも揺るがすことはない。そしてこの努力こそ自由の権利であり、自由という清廉潔白な意識でもあるのだ。これに反して、非志向的なものの受動性、非志向的なものの「自発性」の様態そのもののなかでは――「自発性」というテーマが「形而上学的」観念によってなんらかの仕方で定式化されるに先だって――まさに正義が問われるのである。すなわち、知であり、《摑む手》による支配であるような志向的意識とともに確立される存在のうちに定立されて存在することがはたして正しいかどうか、まさにこのことが問いただされるのだ。問いただされること、それが疚しい意識として存在することである。問いただされて存在する、しかも問いに応答せねばならない――これが応答としての責任のなかでの言語の誕生である。話さねばならない、私はと言わねばならない、一人称として存在しなければならない、まさしく自我として存在しなければならない。しかしこのときから、自我というみずからの存在の肯定のなかで、自我は存在への権利の責めを負わねばならなくなる。「〈自我〉とは憎むべきものである」というパスカルの言葉をそこまで考えぬかなければならないのだ。

5　顔と他者の死

存在するというおのれの権利の責めを負わねばならない、しかもなんらかの匿名の法やなんらかの法的実体の抽象性に準拠するのではなく、他者のための恐れのなかで責めを負わねばならないのだ。私の世界内存在や私の「日向」、私のわが家とは、他者に属する土地の簒奪ではなかったのか。他者はすでにして私によって圧迫され飢えており、第三世界へと追放されている。私の世界内存在とはすなわち、追い払うこと、追い出すこと、追放すること、奪い取ること、殺すことではないのか。「ここは私の日向だ、この言葉こそが大地全体の簒奪の開始であり象徴である」とパスカルは語った。したがって恐れとは、いかに意図と意識において悪意をもたなくとも、私の実存することが犯しかねない暴力と殺害に対する恐れなのだ。存在への純粋な固執から清廉潔白な意識のほうへといかに立ち戻ろうとも、この恐れは私の「自己意識」のはるか後方から到来する。私の現存在（*Dasein*）のそこ（*Da*）は誰かの場所を占領しているのではないかという恐れ。場所をもつことの不可能性。根本的に場所を欠いたもの、すなわちユートピア。他者の顔から私に到来する恐れ。

さまざまな哲学的試論のなかで、私は有意味なものの根源的な場としての他者の顔について多くを語ってきた。現出の現象学的秩序のなかへの顔の侵入についての記述を——いままたそれを試みようとしているのだが——簡略にくりかえすことを許していただけるだろうか。

他者の近さとは顔の意味性である。有形の諸形式の彼方にそもそもの初めからあるような意味性である。有形の諸形式は、みずからが知覚のなかに現前することによって、仮面さながら顔を覆うことをやめない。ところが顔はこれらの諸形式をたえずうがつのだ。個別的な表出は、すでにポーズとして、自己が身にまとう様態として、顔の意味性を覆い保護するのだが、しかしあらゆる個別的な表出に先だって——そしてあらゆる個別的な表出のしたに——表出そのものの裸出性と貧窮がある。これこそ、極限の曝露、防御の不在であり、まさに傷つき易さ、感傷性なのだ。あらゆる人間的な目標に先だつ極限の曝露とは「至近距離での」発砲のごときものである。包囲された者、追い回される者——あらゆる狩りだし、あらゆる追い回しに先だって追い回される者——の引き渡し。顔はまっすぐに向い合う。顔は不可視の死や神秘的な孤独にまっすぐに曝されているのだ。開示されたものの可視性の彼方にあるとともに、死についての一切の知に先だつような死の可能性。表出は最初の犯罪の暴力を誘い導く。なぜなら死をもたらす犯罪は、顔の曝露ないし顔の表出に奇妙な仕方ですでにその照準をまっすぐに合わせているからなのだ。最初の殺人者はみずからがもたらすことになる一撃の結果をおそらくは知らない。しかしその暴力の照準は、死がまっすぐに、避けようもなく隣人の顔を襲うときの直線を殺人者に知らしめるのだ。衝撃的な銃弾や人を殺す矢の軌道のようにその直線は引かれているのである。

しかし、表出における——死の可能性における——顔とのこの対面は私を指定し、私に要求し、私に懇願する。他者の顔が対面する不可視の死——あらゆる総体からなんらかの仕方で切り離されている純粋な他性——が、あたかも「私の事件」であるかのように。みずからの顔の裸出性によってすでに自分が不可視の死に関わっていること、それを他者は知らない。ところが、私が自分自身の死に直面するよりも先に、私自身の顔を奪う死と化すよりも先に、その他者の死が、「私を見つめる」かのようなのだ。他者の死は私を審問し問いただす。他者の死はそれに曝される他者にとっては不可視のものなのだが、何かに気をとられてたまたま無関心であったがゆえに、あたかも私がそのような死の荷担者となってしまうかのように。あたかも、自分自身が死へと運命づけられる以前にさえ、私はこの他者の死の責めを負わねばならず、死の孤独のなかで他者をひとりぼっちにしてはならないかのように。私を指定し、私に要求し、私に懇願する顔はまさに私の責任を呼び起こし、私を問いただすのだが、そのような召喚、そのような審問によって、他者は隣人となるのだ。

私に懇願し、私を審問し、私に、そして他者の死に対する私の責任に訴えかけるこの仕方こそ、還元不能な意味性である。この意味性はそれ以上還元できないものであるがゆえに、この意味性を起点として死の意味を理解しなければならない。また、暴力を否定や無化に還元したうえで、存在と存在の否定とのこの抽象的な弁証法に死という言葉が充てられることもあるが、しかしこのような弁証法の彼方で、死の意味を理解しなければならないのである。他者を孤独のなかに遺棄することは私には不可能であるという具体性によって、私に向けられたこの遺棄の禁止によって、死は意味する。死の意味は間‐人間性のなかで始まる。死はまず第一に他ならぬ他者の近さのなかで、あるいは社会性のなかで意味するのだ。あたかも他者の顔を起点として戒律が私に通達されるかのように。そしてこの戒律をとおして神が私の観念に到来するのである。

他者のための恐れ、他者の死のための恐れは私の恐れである。しかしいかなる点においてもそれは自分を心配させることではない。それゆえ他者のための恐れは、『存在と時間』が情動性、心境（*Befindlichkeit*）についておこなう見事な現象学的分析とは一線を画している。この分析では情動の再帰的構造は代名動詞によって説明される。すなわち情動はつねに情動を引き起こすなにかについての情動であると同時に、自分自身のための情動である。情動とは自分を感じさせることであると同時に、なにかについての恐れ、なにかについての楽しみ、なにかについての悲しみを感じさせられることなのである。つまり、それはたとえば自分のために自分を楽しませること、自分のために自分を悲しませることでもあるのだ。私は自分の死について自分に不安を感じさせ、自分を心配させる。『存在と時間』の情動性とは〜について〜のためにという二重の志向性であり、かくしてそれは自己への帰還、自己のための不安への帰還、自己の有限性ゆえの不安への帰還なのだ。たとえば犬に怯えるときにも、私は自分の死に不安をおぼえるのだ。これに対して、他者のための恐れは私の死のための不安に逆転することはない。この恐れはハイデガーにおける現存在（*Dasein*）の存在論からはみ出し、存在そのものをめざして存在するという現存在の清廉潔白な意識からもはみ出すのである。このような情動の揺れ動きのなかで、倫理が覚醒し、監視している。ハイデガーの《死へと向かう存在》は、たしかに、存在者にとって、その《存在それ自体をめざして存在すること》の終りおよびこの終りという躓きをしるしているのだが、しかしこの終りのなかでは、存在することについてのいかなるためらいも覚醒しはしないのだ。

6 倫理、あるいは存在の意味

《おのれの存在それ自体をめざして存在すること》の自然らしさと関わることで、あらゆるものが――他者までもが――意味を獲得するように思える。しかしこの自然らしさのなかで逆に、存在することの自然さが問いただされるのである。他者の顔を起点として逆転が生じる。他者の顔においては、現象のただなかで、現象の光そのもののなかで、意味性の剰余が意味するのである。この剰余を栄光と呼ぶこともできるであろう。この栄光は私に要求し、私に懇願し、私を指定する。この要求、この呼びかけ、この責任の指定を神の言葉と呼んではならないだろうか。思考可能なものを主題化することや、対話へとなんらかの仕方で誘われることによってではなく、まさにこの指定によって神は私の観念へと到来するのではなかろうか。他者についての私の知や私の認識が一般性の諸形式のなかで他者を同類者として再‐現前化するのに対して、この責任の指定は一般性の諸形式を引き裂き、他者の顔をつうじて、私をいかなる退路もなく責めを負うものとして、それゆえ唯一者、選ばれた者として指し示すのではないか。

存在論的な固執としての存在、あるいは《死へと向かう存在》としての存在へと赴くこと、そこで意識は最終的なものに到達したと確信する――しかしこうしたことすべてが他者の顔を前にして中断されるのだ。存在と死のこの彼方こそ、おそらく顔について語りながら私が用いた栄光という言葉の意味なのである。

人間性は存在への固執の背後にあるのだ！　存在はみずからの存在することのうちに同語反復的に——あるいは動物のように——存続しつづける。そしてこの存在の肯定においては、みずからを同一化する自同性の観念的活力が、人間個人の生活や生存競争——生命的生存、意識的生存、理性的生存のための競争——のなかで、確立され閉塞する。かかる存在の肯定の背後において、自我は、隣人の顔をつうじて要求をつきつけられて驚異を覚える。自己を奪われ他者のために恐れる自我の驚異。これは、自同者の自同者自身への永遠で不可逆的な回帰の停止、この回帰が有する論理的、存在論的特権の不可侵性の停止——あるいはエポケーのごときものでもある。自同者の自同者自身への回帰は、殺害によって、あるいは包括し全体化する思考によってあらゆる他性を否定するのだが、自我の驚異はこの回帰の理念的優位性を停止させる。またそれは、〈同〉の〈他〉への関係と目される戦争と政治を停止させるのだ。自我の至高性が自我によって廃棄されることによって、憎むべき自我という様態のもとで、倫理が、そしておそらくは魂の精神性そのものが意味するのだ。そこではまた、存在の意味についての問いが、すなわち正当化を要求する問いが、自同者の曖昧さをとおして意味しているにちがいない。自同者の曖昧さ、と言ったが、一方で自同者は、私は（je）と言うとき、あらゆる標識を超えた自律として、論理的には区別不能でさえある無制約な自同性の頂点にある。ところが、自同者はまた、まさしくこの無制約な自同性の頂点で、みずからを憎むべき自我とみなすこともできるのだ。

自我、それはまさに人間のなかでの存在者の存在の危機そのものである。存在の危機。しかしここで存在の危機と言うとしても、それは、存在の動詞的意味がいまだ理解されざる秘密を有しており、それゆえこの意味が存在論に訴えるからではない。そうではなく自我としての自分がすでに、自分の存在は正当化されるかどうか、自分の現存在（*Dasein*）のそこ（*Da*）はすでに誰かの場所の簒奪ではないかどうかを、自分に問うているからなのである。

その死の可能性によって、他者の顔は、個体にすぎぬものとしての私が自分を定立しその定立に素朴に――自然に――執着する場としての堅固な地面から私を引き剝す。そしてこの他者の顔から疚しさ〔疚しい意識〕が私に到来するのである。疚しさは私を問いただす。この問いは情報としての理論的な返答などを期待しているのではない。この問いは責任に訴えかけるのだが、責任は、存在と等しくなることができずに挫折してしまった知を慰めるべき便利な次善策なのではない。

責任は、理解や取得としての知が欠如していることではない。責任とは、社会性における、肉欲なき愛における倫理の近さの卓越なのだ。

人間とは非志向的意識の内面性への回帰、疚しさへの回帰である。それは死よりも不正を恐れ、不正を犯すよりも不正を被ることを、存在を確立するものよりも存在を正当化するものを好むという、人間の可能性への回帰なのである。

7　倫理と時間

私たちが他者の顔から出発して社会性の現象学を試みたのも、一切の身振りに先だち、他者の顔という廉直さのなかに死という神秘的な孤独への防御なき曝露を読み取ったからであり、あらゆる言葉の表出に先だってこの弱さの底から命令する声を聞いたからであった。すなわち、他者の死に対して無関心であってはならぬ、他者をたったひとりで死なせてはならぬという命令が、私に向けられるのである。それは、みずからもこの死の荷担者となりかねないにもかかわらず、他者の命の責めを負わねばならぬという命令である。他者はまっすぐに顔を向ける。このことは、他性における防御の不在、他性の抵抗、一個の権威を意味するであろう。この権威こそ、論理的でしかない他性には欠けているものなのだ。なぜなら論理的な他性とは、個体や概念を同一化してそれらをお互いに区別したり、矛盾や相反性によって観念をそれぞれ相互に対立させる他性にすぎないからである。それに対して、他者の他性とは「汝、殺人を犯すなかれ」という極点であり、私の存在することが、いかに悪意を欠いていようと犯しかねない一切の暴力、一切の簒奪に対する、私のうちなる恐れである。私の存在することは、私の現存在（*Dasein*）のそこ（*Da*）によってすでに、他者の場所を占領する危険があり、それゆえ具体的に言えば、他者を追放し、「第三」世界や「第四」世界のような悲惨な境遇に陥れ、他者を殺す危険がある。かくして、この他者のための恐れのなかで、限界のない責任が解き放たれるのだ。決して免除されることのない責任、隣人の死際にあっても停止することのない責任である。たとえそのとき責任が、他者の死との無力な対峙のなかで、「われここに」と答えることでしかないとしても。[5] 責任こそがおそらく社会性の秘密を保持しているのであり、そのまったくの無償性、百歩譲ってそれが虚妄にすぎないとしても、かかる無償性が隣人への愛と呼ばれるのだ。肉欲なき愛。しかしこれを否定することは、死を否定することと同じく不可能なのである。

この社会性を、〈一者〉の統一に起こるなんらかの衰弱や欠如と混同してはならない。存在の権利を保証された存在者が存在に固執するその自然さの奥底から、――この執着と、この自同性に反対して――他者への責任が他者の顔との対面によって覚醒され、そして自我の根源的自同性[6]の核心から起き上がるのだ。したがって私は、あらゆる誓い以前に、自分自身に現前する以前に、あるいは自己に帰還する以前に、この責任に運命づけられていたのである。

この以前はなにを意味するのか。それはアプリオリとしての以前なのだろうか。しかし、もしそうであるならば、この以前はある観念を前提とすることになるのではないだろうか。その場合、この観念は、先天性というつとも知れぬ「遥かな過去」においてすでにしてわれ思うと相関する現前であったことになり、――時間の持続のなかで、瞬間の流れとみなされた時間性のなかで、過去把持され保存され蘇生されて――記憶によって再現前化されることになる。その結果、プラトンの想起説が十全に表現していた現在の優位がなおも維持されることになる。思考の知覚への関与が確約され、「過ぎ行くことのない現在」の優位としての永遠性の優位が、観念の観念性のなかで、ここでもまた確立されることとなる。このとき時間の持続ないし時間の隔時性は、人間の有限な意識のなかで永遠性が被る隠蔽や歪曲や欠如にすぎないであろう。これはまた時間よりも「強力な」われ思うの優位でもある。諸形式のうちでもっとも堅固でもっとも形式的で、内容に関するいかなる異質性よりも強力な超越論的統覚の統一性のもとに、われ思うは、時間という影の散らばりを集約する。かくしてわれ思うは、経験における多様なものを包括しつつ同一化し、この多様なものを存在についての知のなかへ封じ込めることによって、同一化されたものとしてそれを再把握するのである。いにしえの〈一者〉がこうして再び見いだされることになるのだ。このときには、私はあるいは同一化するわれ思うこそが合理性の根拠ないしロゴスとなるであろう。それゆえ、存在論は、単に存在と重なり合う知としてのみならず、存在の自同性がそれ自身へ最終的に回帰すること、すなわち、〈一者〉への回帰としても解釈されねばならなくなる。

これとは反対に、現在に還元できない過去は、《他者のための責任》の倫理的な先行性のなかで、自分の権利をすでに確立した私の自同性に関与することもなく、意味するように思える。決して私の過ちでも私の行いでもなかったもののほうへ、決して私の権能にも私の自由にも属することのなかったもののほうへ、記憶として私に到来することのないもののほうへ、この責任によって私は投げ出されるのだ。ある過去が、一切の想起、一切の過去把持、一切の再現前化、記憶された現在への一切の準拠の外で、私に関わり、私を「見つめ」、「私の事件」となる。これが、過去にそなわる倫理的な意味性である。私の現在には還元不能な純粋な過去、すなわち根源的な過去が倫理として意味するのである。他者のための責任を起点とした、記憶不能な過去の根源的意味性。人類の歴史への、私を見つめる他者たちの過去への、私の意図せざる参与。

他者のための責任は、かつて「われ思う」に付与され「われ思う」によって再び見いだされた観念に起源を有するような思考には、帰着することはない。至高な〈自我〉にとっては自然な存在しようとする努力（*conatus essendi*）が、他者の顔を前にして、倫理の覚醒のなかで問いただされる。この覚醒にあっては、自我の至高性はみずからを「憎むべきもの」とみなし、その日向は「大地全体の簒奪の開始であり象徴」となる。隣人の顔のなかで――ひとつの命令のように――表される他者のための責任とは、自我における「超越論的統覚」の単なる様態ではないのだ[7]。

「他者の顔を前にして」――と私たちは言った。しかし厳密に言うなら、ここでも前にして（*devant*）という前置詞を使用することができるのだろうか。顔はその断固とした裸出性によって――形式を剝ぎ取られた裸出性によって――死の可能性を表現し戒律を意味している。それゆえ前にしてという語を用いて語ることは、顔の意味と、すでにそれを覆っている再現前化の形ある諸形式とを混同しているのではないか。形ある諸形式を突き崩すたえざる意味の剰余を見誤っているのではないか。この剰余は再現前化されることも、現前することもない。それは、権威あるいは栄光をそなえた命令法によって意味するのである。ここでは非常に一般的で性急なやり方しかできないかもしれぬが、戒律の栄光あるこの意味性の様態に、この根源的な命令の——あえて言うなら——「命令性」(impérativité)に立ち戻るべきであろう。

他者の顔は私に関わる。しかし、それが命じる《他者のための責任》は、この戒律の原因あるいは源泉であるような存在者へと遡ってそれを一個の主題として定立することを私に許しはしない。事実、ここでは、まず最初に命令を知覚して命令を受け取り、そのあとで決意や意志的行為によって命令に服するわけではないのだ。顔のこの近さのなかでは、命令の遵守としての隷従が命令の聴取に先行する。あるいはこのことが戒律に先だつ服従——このことによって戒律の極度の切迫を推し量ることができる。命令の聴取の切迫を証拠立てているのだ。戒律においては、命令を認識することで「われ思う」が構築しうるような演繹の諸要請は永遠に延期される。このような切迫ゆえに、命令は「あらゆるものに優先して」定言的で、不可逆的な隷従なのである。つまり、知性的受容性においてはその受動性は能動性へと逆転し、迎接の自発性につねに転化してしまうのだが、知性的受容性を特徴づけるかかる逆転には、命令は同意しないのだ。「命令の聴取に先だつような、命令の遵守としての隷従」——これは妄言であり馬鹿げたアナクロニズムでしかないのか。それとも逆に、霊感の様態をパラドクスとして記述しているのではないのか。他ならぬ知の主知主義と断絶して、絶対的命令への服従のなかで未来の隔時性そのものを描き出しているのではないのか。それは絶対に不可逆的な未来が現在に命令する際のその比類なき仕方ではないのか。しかもこのとき、戒律によるこの「触発」、この受動性、この忍耐が、なんらかの「同時性」に還元されることはない。たとえ部分的に、あるいはただ一点においてのみ「現在」と未来とが重なり合うとしても、このようななんらかの重なり合いに「触発」や受動性や忍耐が還元されることもない。またこの場合、未来が、来たるべきもののなかで、あるいは先取りによる把握のなかで——未来 - 把持による把握のなかで——支配されてしまうこともなければ、恐怖や希望の表象が、時間の隔 - 時性や命令の法外さ、命令の権威を鈍らせることもない。霊感はまさしく知の主知主義と断絶する。あたかも命令がそれに従う者自身の声によって言い表されるかのように。これこそ、いかなる比喩によっても捉えることのできない倫理的意識の声なのであろう。倫理的意識は本能という単なる先天性でもなければ、志向性でもない。というのも志向性のなかでは、みずからに委ねられるものを包囲する決定権を、われ思うが握っており、われ思うはみずからの不可逆的な受動性を「意識化」によって飽くことなく自発性に逆転させ、自分が迎接するものを自分と等しいものにし、一切の権威を破壊するからである。対自〔自己のために〕から責任という《他者のために》への転換は、自律的な対自のなかでは起こりえないであろう。《他者のために》への転換は、不変の「われ思う」がさらに自己反省することによって見いだすものでもなければ、それまでは思いもよらなかったなんらかの「奥深い本性」の秘められた様態でもないのだ。

霊感としての倫理的服従の他律は背後からの力（*vis a tergo*）の展開ではない。それは正面から到来する。すなわち、主題としては接近されることなき他者の顔のなかで意味される命令への隷従なのだ。絶対的命令——比類なき権威——への服従。比類なき権威への根源的な服従。神の言葉への服従。ただしこの服従のほうを起点としてのみ神を命名するという条件において、であるが。未‐知なる神は体現されることがないがゆえに、無神論による否認に曝されることになるのだ！

しかし、霊感として吹き込まれる神の命令への隷従的な服従から、この命令の意味や内容が分離されることはない。なぜなら命令によって意味されるものとは、他者のための責任であり、不可避的な自己還帰から自我を引き剝す善性であり、存在者が自分の存在に無制約的に執着することからの自我の引き剝しだからである。他者のための責任を命じる戒律への隷従という倫理と、知に転換されることのない不可逆的な隷従のなかでの未来の隔時性、これらふたつのものが一体をなしていることを強調しておく必要がある。

この未来は、服従のなかで再現前化されたり現前化されたりするものの彼方で、さながら霊感のように吹き込まれるのだ。彼方こそ、戒律の「命令性」そのものが、そして戒律の善性が服従に対して意味するものであろう。これが、第三『省察』のなかでデカルトが述べた無限の観念についてのパラドクスの具体性である。

倫理的霊感と未来――予言の意味性。私たちは予言の霊感を起点として未来の隔時性を示唆したいと思う。この霊感は、目標、志向性、未来‐把持といったフッサール的な観念における、忍耐を欠いた先取りとは異なる。〈無限〉の観念のパラドクスはデカルトによって教えられた。この観念は比類なき思考であり、みずからが含みうるより以上に思考する思考である。この思考の具体的な叡知を、私たちは、他者の顔のなかで私を他者に捧げる戒律への服従によって語ろうと試みたのだった。――ここにこそ、来るべきものを超えた「未来をめざすこと」についての真の「現象学」がある。みずからが思考するより以上に思考する思考、あるいは思考しつつ思考以上のことをおこなう思考。なぜならすでに思考は、他者のための責任としてみずからを見いだすからである。そして他者の死の可能性が――それゆえ他者の生が――私を見つめるのだ。定言命法を強制され、未知なる神に(8)霊感を吹き込まれ、譲渡不能な責任の携行を強制される思考。しかし、かくしてその思考は、私の人格的唯一性を、私の長子性を、私の選びを聖別するのである。他者のための責任。予言の未来を起点とした、他者の過去のための――私にとって記憶不能な過去のための――責任。このような責任こそ《内存在性からの超脱》なのである。他者やその過去がなければ、未知なる神はその栄光のなかで聴取されることもなく、言葉なき否定神学を断ち切ることもなかったであろう。――かかる時間性においてこそ、存在と存在論との筋立てが倫理によって解体されるのだ。

* 初出 *Archivio di Filosofia*, n° 1-3, 1983. のち、*Encyclopédie philosophique universelle*（PUF, 1989）に、修正の上、再録された。

（1） もともとは懐疑についての観照的な「出来事」であったデカルトのコギトは、思考のあらゆる様態を覆うことになった。第二『省察』でコギトが拡張される箇所を思い起こしていただきたい。「思考するものとはなにか。すなわち疑い、理解し、肯定し、否定し、望み、望まず、同じく想像し、感じるものである。」……ここでは、感じるは感覚と感情を意味していると考えることができる。現代風に言えば、意味性は知と一致する。かくして、人間のあらゆる体験（le vécu）が経験（expérience）と呼ばれることになる。それは教育であり授けられた教えである、というのだ。そうなると、他者との関係は社会的な経験と化すであろう。三段論法をもはや信用せず聖書を引用したりすることもない神学者たちは、なんと宗教的経験なるものによって神という仮説を証明しようとしている。

（2） とりわけフッサールの「……自己自身を外化する主観性の内的観察」（『ヨーロッパ諸学の危機』一一六頁）を参照。

（3） 知についての検討が、これもまた知である哲学的思考のなかでなされるとしても、それはこの検討に対する反駁にはならない。知を意味の部分として検討しようとすることは、知の虚偽性を示そうと望んだり、あるいは思考における虚偽の役割を見誤りさえするような愚かな試みではない。〈知〉は意味を開示し、語ることを可能にする。しかし、そうは言っても、知は有意味なものが最終的に配置される場ではない。知は、自分が開示する意味のなかに痕跡を残さない。開示に必要な諸形式は、開示されるものを変質させないのである。

（4） 前の論考〔「非志向的意識」〕の文脈のなかで展開された疚しい意識についての考えを、ここで私たちはより概略的に再説したい。（一八一頁を参照）

（5） 慈悲の覚醒はおそらく医療の潜在的な誕生でもある。医療は、あらゆる知の手前で、他者の顔ないしその死の可能性によって覚醒するのだ。

（6） 根源的な自同性。なぜなら自我は個別的ないかなる判別記号にも頼ることなく自己を同一化するからである。実際、判別記号は自己同一化の問題を解決することにはならないだろう。というのも今度はその記号が自同者として考慮されることを求めるからである。自我は一切の記号の外で同一者としてみずからを認める――自我は論理的には区別不能な自同性なのである。

（7）自我の自同性が、「私は記憶不能な過去へと投げ出される」という表現における代名詞「私」（me）を正当化する。ただし、この「対格」の代名詞「私」をつうじて自我の自同性が表しているのは、すでに歴史的な友愛に依拠した自同性であり、ここにいう友愛は《他者のための責任》によって創始されたものなのだ。事実、人間性の観念や人間の統一性という観念は、動物性のように単に類を示すものではない。すでにこの観念は、《他者のための責任》を起点として描かれる歴史を想定しており、記憶不能な過去の責めを負うているのである。責任において、「民族の精神」が、それゆえ人類の精神が結び合わされる。とすれば、記憶されない過去としての歴史が過去の根源的な具体性を表しているのではないだろうか。

（8）未‐知なる神は主題からも、親しげな呼びかけの純粋な廉直さからも逃れる。あたかも未知なる神が、〈彼〉という三人称によって、主題や親しげな呼びかけから自分を引き剝し、それらを超越するかのように。

隔時性と再現前化

日常生活や、私たちの哲学的思考および科学的思考の伝統さえもが、視覚によって特徴づけられた知解可能性――有意味なもの――の圏域のうちで維持されている。見ることという構造は、見られたものを対象もしくは主題としている。これがすなわち志向的と称される構造である。この構造は、事物と接する感受性のあらゆる様態のなかに見いだされる。またこの構造は、事物の状態や事物間の関係へ知性的に接近する際にも見いだされる。人間同士のつきあいのなか、話し合う人たちのつきあいのなかにも、この構造を一見して見いだすことができる。人間に関しては、たとえばフランス語では「会う」を「お互いを見る」(ils se voient) と表現する。かくして認識することの優位性が告げられる。私たちが思考や知性や精神、あるいはまったく端的に心性と呼ぶもの、そのいずれもがこの優位性のうちで結び合わされているのだ。

I　知と現前

この観点からすると、思考、知性、精神、心性は意識であろう。あるいは意識のとば口にあることになろう。人間の意識とは、これらのものがまとうひとつの完璧な様態である。つまり、人間の意識とは、われ思うにおける自同的な自我の意識のことであり、われ思うは、主題化する視線のもとで、あらゆる他性をめざしてこれを包括もしくは統覚する。思考のこのような照準が志向性と呼ばれるものである。志向性というこの見事な言葉はまず最初に、見ることにおける主題化を示している。またある点では、心性の観照的性格——観照される対象から距離をおいて存在すること——をも示している。この観照的性格は安易にも《没利害の超脱》の模範とみなされている。しかし志向性は、願望、目的性、欲望をも示している。すなわち、利己主義や自己主義の一契機、いずれにせよ自我論の一契機をも示しているのだ。「衝動」と呼ばれるものがこの契機によって生気づけられているのは確かである。ただし衝動とは言っても、物理学者の研究対象における純粋に運動的な現象とこの衝動を同一視してはならないのだが。以上のような意味で、意識は——そしてこのとき無意識それ自体も意識の欠如態とみなされてしまうのだが——、私たちが精神を解釈する際のまさしく主要な特徴でありつづける。他なるものは、われ思うの統覚によって「志向的に」めざされ包囲され集結させられる。かくして他なるものは、思考されるものとしての思考されるもの——ノエマ——をとおして、われ思うもしくはそのノエシスの照準を——その欲望や願望を——充実させたり埋めたり満足させたりすることになる。こうして他なるものは自我に対して現前する。このように「現前すること」、「われ思う」としての自我へのこのような現前、それが存在することとそのものと化すのである。

現前ないし存在は時間性の様態でもある。しかし時間性の様態が具体的に意味するものとは、他なるものが自我に対して曝‐露されることであり、またまさしくみずからを贈ること、みずからを与えること、所与性（*Gegebenheit*）なのである。現前のうちで他性が贈与されると言ったが、これは単なる比喩ではない。そうではなく贈与は、手で摑むことにすでに関与しつつ、取ることという具体的な地平のなかで意味しているのだ。このように《手による‐維持》（main-tenance）を本義とする時間性としての、現在の現前は、把握可能なものや固体を出現させる。おそらくこれこそが、物や「あるなにか」や存在者の配置を、存在のなか、現前のなかに出現させる当のものでもある。そして事物の認識の原型であることのような下絵は、悟性によって観念化された知がおこなう抽象に先だつのだ。このことに関してはフッサールの『危機』の現象学が――理論的にはすでに『論理学研究』が――私たちに教えてくれるであろう。

　純粋な現前、純粋な再現前化としての真理や時間を観照することは、一般には、それ自体純粋性であり静謐性であるとみなされている。ところが、以上に述べてきたことを考慮に入れるならば、このような理論的純粋性や観照的静謐性は、認識することや見ることが技術へと延長されうるという可能性と必ずしも截然と区別されているわけではない。技術への可能性と技術へと向かわしめるような誘惑が、理論的純粋性や観照的静謐性の地平なのである。この可能性や誘惑は、工業化した近代を異常や腐敗として告発する者たちが思うほどには、理論に関して言われる《没利害の超脱》と相容れぬものではない。見ることもしくは認識することと手に取ることとは、志向性の構造のなかで結び合わされているのだ。この構造は、意識のなかにみずからを再認する思考の筋立てでありつづける。そして現在という「手による‐維持」が、この構造の内在性を、思考の卓越性そのものとして際だたせているのである。

　しかしその結果、視覚や認識とみなされた思考のなかに位置づけられ、志向性を起点として解釈されることによって、知解可能性と知性は、思考の時間性そのもののなかで、過去と未来に比較して、現在を特権化するものと化す。このとき、過去や未来のなかに現前の変質作用を認めるために、過去と未来は現前に還元され現前のもとに連れ戻される、つまりそれらは再‐現前化されるのだ。同様にいかなる他性も、われ思うの内部で現前のなかに集約され迎接され共時化されることによって、このように〈自我〉の自同性のなかに受容されることによって、――自同的なものの思考のなかに受容されることによって――、自我に属するものとして理解され、まさにこれにより、他性における他は同へと帰着することになる。他なるものが、内在性の驚異を確立する知によって、自我に固有なものと化すのである。存在への照準、存在の主題化――すなわち現前――としての志向性は、自己脱出であると同じく自己還帰でもあるのだ。

したがって、視覚や認識や志向性とみなされた思考のなかで、知解可能性が意味しているのは、〈他〉が〈同〉に還元されることであり、自我論的に集約される存在の共時性なのである。認識されるもののなかで、コギトもしくはカント的なわれ思うの超越論的統覚の統一性が表現されるのだ。この統一性は現前の自我論でもあって、それはデカルトからフッサールまで、さらにはハイデガーに至るまで肯定されつづけてきた。『存在と時間』の第九節では、現存在における「存在しなければならない」が各自性（*Jemeinigkeit*）の源泉であり、ひいては〈自我〉の源泉となっている。

「人間同士の交際」〔お互いを見ること〕――言うまでもなく言語のことであるが――もまた、見ることに起源をもつのではなかろうか。したがって、志向性の自我論的意味性、あらゆる他性を現前のうちに総合し集約する自我論、再現前化による共時性、ここに「人間同士の交際」の起源があるのではなかろうか。言語は多くの場合このように理解されている。

知と視覚は、たしかに、それらが話される際には記号に依拠しており、言語記号によって他者に伝達される。このことは、意味されたものが主題化された現前のうちに集約されるという、単なる自我論的集約には還元されないかもしれない。さらに、この伝達の動機に関する問題が残っている。なぜ私たちは他人に話をするのか。なぜなら私たちは話すべきなにかをもっているからである。では、この知られたなにか、あるいは表象されたなにかは、なぜ話されねばならないのか。ところが、記号に依拠することは必ずしも伝達を想定しているわけではない。誰かに話す前に――統覚による総合の孤独のなかで――自我は自分自身に対し記号を用いねばならないというこの必要性によって、記号への依拠を根拠づけることができる。換言すれば、現前もしくは再現前化のうちに多様なものを集約するというその自我論的営みにおいて、自我は、無媒介的な現前を超えて、すでに過ぎ去ったもの、あるいはいまだ到来せぬものの現前を探求することができるのである。その結果、自我はそれらを記号によって想起し予見し命名しうるものと化す。かくしてひとは自分自身のために書くことすらできるのだ。それゆえ、言語なくしては、言語記号への依拠なくしては思考はありえないとしても、このことは、現前の自我論的秩序のなかで決定的断絶が生じるということを証拠だてるものではまったくないであろう。それは、単に内面的言説の必要性を意味するにすぎないのだ。有限な思考は自分を分割して、自分に問いかけ自分に答えねばならないのだが、しかし絆は再び結び合わされる。思考は、その総合的統覚による連続性を中断して、みずからを反省するのだが、しかしいまだ同じ「われ思う」に所属している。あるいはそこへ回帰する。思考は——集約のなかで——ある項からそれを排除するかに見える別の項へと移行することすらできる。しかし、この第二の項がおこなう排除それ自体によって、第一の項が告知されすでに回収されていたのかもしれないのである。自我を引き裂く弁証法は、総合と体系へと行き着く。するともはや総合と体系のなかに裂け目を見ることはできないのだ。弁証法は他者との対話ではない、とは言わないまでも、弁証法は「問いと答えによって進む、魂と魂自身との対話」にとどまっている。プラトンはまさにこのように思考を定義したのであった。この定義に起源を有する、言説についての伝統的な解釈によるならば、精神は、みずからの思考を語りつつ、一なるもの、唯一なるものでありつづける。自我は精神の往還のうちで自己と対立することもできたのだが、それにもかかわらず、精神は現前のうちにあって同一なもの、共時的なものでありつづけるのだ。

統一性と現前は、人間同士が話をするという経験的現実のなかで維持される。この場合、話すこととは、対話者のひとりひとりがその相手である他者の思考のなかに入り、そこにとどまることである。すなわち、一致こそが〈理性〉であり内面性であるのだ。思考する主体たちとは、経験的には敵対することもありうる複数の不分明な点なのだが、その彼らがお互いを見てお互いに話しそして一致するときには、彼らのうちに光が生み出されるのである。知を命名したり陳述したりする言葉や話の統一性によって、観念の交換は現前ないし再現前化と化すことになる。観念の交換は唯一なる精神のなかに、ひとつのコギトのなかにとどまりつづけるであろう。そしてコギトは〈理性〉でありつづける。コギトとはすなわち普遍的理性にして、自我論的内面性なのだ。

言語を内面的言説とみなすこともできないわけではない。その場合、言語は、志向的なわれ思うのエゴによって他性が現前の統一へと集約されることにつねに準拠していることになる。たとえ他者がこの言語のなかへ入っていったとしても——なぜなら他者は言語のなかに入ることができるからだが——、この参入によって、再現前化という自我論的営みへの準拠が中断されるわけではない。記憶や想像による再現前化を超えて現前が歴史家や未来学者の探究によって確立されるとき、また文化的な人間性のおかげでエクリチュールが一冊の書物——製本されたモノ——の現前のなかや、棚板によって組み立てられた一個の書棚のなかに現前の過去と未来を集約するとき、このようなときにも、再現前化への準拠は中断されたりはしない。つまり、歴史が一個のモノのなかへ、存在者の存在がひとつの存在者のなかへ集約されるのだ！　これこそ、思考の本質としての再現前化と視覚の重要な契機なのだ！　書物が読まれることによって、この集約——もしくはこの現前の織物——は持続へと転じるのだが、読書がいかに時間を必要としようとも、読書は集約の妨げとはならない。そればかりか、誰にとっても現前したことも再現前化されたこともない過去——記憶不能な過去もしくは起源なき過去——であっても、誰にも予見しえない霊感としての未来であっても、集約を妨げはしない。この過去と未来は、流れの隠喩および「手前」や「彼方」といういまだ空間的なイメージに前もって準拠することなく、テクストの「文言」の解釈を起点として時間を意味し始めるのだが、これらのものでさえ集約を阻むことはできないのだ。

このような仕方で時間はその圧縮不能な筋立てを強調することになるのだろうか。依然として曖昧な点もあるのだが、時間についての現象学では、すでにそのように試みられていた。この現象学の堂々たる見本を私たちに示してくれたのがフッサールだった。そしてこの現象学においては、一方では、過去‐把持と未来‐把持の志向性が、時間意識と解された意識の時間を生ける現在の再‐現前化へと還元する。すなわち、意識の時間はなおも、現前の再‐現前化——現前が意味する「存在者の存在」の再‐現前化——として解されているのである。しかし他方では、過去‐把持における再び保持すること（*retenir*）と、未来‐把持における予め保持すること（protenir）との相違はもはや、当の時間の構成それ自体のなかですでに与えられ前‐提とされている時間、一個の流れとして流れる時間をいかに理解するかという、その仕方の相違にすぎない。運動状態にある粒子によって構成された液体という存在者から、時間性の生きた隠喩は借用されている。しかし液体の粒子の運動はすでに時間のなかでおこなわれているのである。

したがって内面的と称される言説についても検討してみなければならない。この言説は、自我が自己へと向ける問いと応答に分裂しているとはいえ、内面的と称される以上自我論的なものにとどまっており、再‐現前化に見合ったものでありつづける。そしてこの言説においては、複数のものの結合は「一方が他方の思考のなかに入っていく」という条件のもとで可能となる。しかし以下のように問う必要がある。この言説の分裂は内面的なものにすぎないと思いこまれているが、かかる言説そのものは、それに先だつ他者との社会性、対話者がはっきりと区別されるような社会性にもとづいてはいないだろうか。対話による自己と自己のあいだの切断がたとえ一時的なものでしかなくとも、この切断は忘却されつつもなおも効力を発する他者との社会性を前提としてはいないか、この点を問わねばならない。もし、社会性を前提としていないのであれば、内的対話はもはやその対話という名称に値しないことになろう。このような社会性を、再現前化による内在性に還元することはできない。それは、認識対象としての他者から獲得することのできる知に還元されてしまうような社会性とは異質なものなのだ。そしてかかる社会性が、世界を経験する自我の内在性をすでにして支えているのである。内的対話は、他者の再現前化を超えた、他なるものとしての他の人間への関係を前提としてはいないだろうか。本来普遍的であるはずの理性は他をすでに同として統覚してしまうが、そのような同として統覚されてしまった他への関係とは異なる、他の人間への関係を、内的対話は前提としているのではないだろうか。

ここでつぎのように問いを立ててみなければならない。すなわち、あるものが他のものの再現前化された表象のなかに入っていくこと、所与が共時化されることで複数の思考のあいだに合意が生じること、これこそが思考および言説の唯一にして——根源的かつ究極の——合理性であるのか。志向性によって時間が現前のうちにこのように集約されること——したがって存在の存在すること（essance）に時間が還元されること、現前および再 - 現前化に時間が還元可能だということ——、これらのことは時間の第一義的な筋立てであるのか。現前の顕出——出現すること——が合理性そのものなのか。言語はただひたすらその語られたことのなかで有意味なものとなるのか。いたるところに少なくとも潜在している直説法の命題のなか、断言されたり暗黙のままであったりする判断——単なる情報伝達——という観照的なもののなかでのみ、言語は有意味なものとなるのか。その語られたことのなかで、書かれうる一切のことのなかでのみ、言語は有意味なものとなるのか。言語は、語ることの社会性のなか、他者に対する責任のなかで有意味なものになるのではないのか。他者に対する責任は、対話者の「非現前」もしくは「非現前化」をとおして、語ることにおける問いと応答を命じる。このとき対話者は、その「非現前」もしくは「非現前化」ゆえに、所与の宇宙の根深い同時性に即した事物の現前とは一線を画すのだ。私からこの対話者へ。ここには、語られたことおよび書かれたことの現前のうちに結集されるような時間性とは異なる時間性がある。すなわち、この「私から他者へ」のうちで時間性は具体的なものとなるのだ。とはいえ、この時間性は、それを主題的に把握しようとする「われ思う」の総合によって、共時的なものという抽象へとすぐさま凝固してしまう。

　意味の意味性を問題にするときには、主題化する観照的把握に対して、この把握にノエマ的に相関する秩序――現前の秩序、存在としての存在の秩序、客観性の秩序――に対して、無条件の優位性を必ずや付与しなければならないのか。この把握やこの秩序において、意味は生まれるのか。自分に正当な根拠があるかどうか、認識は自分自身を、自分の根拠を問いたださなければならないのではないか。そして正当化は――権利や正義という意味論的コンテクストに属するものである以上――、他者に対する責任、すなわち隣人の近さから生じるのではないのか。この責任や近さこそ、知解可能性の領域ないしは根源的合理性の領域そのものなのではないか。存在は、存在することというみずからの自然な展開のなかで正当化され、さらには一切の合理化の端緒とみなされてきた。しかし、知解可能性ないし根源的合理性のこの領域においては、あらゆる理論的な説明に先だって、人間性のうちで、自我のうちで存在はとつぜん問いただされ、そして始原にすら先だつ一個の権利をみずからのために追い求めるのではないのか。

　真なる知の判断および主題化する思考は、他者の顔に書きこまれた他者の倫理的意味性に属するいくつかの要請を起点として、あるいはこの要請と関わることによって招請――ないしは創設――される。私たちは別のところでこの点を示そうと試みた(1)。ここにいう要請とは、すなわち私とは比較不能な唯一者たる他者の顔のうちなる命令であって、そのような要請が具体的な正義を強いるのである。正義がこのように論理的判断の客観性の源泉であること、そして正義が理論的思考の平面全体を支えねばならないということ。しかし、告発を目的としてこう言うのではない。つまり志向的思考の合理性や構造、この思考に含まれた多様なものの共時化、総合的思考による存在の主題化、存在論の問題性、これらのものを告発しているわけではないのだ。そうではなく私たちは以下のように考えている。いま述べたような合理性が派生的な秩序に属しているのに対して、他者に対する責任は根源的で具体的な時間性を意味しており、現前の普遍化はかかる時間性を前提にしているのだ。私たちの考えでは、正義のなかで具体的なものとなる社会性や責任が、理論的言語の客観性を呼び求め基礎づけるのである。そして今度はこの言語が、物語と歴史によって時間の隔時性を現前および再現前化のうちに「集約」し、ひとびとに――ある程度まで――理性を行き渡らせるのである。理論的言語による比較をつうじて、すなわち、知としての思考のなかで、――正義そのものをめざして――「比較不能にして唯一なる」ひとびとを比較することによって、それも存在者として、すなわちひとつの類に属する個として比較することによって、言語は理性を行き渡らせるのだ。合理性というこの派生的な秩序においては、制度が、法廷が、したがって国家が具体的に出現しなければならない。こう私たちは考えている。

以上の考察は、思考の志向的構造が「隣人の近さ」および「他者に対する責任」を起点として発出することを示している。思考の志向的構造を疎外として告発することが考察の目的ではないとしても、それでもこの発出を強調することは重要である。国家、制度そしてそれらが維持する法廷は、政治に固有な――場合によっては非人間的な――決定論に本質的に曝されている。したがって、創設するものとしての間-

人間性や正義がなぜこの決定論を必要とするに至ったのか、その動機にまで遡ることによって、この決定論を制御可能にすることが重要なのである。この方向へ、私たちは歩み始めたばかりなのだ。

2　他性と隔時性

他の人間の他性は、自我にとって、最初から論理的他性を意味するものであるのか、このように問うことから始めてみよう。全体の各部分は互いに論理的他性によって標示される。全体のなかでは、あるもの――この部分――はまったく形式的な仕方であの部分とは異なっており、まさにそれゆえに、後者は前者とは異なるものとなる。その場合、言語とは、かかる相互性に包含された人間たちのあいだでの情報と逸話の相互的交換でしかなく、この情報と逸話は、話している者それぞれの言表のなかに、志向的な目標として結集されるのである。逆に、つぎのように問いを立ててみよう。すなわち、私たちがそう考えようとしているように、自我に対する他の人間の他性とはまず――あえて言うなら「積極的に」――自我に責務を負わせる他の人間の顔であるのか、そして自我は最初から――決意することもなく――他者の責めを負うのか、と。最初からとは、「無償で」、相互性を気にかけることなく責めを負う、ということである。他者のためにの無償性、すなわち責任の応答はすでに挨拶のなか、こんにちはのなか、さようならのなかに眠っている。いわば、情報と話を伝達する命題によって構成された言表に先だつ言語なのだ。他者のためには、隣人の近さのなかで、隣人の責めを負うのである。この責任こそ、まさしく顔によって、顔を向けることという消し去ることも引き受けることもできないような顔の他性とその権威によって意味されるもの――あるいは命じられるもの――なのだ。（顔は誰に向けられるのか。どこから権威は来るのか。この問いを見失ってはならない！）顔の接近のなかでの他者のために――についての意識よりも古い他者のために――は、それが従属するものであるがゆえに、一切の把握することに先行し、世界内存在としての主体たる自我の志向性に先行しつづけるのだが、ただしそれは、総合された共時的な世界をみずからに現前させ、みずからに与える。他者のためには自我のなかで起き上がる。それは、まさに従属することによって自我が聞き理解する命令なのだ。あたかも従属することで自我がまさに命令の聴取へと到達するかのように、聞き取る以前にあたかも自我が従属していたかのように、あたかも他性の筋立てが知以前に縫い合わされていたかのように。

しかしここで、この根本的従属の単純性は、他者のかたわらに出現する第三の人間によってかき乱される。この第三者もまた隣人であり、自我の責任に委ねられるのである。第三者を起点として、ここに複数の人間の近さが出現する。この複数性のなかで、誰が他の者たちより優先するのか。まさにこのとき、この場所で、問いが生まれる！　すなわち正義を要求する問いである！　ここにおいて、唯一にして比較不能なる他者を比較するという義務が生じる。まさに知の時であり、それゆえ、顔の裸出性の彼方――ないしは手前――での客観性の時である。意識の時、志向性の時である。客観性は正義より生じ、正義にもとづいている。かくして正義は、顔の他性のなかで自我に命じる他者のためにによって要請される。たえず顔の裸出性に覆いを掛け、世界のうちでその裸出性に対して内容と堅固さを与えつづける、そのような再-現前化が呼び求められる。正義にもとづく客観性――それゆえ厳正な客観性――は、顔の他性を覆い隠す。顔の他性は世界のコンテクストの外で根源的に意味し――もしくは命じ――、そしてその謎やその曖昧さによって現前と客観性の形ある諸形式からたえずみずからを引き剝し、たえずその例外たらんとしているのだが、しかし、その顔が、正義に訴えかけるために、現前と客観性を呼び求めるのである。

顔の《常軌を-逸した》外部性。《常軌を-逸した》とは、つまり常軌〔秩序〕こそが正義だからである。顔の外部性は常軌を逸しており、あるいは語源的な意味で絶対的である。すなわち一切の関係と総合から切り離されており、正義そのものからみずからを引き剝すのである。しかしこの正義のなかに、顔の外部性は入っていくことになるのだ。絶対的なものという表現は言葉の濫用でしかないのだが、もしそれが具体的に位置と意味を獲得することがあるとすれば、それは他者の顔が呼び求める現象学――あるいは現象学との断絶――のなかにおいてでしかありえないであろう。

表出の個々の形態において、他者はすでにある役割に没入し、それを演じている。ところが、表出の形態がいかなるものであっても、他者の顔は表出の個々の形態のしたにある。他者の顔もまたたしかに表出ではあるのだが、ただしそれは純粋な表出であり、防御も覆いもないままに引き渡されることである。まさに、～に対面してという極限の廉直さである。～に対面してとは、この裸出性のなかでの死への曝露なのだ。すなわち裸出性、窮迫、受動性、純粋な感傷性。顔とは、いうなれば他の人間の死の可能性そのものなのだ。

しかし、この死の可能性をとおして、そしてまた、自我に関わる――「この私に関わる」――召喚と義務をとおして、権威との「対面」がなされるのでもある。他の人間の顔は不可視の死に曝されるのだが、他の人間の顔に〈自我〉が近づくとき、その死はいうなれば、〈自我〉にとって自分の事件と化す。こう言ってもよい。自我が有罪であったり無罪であったりする前に、他の人間の死は、少なくとも自我の意図における有罪性によって自我を訴訟にかけるのだ。〈自我〉とは、まさしくこの死の責めを負うべく招来された、他の人間の人質のごときものである。自我が負う他者のための責任とは、この自我がかつて決意した一切の積極的関与とも、自我の自発性や自由がかつて近づきえた一切のことがらとも無縁である。他者のための責任は、他者のうちにあってこの自我を「見つめること」ができたかもしれぬ一切のことども無縁である。しかしここにおいて、他者の顔をとおして——他者の死の可能性をとおして——、他者のうちにあって私を見つめることのないすべてが「私を見つめ」、私に関わるものと化す。他者のための責任。他者とは、私に向かって命じるものとしての顔である。すなわち「汝殺すなかれ」と、それゆえにまた「この絶対に異なる他者の命の責めを汝は負わねばならぬ」と命じる顔なのである。したがって他者のための責任とは、唯一者のための責任である。唯一者のための、つまりは愛される者のための。なぜならば愛こそがまさに唯一者を可能にする条件だからである。

人質であるという条件——ないし無条件——は、隣人に近づく〈自我〉において際だつ。しかし同じく自我の選び、代替されぬ者としての自我の唯一性もまた際だつ。自我はもはや〈自我〉と呼ばれる「類に属する個」でもなければ、「一般的な〈自我〉」の「一特殊例」でもない。「私はあらゆるひとのうちでもっとも罪深き者である」と語るドストエフスキーの小説の登場人物のように、それは一人称で語る〈自我〉である。すなわち、お互いに対する義務のなかで、もっとも義務を負う者、そのような意味での唯一者なのだ。他者に対するこの唯一者の義務はまた無限の義務でもある。相互性を気にかけることも、顔に近づきながらも他者についての問いを発することもなく、それでいて彼は決して隣人から逃れることがないのだ。

私から他者への「関係」はこのように非対称的であり、さらに、主題化可能ないかなる現前性ともノエマ的に相関することはない。他の人間に対する覚醒は知ではないのだ。それはまさしく認識には還元不能な、他の人間への——隣人の近さのうちに来るものが誰であろうとも、そのような他の人間への——接近なのである。たとえこの接近が、他者の複数性を前にして、その場合には不可欠なものとなる正義をとおして認識を呼び求めるとしても、このことに変わりはない。思考とは、他なるものとの一致ではない。なぜなら他なるものは今や私の自我としての尺度では測れぬものと化し、まさしくその唯一性のゆえに、いかなる尺度にも逆らうからである。それゆえ思考とは、他者に対する《無関心の不可能性》であり、平静な魂の平安を断ち切る愛なのだ。私のうちで、主体の自然な定立が、おのれの存在への自我の執着——清廉潔白な意識としての自我の執着——が問いただされ、自我の存在しようとする努力（*conatus essendi*）、自我の存在者としての固執が問いただされるのだ。問いただされるもの、それは、慎みを知らぬ——あるいは「不正な」——現前である。おそらくこれはハイデガーが『杣道』のなかで「アナクシマンドロスの言葉」を解釈した際にすでに問われていたことなのだが、今や、現前性としての存在すること（*esse*）の「積極性」が問いただされることになる。というのもこの積極性が、不意に、侵害と簒奪を意味するからなのだ！　ハイデガーはここで——「存在の思考」の優位性について彼が伝授しようとする一切のことに反して——倫理の根源的意味性に突き当たっていたのではなかろうか。存在するという「清廉潔白な意識」によって他者に危害が加えられる。それはすでにして、他者の顔のなかで自我を見つめる異邦人や寡婦や孤児に危害が加えられることなのだ。(2)

3　時間と社会性

私たちが他の人間の顔から出発して——近さから出発して——社会性の「現象学」を試みたのも、一切の身振りに先だって他の人間の顔の廉直のなかに、あらゆる言葉の表出に先だって他の人間の死の可能性のなかに、この弱さの底から命令する声を聞いたからであった。すなわち、この死に対して無関心であってはならぬ、他者をたったひとりで死なせてはならぬという命令が、私に向けられるのである。それは、みずから他者の死の荷担者と化す危険にもかかわらず、他の人間の命の責めを負わねばならぬという命令である。他者はまっすぐに顔を向けてくる。このことは、他者の脆弱さとある権威を意味するであろう。この権威こそ、論理的でしかない他性には欠けているものなのだ。なぜなら論理的な他性は、事実や概念を同一化する一方で、それらを区別したり、矛盾や相反性によって観念をそれぞれ相互に対立させる他性にすぎないからである。それに対して、他者の他性とは「汝殺すなかれ」という極点であり、いかに悪意を欠いていようとも、私の存在することが犯しかねない一切の暴力、一切の簒奪に対する、私のうちなる恐れなのである。私の存在することは、他者の場所を――私の現存在（*Dasein*）のそこ（*Da*）によってすでに――占領する危険があり、それゆえ具体的に言えば他者を追放し、「第三」世界や「第四」世界のようなところで他者を悲惨な境遇に陥れ、他者に死をもたらす危険がある。かくして、この他人のための恐れのなかで、限界のない責任が解き放たれるのだ。決して免除されることのない責任、隣人の死際にあっても――病人に「宣告する」医者の無慈悲で現実主義的な言葉にもかかわらず――停止することのない責任である。たとえそのとき責任が――他者の死との無力な対峙のなかで――「われここに」と答えることでしかないとしても、あるいは生き残るという恥辱のなかで自己の過ちの思い出を反芻することでしかないとしても。「疚しい意識」の無力さや安易さについて私たちの文明がいかに告発しようとも、である！　責任こそがおそらく社会性の秘密を保持しているのであり、そのまったき無償性が――百歩譲ってたとえそれが虚妄にすぎないとしても――隣人への愛と呼ばれるのだ。――これこそまさに〈ひとつの類に属する個の特殊性を超えた〉唯一者の唯一性の可能性である。肉欲なき愛。しかしこの愛を否定することは、死を否定することと同じく不可能なのだ。

以上に述べたような社会性をなんらかの衰弱や欠如と混同してはならない。一致の「完成」や統一が分離されて統合を待ち望んでいるようなとき、〈一者〉の統一性のなかでは衰弱や欠如が生じるのだが、この社会性をそのようなものと混同してはならない。存在者は、存在するという権利を——そうした観念が存在することやそこに問題がはらまれていることを忘れてしまうほど当然なものとして——保証され、まったく自然な仕方で存在に固執している。また、〈自我〉の自同性は、みずからのうちに休らって、同一化に必要な一切の判別記号を必要としないがゆえに、論理的には区別不能な自同性と化している。ところが、かかる存在への自然な固執の奥底から、自同性の内奥から、まさに〈自我〉の自同性の奥底から、清廉潔白な意識としてのこの固執に抗して、休息している自同性を訴追しながら、責任の動揺が起き上がる。(見えるものにはつきものの強制力を欠いた)他者の顔、その顔が語る音のない命令の言葉によって覚醒されて、責任の動揺が起き上がるのだ。自分の自同性をみずから同定する必要がないのと同様に、私はこの責任を決意して選び取る必要はない。これは熟慮に先だつ責任であり、したがって私は自分自身に運命づけられる以前に、この責任に曝され運命づけられていたのだ。誓い、それとも献身であろうか。

4　記憶不能な過去

責任は、理性による決定が必要とする一切の論理的熟慮に先だつ。熟慮とはすでにして、再-現前化へ、見えるものの客観性へ、世界に所属するその強制力へ、他者の顔を還元することであろう。責任の先行性は、想起を起点として解釈されるアプリオリな観念の先行性ではない。このアプリオリな観念は知覚に関わっており、また観念〔イデア〕の観念性や、過ぎ行くことのない現前の永遠性からかいま見られた無時間的な現前に関わっている。このとき持続ないし時間の隔-時性は、人間の有限な意識のなかでこの現前が隠蔽され、削減され、歪曲され、喪失されることでしかないであろう。

　しかし、他者のための責任の倫理的先行性のなか、熟慮に対するこの責任の優位性のなかにこそ、現在へと還元されることなき過去がある。この過去は一度も現在であったことがないのだ。現前への権利を素朴に——自然に——保証された自同性とは関わることなき過去である。すべての端緒となりえたかもしれない自同性ではあるが、この過去が自同性と関わることはないのだ。責任によって私は投げ出される、決して私の過ちでも私の行ないでもなかったもののほうへ、決して私の権能にも私の自由にも属することのなかったもののほうへ、決して私の現前であったことも私の記憶のなかに到来したこともないもののほうへと。かかる責任によって、倫理は意味する。このとき、なんらかの積極的関与によって現在が想起されることはない。この責任には起源が欠けているのだ。一切の想起の外、一切の過去‐把持の外、一切の再‐現前化の外、記憶された現在への一切の準拠の外で、この過去の意味性は私と関わり、「私を見つめ」、「私の事件」となる。他の人間のための責任を起点として、記憶不能な過去が意味し、その過去が命令の他律性のなかに到来するのである。人類の歴史への、他者たちの過去への、私の意図せざる参与が「私を見つめる」。他者のための私の責任の時間、これが時間の具体性であり、この時間の具体性の奥底に、再現前化には集約されることなき時間の隔‐時性があるのだ。

かつてアプリオリな観念は「われ思う」に付与され、そして「われ思う」によって再発見された。しかしアプリオリな観念に起源を有する思考に、他者のための責任が帰着することはない。至高なる自我にとってはごく自然な存在しようとする努力が、他者の死ないし死の可能性によって、倫理の覚醒のなかで問いただされるのである。〈自我〉の至高性がみずからを「憎むべきもの」とみなすこと、その「日向」を「大地全体の簒奪の開始であり象徴」とみなすこと、このことが覚醒によって可能となる。隣人の顔のなかでひとつの命令のごときものとして表される他者のための責任、それは自我における「超越論的統覚」の単なる様態ではない。命令は私に関わる。しかし、ある存在者がこの戒律の原因もしくは意志であったとしても、その存在者の措定的な現前へと遡ることは私にはできないのだ。私たちは以下のように語った。すなわち、ここでは、まず最初に命令を知覚して命令を受け取り、それから熟慮の後の決定によって命令に隷従するのではない、と。顔のこの近さのなかでは、顔がもたらす命令を受諾するという理性的な決定に、隷従が先行する。隷従の受動性は、知性の活動の受容性とは似ていない。なぜなら知性の受容性は、受諾するという能作に——迎接と把握の自発性に——転じるからである。ここにこそ、受諾不能な他性の絶対的な異質性があるのだ。受諾不能な他性は現前への同化に抗う。それゆえこの他性は、衝撃を与えるものを再‐現前化してつねに受け入れるような「われ思う」の統覚とは異質なのである。いわば過去の比類なき隔‐時性である。隷従は命令の聴取に先だつ——このことが無限の権威を証しする、あるいはこれによって無限の権威を推し量ることができるのである。その際、未来が来たるべきもののなかにすでに与えられているわけでもない。というのも来たるべきものにおいては、命令の権威がもたらす時間の隔‐時性を、先取——未来把持——による把握が覆い隠してしまうからである。

記憶に頼ることなしに、「体験された現在」という迂路を経ることなしに際だつ——あるいは「思考される」——過去。再‐現前化された表象によって構成されたのではない過去。自我に課せられる拒否しえない責任、まさしく自我に戒律として示され、それでいて、忘却されたある現在において自我が引き受けねばならなかった積極的関与には送り返されることのない責任、このような責任を起点として意味する過去。奥深い義務として、一切の積極的関与よりも古い義務として意味する過去。他者の顔として自我に命じる命令から一切の意味を汲み取る過去。この定言命令は——あえて言うなら責任を「正当化するであろう」自由意志によるなんらかの決心を斟酌することも、なんらかのアリバイを斟酌することもない。記憶不能な過去、それは決して現前したことがないにもかかわらず、「他者のための」責任を起点として示される。そしてこの過去においては、服従が戒律の聴取の本来の様態なのだ。したがって戒律の聴取は、他者に対して寛大であるという、なんらかの既存の素質を呼び覚ますことではない。すなわち、忘れられたか隠されたままになっている素質、エゴの構成に属するこの素質が、他者の顔によってひとつのアプリオリとして覚醒させられるわけではない。戒律を理解することはすでにして服従なのだ。戒律の理解は、他者の顔のなかで開始される熟慮から——たとえこの熟慮が弁証法的に進行するものであったとしても——帰結する決定ではない。もしそうであるならば、他者の顔における命令の必然性は理論的な帰結に由来することになってしまうが、そうではないのだ。戒律の能力は私の能力よりも強力な力をもはや意味しているのではないであろう。正確に言えば、戒律は力から発するものではないであろう。戒律は強制を放棄して、力と全‐能のごときものを放棄して——他者の顔として——到来することになる。他者の顔という権威は、形式的なものおよび存在論的構造の決定論に従うわけではない。また権威において他律が不可避的に隷属を意味するわけでもない。拒否しえない権威による他律は——存在の必然性にもかかわらず、また存在によって操られる揺るぎない進行にもかかわらず——みずからの存在そのものを疑問視する。ここにこそまさに倫理の新しさのすべてがある。倫理に対する不服従と侵犯も権威と善を反駁することはない。無力ではあるが至高な倫理は疚しさをつうじて回帰するのだ。疚しさは、寛大なる非暴力のなかに見受けられるような未完成の思考や子供の理性の幼稚さの証しではない。それが——記憶や熟慮や暴力によってもたらされるものの彼方で——意味しているのは、おそらくある例外的な響きであろう。この還元不能な響きは、神の言葉といったものがあるのかもしれないとほのめかしているのである。

5　純粋な未来

権威の意味性は、私の死の後で、私の死にもかかわらず意味する。すなわち有限な〈自我〉、死を運命づけられた〈自我〉に対して、この死を超えて意味するような有意味な秩序を意味するのである。もちろんこれは復活の約束のようなものではない。そうではなく死によっても免除されることのない義務であり、再‐現前化によって共時化されうる時間とは一線を画す未来なのである。またこの未来は志向性に委ねられた時間とも一線を画している。なぜなら志向性のなかでは、受容能力に委ねられるものを包囲する決定権を、われ思うが握っているからである。

他者の代わりに死ぬことも辞さぬほどの他者のための責任！　最後の現在〔私が死ぬとき〕も、私のわれ思うの自同性をめざして、私の全持続と同じく、現前あるいは再現前化のうちに依然として集約されるのだが、この最後の現在を、私の責任をとおして、他者――見知らぬ近き他者――の他性が触発する。最後の現在は志向的思考による一切の自我論的意味給付の終末でもある。意味給付は、私の「死へと向かう存在」のなかですでにこの終末に運命づけられていた、と言えるかもしれない。そしてこの終末は、意識的に実存することという引き裂きえない内在性によって先取されている。しかし隣人の近さの絶頂においては、他の人間の顔は――ちなみにこの顔を再‐現前化〔表象〕として解さなかったのは正しかったのだが――、命令として意味するという顔に固有の仕方を保持している。他人の顔は、自我論的意味付与（*Sinngebung*）に偶発的に生じる枯渇を超えて、この意味付与に由来する一切の意味の先取された崩壊を超えて、死すべき私にひとつの意味を示すのだ。これこそ、他者のうちで、私の死を超えて私を拘束する意味であり義務なのだ！　すなわち未来の根源的意味！　来たるべきものとして、私の先取ないし未来把持の地平として、未来の未来化は私に到来するのではない。他の人間に対して《無関心ではありえないこと》として、異邦人のための私の責任として、未来は私に関わってくる。この未来の命令的な意味作用のなかに、存在という自然な秩序とのこの断絶のなかに、超自然的と——誤って——呼ばれるものを聞き取らねばならないのだろうか。神の言葉であるような命令を聞き取らねばならないのだろうか。より正確に言えば、観念への神の到来そのものであり、語彙のなかへの神の侵入であるような命令を聞き取らねばならないのだろうか。そして、これこそありうべき一切の〈啓示〉のなかで神を「認め」名づける手段ではないのか。未来の未来化、それは「神の存在証明」ではなく、「意味のもとへの神の降下」である。これこそ、現前としての時間の意味作用の彼方での、あるいは現前への時間の還元可能性——聖アウグスティヌスが語る還元可能性——の彼方での、時間の持続の特異な筋立てであり、「神へ」としての神学の時間なのだ！

他者の死の責めを負う、そのような他人のための責任は、再現前化の領域にはもはや属さない他性へと捧げられている。このように捧げられる仕方——あるいはこの献身——が時間なのである。それはあくまで他である限りでの他者との関係であり、同への他の還元ではない。それは超越なのだ。『存在と時間』にいう「死へと向かう存在」は時間の有限性を描き出しているが、しかし『存在と時間』においては——一般に普及していた哲学に対してこの天才的な著作がもたらした刷新がいかなるものであれ——存在しなければならない現存在の各自性という内在のなかに、有意味なものが閉じ込められたままである。それゆえ『存在と時間』は、現前としての存在を告発しているにもかかわらず、いまだ現前性の哲学に属しているのだ。他者の死のための責任とは——感情、心境（*Befindlichkeit*）についてのハイデガー的現象学にはもはや属さない他者のための恐れとは——、私に起こることがらを超えて、〈自我〉にとっての来たるべきことがらを超えて、他者の顔を起点として、死すべき〈自我〉の有限な存在のなかで、未来の意味を聞き取ることではないのか。したがって、たとえ死ぬときでさえ、ひとは思考と有意味なものの果てに到達することはないのだ！　有意味なものは私の死を超えて存続しているのである。いかなる関係であれ、関係のなかの諸項はすでに――あるいは依然として――体系の観念性によって同時的なものと化しているというのに、それでもなお、他者のための責任というこの《無関心ではありえないこと》を関係という名称で呼ぶべきであろうか。そして隔‐時性は――これは超越よりも形式的なものでありながら、それでいてより多くを意味するのだが、――、他者の死のための一者の責任という具体性ゆえに、ノエシス‐ノエマ的な一切の相関には還元不能なものではないだろうか。

6　神へ

人間に――自我に――他者の責めを負うように命じる命令への隷従（assujetissement）――、おそらくこれこそ愛の過酷な名称なのだ。愛という言葉を私たちの文学や偽善は台無しにしてしまった。けれども、台無しにされた言葉によって表現される愛以前の愛、それが命令への隷従なのだ。単におのれを顕出するものは「ひとつの類に属する個体」にとどまる。しかし愛とは、かかる個体を貫いて、唯一なるものへ、したがって絶対的に他なるものへ接近することに他ならないのである。愛が含意しているのはまさに心的なものもしくは主体的なものの秩序そのもの――あるいは無秩序そのもの――なのだ。そしてこの秩序は存在論的なものの意味が失われてしまうような恣意性の深淵ではもはやなく、類、種、個のヒエラルキーの彼方へ、あるいは普遍と特殊の区別の彼方へ、唯一性という論理的カテゴリーを押し進めるのに必要不可欠な場所そのものであろう。

絶対的命令への隷従、卓越した権威、卓越性ないし〈善〉の権威への隷従。まさにこれこそ、おのれの存在に対する存在者の執着を断ち切って、権威が十全な意味を獲得する場合――ないし状況――ではないだろうか。権威はいかなる約束も援助ももたらしはしない。権威がもたらすものといえば、それは絶対の要請である。おそらくこれが神の言葉であろう、ただしこの権威を起点としてのみ神を名づけるという条件つきで。なぜならこの権威においてのみ神は観念に到来するからである。「未知なる」神は主題のなかに体現されたりはしない。したがって、まさにこの超越ゆえに――まさにこの非現前ゆえに――無神論による否認に神は曝されることとなる。しかし、主題化が〈無限者〉に適合するということ、視覚が精神の究極の卓越性であるということ、存在の利己主義や自我論をとおして精神が思考の根源的様態へ達するということ、これらのことは確実であろうか。

〈無限〉の観念においては思考は自分が包含しうるより以上に思考し、デカルトの第三『省察』によれば、無限の観念において神は人間のうちでみずからを思考する。つまり〈無限〉とはノエマを欠いたノエシスのごときものではないのか。そして責任の具体性は、包含不能なものというその《常軌を‐逸した》未来において、他者の顔のうちなる神の〈言葉〉によって命じられているのではないのか。

指令としての命令を熟慮するよりも前に隷従することによって、無限の権威はこう言ってよければ測られ、証しされる。しかもこの権威は強制を最後まで拒否し、力で強いることを拒否する非暴力の謂でもある。超越がまさに後退することによって、超越のまったき無限性によって、力が拒まれるのだ！　超越の後退と回避不能な権威、これはすでに時間の隔‐時性ではないのか。無限でかつ回避不能な権威は不服従を妨げることなく、時間、すなわち自由を残しておく。権威でもあれば非暴力でもあるというこの曖昧さ。疚しさとしての人間は、〈無限〉の観念でもあれば観念としての〈無限〉でもあるという曖昧さによって結ばれるゴルギアスの結び目なのである。疚しさとは単に未完成な理性の徴しなのではない。疚しさはそれ自体ですでに、心を和らげるために性急に与えられる罪の正当化であり、偽善的な安寧の意識に他ならないのかもしれないが、決してそれに尽きるものではない。疚しさ、それは清廉潔白な意識とは無縁な義人たちが社会のなかに聖潔を実現するための可能性でもある。そして疚しさとは、正義に対しての抑えきれない関心ゆえに人間の正義の厳格さに同意することでもあるのだ。

7 時間の脱形式化

かつて私の現在であったためしがなく、想起によっては私と関わることのない過去。そして――私の権能、私の有限性、私の《死へと運命づけられている存在》を超えて――他者の死の可能性ないし顔のなかで私に命じる未来。このような過去と未来の意味作用によって繋ぎ合わされる時間は、内在性によって、内在性の歴史的現在によって再現前化可能な時間ではもはやない。さらに言えば、かかる意味作用の隔-時性、すなわち隔-時性の「差異」は単に断絶を意味するだけではない。それはまた、超越論的統覚の統一性にはもはや基礎を置くことのない《無関心ではありえないこと》〔非-無差別性〕や一致をも意味しているのだ。超越論的統覚の統一性はさまざまな形式のうちでももっとも形式的なものである。この統一性は想起と期待をとおして再現前化しながら時間を結び合わせるのだが、しかしまさにそうすることによって超越論的統覚は時間を否認することになるのだ。隔-時性による一致について、《神へ》としての時間について、それが忍耐としてある場合でさえ時間をその究極の具体性とするような予-言について、私たちはこれ以上語るつもりはない。私たちは、時間の「冒険」ないし時間の「筋立て」に人間のうちなる倫理から接近することによって、なによりもまずそれらを存在の現前性から区別しようと試みた。時間の「冒険」や「筋立て」は、いかなるカテゴリー、いかなる「実存範疇」（*existential*）を起点としようとも構成されはしないし、いっそう巧みに語られるわけでもない。この筋立てを表現しようとする一切の形象、一切の言葉――たとえば超越や彼方――は、すでにこの筋立てから派生しているのである。神へとはさまざまな神学がおこなう主題化でもなければ、目的性でもない――目的性はひとつの終点に向かうものであって〈無限者〉に向かうものではないのだ。神へは、人間たちに対する義務よりも究極の終末と約束(promesses)のほうに専念する終末論でもない。~へ、~の前に(*pro*)という前置詞をもふくめて、さまざまな前置詞それ自体がすでに時間の隠喩にすぎず、それゆえこれらの前置詞が時間の構成に役立つことはありえないだろう。

この考察で私たちにとってとりわけ重要であったのは、人間の筋立てのなかで、過去、未来、現在が時間としていかにして結び合わされるのかを示すことであった。この場合、〈一者〉の統一性が――なんらかの仕方で――堕落を被り運動のなかに散乱したと仮定して、そのような単なる堕落から過去、未来、現在を演繹することは問題にはならない。たしかに、運動こそアリストテレス以来、あるいはアリストテレスによれば、隔-時性〔通時態〕としての時間へと接近させてくれるものであったと言えるかもしれない。しかし、運動によって〈一者〉の統一性が諸瞬間の流れのなかに散失したとしても、その統一性は再現前化によって再び見いだされることになるのだ。つまり、これらの瞬間を記憶のイメージとして過去が、さらに先取りや約束として未来が再-現前化しつつ結集してしまうことによって、〈一者〉の統一は再び見いだされるのである――とはいえ真に見いだされることはないのだが――。したがって私たちは、われ思うの統一性という形式のうちの最たるものの脱形式化として、時間を探究してきた。ベルクソン、ローゼンツヴァイク、ハイデガーが、各々独自の仕方で時間の純粋形式よりも「古い」具体的なものを起点とすることによって、この脱形式化の問題を現代思想に開いたのであった。ベルクソンにおける創出と新しさの自由（ただしベルクソンは、流体という動的イメージに執着していたのだが）。ローゼンツヴァイクにおける「創造と啓示と贖い」の聖書的な連繫。ハイデガーにおける「事象のもとへ投げ出されていること」、被投性（*Geworfenheit*）、死へと向かう存在（*Sein-zum-Tod*）（脱自 extases にもやはり、ex という動的な接頭辞が含まれているのだが）。『意識の直接的所与についての試論』や『物質と記憶』の持続は、『創造的進化』では「エラン・ヴィタル」として考えられていたが、『道徳と宗教の二源泉』のなかでは隣人への愛を意味し、私たちが「神へ」と呼んだものを意味するということ、この点にも注意を促したいのだが、そんなことをしてはならないのだろうか。たとえそうだとしても、『二源泉』の出版から私たちを隔てる半世紀によってもたらされた一切の教えを無視して、『二源泉』の主張と隣人愛との比較を逃れる権利が私たちにあるというのだろうか。

「神が私たちの観念に到来する」のは他者の顔においてであった。顔において命令する回避しえない権威として、しかしまた強制することをみずからに禁じ全能をまったく放棄しながら命令する権威として、神は到来するのであった。さてこの他者の顔を起点として時間を思考しようと試みてきた歩みの後には、今度は弁神論なき神学が命じる献身のうちで時間を思考することの必要性が新たに開かれたように思われる。たしかに宗教を他人に提示することは不可能であるし、それゆえ宗教について説教することも不可能である。表象によって養われる宗教がなんと言おうとも、宗教が約束によって始まることはない。ここに――個人的な確信と危険からなる――信仰の困難を認めるべきであろうか。すなわちジェノサイドとホロコーストの恐怖を体験した後の二〇世紀の信仰の困難を認めるべきであろうか。

たしかに、約束の時が最初にあるのかどうか、約束は教育学のうちにしかないのかどうかと問うことはできる。逆に、約束なき奉仕こそが約束に値する唯一のもの、さらには約束を成就する唯一のものではないかと問うこともできる。けれどもこのふたつの問いにさえ、すでに宣教ではないかという嫌疑がかけられているようだ。

＊ ポール・リクールを記念してカナダでおこなわれた講演。*Revue de l'Université d' Ottawa*（n°4, octobre- décembre 1985）に掲載された。

（1）『存在するとは別の仕方で　あるいは存在することの彼方へ』二九二頁以下参照

（2）しかし自我のうちには、なんという言語の困惑が、あるいはなんという曖昧さがあることだろう！　ここまで私たちは自我をひとつの概念であるかのように語ってきた。ところが各々の自我のうちでは「一人称」は唯一性であって、類の個体化ではないのだ。こう言うことも可能であろう。自我は私なのだ、それも、誰かがその話題にしている私ではなく、一人称で話しているときの私なのだ、と。自我は概念から逃れる。しかしこの逃走について、この唯一性について、この選びについて語られるや否や、概念は自我に対する権能をただちに取り戻すのである。

文化の観念の哲学的規定

Ⅰ　内在性としての文化

文化とはまず第一に〈自然〉という他性を取り除こうとする意図であると解釈されうる——このように解釈された文化がギリシャ・ローマ的な〈西欧〉の特権的次元であり、その普遍化の可能性である——。〈自然〉は異質なものであり先だつものであって、無媒介的自同性、すなわち人間的自我という〈同一者〉の不意を襲い、それを打ちすえるものである。

以上のことから、ふたつのこと、「われ思う」のわれとしての人間、および知としての文化が帰結する。この後者、知としての文化は自己意識にまで、そして「自同的なものと非自同的なもの」の自己自身のうちなる自同性にまで達している。デカルトは、(認識の冒険である)「われ疑う」より派生した「われ思う」を人間の魂全体に拡張し、カントはそこに超越論的統覚の統一性を見いだした。超越論的統覚、すなわち知のなかへの感覚されたものの集約である。以後、有意味なものおよび知解可能なものの場は知のなかに維持されることとなり、この場は西欧文化全体のなかで精神的なものの筋立てと等しくなる。人間と他者との関係や人間と神との関係でさえ、集団的な経験ないし宗教的な経験として、つまりは真理に貢献するものとして理解される。人間に「無関心な」あるいは敵対的な〈自然〉の根本的外在性、すなわち存在は、知によって、現前性へと転化され、この現前性は、実在的なものの存在を表すと同時に、現在という時間の様態のなかで実在的なものが思考する者の意のままになり手元に置かれることを意味することになる。なぜなら現在という時間の様態は、まさしく不可侵的な存在から引き剝すこと、過去および未来という秘密から引き剝すことだからである。想起と想像は、隠蔽されたものを現在にもたらすこととして理解される。すなわち再‐現前化として、集約および共時化として。観念的な現在の「永遠性」のなかで、法則や体系やその数学的表現という思考可能なもののなかで、隔時的なものが集約され、共時化されるのだ。未完成であるがゆえにいまだ存在していない科学さえもが、これから探究されるべき世界のなかに現前するものとみなされるのである。

かくして知は人間の外在性への関わり、〈同〉の〈他〉への関わりとなるであろう。この関わりにおいて、〈他〉はその他性を最終的には剝ぎ取られ、私の知の内部に封じ込まれる。つまりその超越は内在と化すのである。レオン・ブランシュヴィックによれば、数学とは私たちの内的生なのだ！　知は内在性としての文化である。このように知が存在に合致するからこそ、西欧哲学の黎明以来、すでに知っていること、みずからの内面において忘れたにすぎないことしかひとは学ぶことはないと語られてきたのだ。もしそうであるならば、いかなる超越的なものも、精神を触発したり、本当に精神を拡張したりすることはないであろう。人間の自律としての文化。おそらくなによりも第一に、非常に根深い無神論であるような文化。《思考に等しいもの》を思考すること。

2　知の契機としての実践

しかし世界の存在は実際には、知へと暴露されることによって、現前の開口と率直さによって、みずからを与えること、なすすべもなく摑まれることであり、それにまず呼応するのが共‐把握としての真理である。まったき具体性の次元においては、知のなかで現前が「与えられること」とは、「摑む手に対してみずからを供与すること」であろう。したがって、すでに知それ自体のなかに、把握する手の筋肉の収縮があるのだ。手によって締めつけられることで、あるいは手の指によって指し示されることで、物質はすでに意のままにされる。かくして、「観照的な」ものにとどまる知覚においてさえ、「目標」、すなわちある目的、ある物、ある「なにか」、ある終点、ある存在者への関与が際だつことになる。存在者は存在の理解の具体性に属しているのである。知覚とは「取得」、専有、獲得であり、人間に対する満足の約束である。さらに言えば、利益を求める能作的な主体が自我のなかに出現するのである。内在性としての文化では、満足とはこの内在性の誇張のごときものなのだ！　この比喩は真剣に受け止めねばならない。つまり、他なるもののまったき不在としての文化はすぐさま実践へと向かうのである。工業時代のテクノロジー以前から、そして工業時代に対する告発事由であるいわゆる腐敗を被る以前から、知と内在性としての文化は受肉した実践の、掌握の、専有の、満足のひな形であったのだ。未来の科学についてのもっとも抽象的な講義でさえ、手と物とのこの親密性にもとづいている。この親密性にあっては、物の現前はいわば「手によって維持される」(main-tenance) のだ。このことに関してはフッサールが、「生活世界」という観念によって私たちに教えてくれる。レオン・ブランシュヴィックの語る数学者の「内的生」でさえやはり——忘却された基底あるいは覆い隠された基底としての——この「手による維持」に起源を有しているのである。

　しかしこの「手による維持」にあっては、自分が握るものを造形したり彫刻したりする手による形成が、「手による取得」にすでに付加されている。つまり、手の肉のなかで思考が表現されるのだ。手は、すでに芸術家の能作として、形成する。あるいは、造形することによって、絵筆を動かすことによって、物の質料のなかに一個の形式を出現させる。さらに――純粋な知には逆説的なことだが――思考はそのときまで決してかいま見られることのなかった自分のモデルを、手のなかに見いだすのだ！　この芸術的な運動が知であろうとも、非‐知であろうとも、それは知とは異なる仕方で存在に意味を付与するのである。文化の芸術的次元。しかし、これについては後に語ることにしよう。

ところで、知としての文化では、文化が事物や人間に打ち勝つ――とりわけ、ヘーゲルが理性の自由および勝利として栄光あらしめた絶対知の文化においては、満足の飽満のなかで思考は成就され、思考が他なるものと等しくなり、他なるものを内面化することになる――。ここに存在の意味がある。フッサールにおいても同様である。フッサールでは、志向性によって人間の意識は自分自身の外に出るのだが、この意識は思考内容の尺度にとどまったままなのである。すなわち意識は思考内容と等しいものと化し、思考内容によって満足させられるのである。自分に等しいものを思考することとしての文化。ここにおいて人間の自由が確立され、人間の自同性が確たるものとなる。そして、このような文化においては、他なるものによって問いただされることも「糾問」されることもなく、自同的な主体が存続するのである。

3　受肉した思考としての有意味なもの

しかし知としての文化では、――〈同〉の自同性と「既成の」存在の他性とのあいだの――差異は還元される。知としての文化にあっては、所与に対する支配として、即自存在を内面世界として再発見することとして（これが内在性の理想なのだ）、ノエシスのノエマのなかでの外的存在の現前および構成として、経験が解釈されることになるのだが、しかしこれによって、文化は他なるものの包囲に完全に成功するのだろうか。実際は、思考可能なものの客観性として事物を知覚することが、純粋な内在性として、成就されることは不可能である。知覚は、たとえば目や頭の運動なくしては、手や足が動くことなくしては、さらに身体全体が「認識」行為の部分となることなくしては不可能なのである。認識のなかに表象の内容をしか見ないのは愚かな分析なのだ。ここでは、単に、感性の生理学的条件を思い起こそうとしているのではない。その程度のことならば、心理‐生理学も決して知らなかったわけではない。現前と、実在に適応する自発的な運動としての有機的生、これらふたつのものは知の自然的原因あるいは「自然主義的」原因として持ち出されてはならない。それらは、知覚がもたらす客観的で知解可能なものの感覚的な「内容」そのものになんらかの仕方で属しているのであり、この内容については、すでにフッサールが知覚の超越論的条件のひとつとしてそれを分析している。

　したがって、知の内在的構造のなかには奇妙なアナクロニズムがあると言えるであろう。すなわち、われ思うによって包まれ、あるいは経験のなかに包含される世界ないし世界の一部が、実際にはすでに包み込む諸要素のうちに存しており、なんらかの仕方でわれ思うの肉に属しているのである。これもまた比喩ではない。まさに、受肉したわれ思うのパラドクスなのだ。思考と身体性を「結合する」心的総合という観念では、この受肉したわれ思うを根拠づけることはできない。ここで「超越論的統覚」を持ち出したとしても十分ではないであろう。その結果、私が鏡のなかに見るような、医者が診察しながら見るような、世界の一部としての、客観的に同定可能な身体とはまったく異なる固有の身体という観念が導き出される。しかもこの固有の身体は、客観的に同定可能な身体とは異なるものでありながらも、同時にそれと同じものでもあるのだ！　われ思うという〈同〉と〈自然〉という〈他〉との関係を、知としての文化は説明することができない。知の分肢としての手においては、「観照」は知の取得および把握となる――これが先に問題となったことである――。延長を有するもの（*res extensa*）とは絶対に異なる思考するもの（*res cogitans*）は、デカルトによれば、「神の助けがなければ」思考者の思考作用（*cogitatio*）によってしか認識されないのだが、知の分肢としての手はそれ自体ですでに、デカルトの言うこの思考するものの純粋な内面性の状態よりもさらに古い主体の受肉なのだろうか。

4　芸術における表出としての文化

自己のうちに入り込みそこに現前という形で与えられたものとして、存在を再び見いだすこと、このことが〈西欧〉の〈文化〉全体を賦活しているようにも見えるのだが、それは思考にとっては、たゆまぬ努力とみなされた普遍的な叡知の挫折にすぎないのだろうか。それとも、『シーニュ』でメルロ゠ポンティが述べたように、「超越的〈自然〉、〈自然主義〉の即自と、精神および精神の能作、規範の内在性とのあいだに」「なにか新しいもの」があるのだろうか。生きた肉あるいは受肉という、記憶にすらないような状態。それは観念論的な主体の純粋な精神性にも、自然の純粋な物質性にも先行する具体性である。――主体も自然も構築された抽象なのだ！　自我と自我とは「他なるもの」とが具体的に感じ合うとき、最初の関係は対立でも根本的な区別でもなく、表出だったのであり、「他なるもの」が自我のなかで表出されることだったのである。これが文化の出来事であり、あらゆる芸術の源泉なのだ。表出による有意味なものは、「私」の思考と物質の外在性とのあいだで、知の内面化とも〈同〉による〈他〉の支配とも異なる意味性によって意味する。語源的な意味での文化とは、単なる空間的な内属とは異なる仕方で一個の世界に居住することであるが、しかもそれは、主題化することとなき肉という叡知によって感覚的な表現形式を存在のなかに創出することでもある。この叡知が芸術であり、ポエジーなのである。提示された目標に到達しようとするいまだ未熟な身振りのなかで、すでに巧妙さと優雅さが描き出されている。意味する言語、歌や詩の可能性は声のなかですでに素描されている。歩くことを知った足は、すでに踊ることもできるようになっている。触り掴む手は、手探りし、描き、彫刻し、鍵盤を打つ。それもいまだかいま見られたことのないような理想と一致するという驚きのなかで。思考はあまりにも早く受肉する、いやそれはそもそも初めから受肉しているのだ。芸術としての文化が多様な仕方で誕生する。そこでは有意味なものは、知のなかでの超越論的構成としてのノエシス－ノエマ的な構造にも、なんらかの共通の規範にも送り返されることはない。芸術としての文化においては、普遍的なものを援用することも、普遍的なものに還元されることもなしに、人間のなかでの一致と不一致が作り出され、この一致と不一致はこのうえもなく異質な多様性を形づくる。趣味を議論しても仕方がない、というわけだ！　さまざまなひとたちのあいだの差異、ばらばらの集団のあいだの差異のなかで、物質や自然や存在は、メルロ＝ポンティが言うように、自分の魂を開示し、表出し、称える。そしてそこでは、人間的なもの（あるいは人間自身）は、かかる表出の場そのものを、〈美〉の顕出や芸術やポエジーにとって必要不可欠な一切の配置を意味することになろう。〈美〉の顕出や芸術やポエジーとは先に述べた称揚の能動的な様態、あるいは〈他〉のなかでの〈同〉の根源的受肉の能動的な様態であり、これもまた一個の顕出なのだ。顕出は、自分に等しいものを思考することという知の知解可能性とは一線を画している。私たちの西欧文化における無神論的な知のなかでは、このような顕出が、内在性の外に出ることはなく、未知なる神の位置と精神的生の名を占めているのである。

　しかしこれによって存在の他性は十分に測定され、人間的なものに対する他なるものとして十分に評価されているだろうか。存在の他性それ自身はまだ余りにも自然的すぎないだろうか。芸術的表出による居住の文化は、〈同〉には還元不能な絶対的他性による断絶の脅威を被るのではないか。そして絶対的他性は、知の文化ともポエジーの文化とも異なる〈文化〉に導くのではないだろうか。

5 他者の他性

知によって開かれた文化では人間的なものが非人間的なものを同化し支配するのだが、この文化の次元では、有意味なものは帰還として肯定され確立される。すなわち〈同〉と〈他〉双方が〈一者〉の統一性へと帰還するのだ。芸術的表出によっても、これと類似した仕方で、〈一者〉の統一性が——それもまた有意味なものではあるのだが——魂と身体とのあいだで肯定され確立される。芸術的表出はすでに、肉的なものと心的なものとの両義性のなかで、まさに互いに相違するものとして交流する数々の趣味をつうじて、描き出されているのである。こうしたことすべてが、〈一者〉というネオ・プラトニズム的な理想への「信仰」として、〈文化〉、知、芸術を位置づける。世界のうちに存する多様なものは敬虔に〈一者〉に復帰し、〈一者〉の統一性に内在するものと化す。あるいは知や技術による自律ないし自由によって、さらには〈美〉という最高の自己充足によって、〈一者〉を模倣するのだ。したがって多くの人間たちを集約する国家それ自身は、知の文化においても芸術の文化においても、〈一者〉の統一性の本質的な形態として理解され、かかる統一性への共同の参加としての政治は、人間同士の近さの原理、〈全体〉という先行的統一性のメンバーたる市民を相互に結び合わせる道徳法則の原理とみなされることになる。普遍的な国家を、そして感覚の絶対知への成熟を、同じ歴史、同じロゴス、同じ現象学に属するものとして思考し現前化すること、ここに西欧文化のひとつの側面が余すところなく示されているのだ。

6　他者の他性との関係、倫理

しかしながら以下のように問う必要がある。すなわち、〈同〉と〈他〉の敵対関係の解消とみなされた知解可能性は、他なるものが〈同〉にみずからを供与することで〈同〉に還元されたり転換されたりするのとは別の仕方で、意味することはできないのだろうか。他でもない人間の多様性における他人の他性は、〈全体〉の分割によって生じた、互いに向かい合う部分同士の論理的他性をしか意味しないのだろうか。この場合、分割された〈全体〉の関係は完全に相互的であって、それはただひたすらこの〈全体〉の統一性によって、諸部分に分割され堕落してしまったこの〈一者〉の統一性によって支配される。言い換えるなら、人間の多様性のなかでは、〈他人〉の他性はもともと知を起点として、たとえば政治的な知を起点として――ただし政治的な知こそ知の本質なのだが――意味するのだろうか。ちょうど有機体の統一が肢体の連帯を確立するように、知においては、人間の連帯を支配する一個の〈全体〉の部分として自我はみずからを認めることになるのだが、このような知を起点として〈他の〉人間の他性は意味するのだろうか。あるいは――以下が二者択一のうちの第二項となるのだが――、他の人間の他性、他者の他性は自我に対して――分離されたものという語源的な意味で――絶対的な性格を最初から有するのではないだろうか。あたかも他者は、論理的、形式的な意味で他なるものであるだけでなく（この場合、他なるものがそなえている権威は、論理的にも、さらには超越論的にも克服されてしまい、それゆえ他なるものは、カント的な「われ思う」の統一性による総合に参加することになる）、還元不能な仕方で、あらゆる総合に抵抗しあらゆる統一性に先行する他性および分離によって他なるものであるかのようだ。そしてここでは好ましからざる異邦人のごとき他性を有した他者への私の関係の可能性、すなわち社会性は、先行するいかなる認知にも全体性のいかなる形成にも従属しないのではなかろうか。これこそが倫理の関係である！　政治に先行するような文化の企てである。かかる文化は、自我から隣人——隣人こそ近さが意味するものである——へと向かう近さゆえに、〈一者〉の統一性に対するなんらかの欠損や「欠如」に還元されることはない。それは他者それ自体との関係であって、すでに同に還元された他なるものや、私のものに「類似したなにか」に還元された他なるものとの関係ではない。これこそ超越性の文化である。その卓越性にもかかわらず、超越性の文化は、〈西欧〉において精神の至高の気高さとみなされた内在性を排除する文化であると思われているのだ。

7 顔の公現と他者のための責任としての文化

この他性、この絶対的分離は顔の公現のなか、対面のなかに出現する。総合とはまったく異なる集約として、対面はある近さを打ち立てる。ここにいう近さは、所与の総合を調整し所与をひとつの「世界」に、部分をひとつの全体に結合するような近さではない。顔に対してあるいは顔によって覚醒させられる「思考」は還元不能な差異によって命じられる。他者に《無関心ではありえないこと》〔非 - 無差別性〕が、～のための思考だからである。なぜならこの思考は～についての思考ではなく、最初から一様なもの、無感動なものと化した魂の均衡を撃ち破る。顔の意味性。すなわち知には識別不能な自同性としての他の人間に対する覚醒、たとえ誰であれ隣人の近さのうちに到来する人への接近、経験には還元不能な他者との交流。他者の個々の表出の一切に先だって——表出はすでに平静をよそおって防御の役割を果たすのだが、そのような一切の表出のしたに——、表出それ自体の裸性と貧窮があるのだ。至近距離での曝露。包囲された者、追い回される者——あらゆる狩りだし、あらゆる追い回しに先立って追い回される者——の引渡し。まさに他の人間の死の可能性としての顔。

しかしこの顔との対面のなかで、この死の可能性のなかで、指定と要求が自我に、この私につきつけられる。他者の顔が直面する不可視の死、そのような死があたかも私の事件であるかのように。あたかもこの死が「私を見つめる」かのように。他者の顔は私を審問し問いただすのだ。あたかも自我がその無関心ゆえにこの死の荷担者となってしまうかのように。あたかも自我がこの他者の死の責めを負わねばならぬかのように。あたかもたったひとりで他者を死なせることが自我には許されていないかのように。まさしく、自我を指定し、自我に要求し、自我に懇願する顔による自我の責任のこのような召喚のなかで、他者は自我の隣人となるのだ。

　他者と自我とのあいだのこの直行性から出発して、私たちはかつて、顔とは自我にとって――すなわちこの私にとって――殺人の誘惑であると同時に「汝殺すなかれ」であると書くことができた。「汝殺すなかれ」はすでに殺人の誘惑を告発しつつ私に嫌疑をかけており、殺人の誘惑を禁止しつつすでに私に懇願し要求しているのだった。隣人の近さとはひとりの他者に対する自我の責任である。他の人間のための責任。他の人間を、死という神秘に直面した他の人間をひとりぼっちに放って置くことの不可能性。これらは具体的には、与えることのあらゆる様態をとおして、他者のために〔他者の代わりに〕死ぬという極限の贈与の可能性を意味している。ここでいう責任とは法律的な冷たい要請ではないのだ。それは隣人愛の――肉欲なき愛の――全重量なのである。愛というこの使い古された語の本来の意味は隣人愛に依拠していたのである。文化としての文学、図書館、さらには聖書において愛の昇華と愛の冒瀆が語られているが、しかしあらゆる文学、あらゆる図書館、聖書の全体はこの隣人愛を前提しているのである。

8　文化、すなわち存在の野蛮にうがたれた人間性の突破口

現代では文化は、一般に、知および技術の文化を意味しており、この文化は、ギリシャ・ローマの遺産には属さない文化の諸形態にも大学を起点とすることで開かれている。知、技術、芸術の文化では、人間の〈自我〉という〈同〉が〈自然〉という他なるものを吸収しつつ、あるいはそこでみずからを表出しつつ、みずからの自同性を確たるものにすることが問題となる。しかし、このようなことが問題とはならない文化もある。知、技術、芸術の文化に抗して、人間の〈自我〉の自同性そのものを、その無制約な自由を、その力を問いただす――ただし自同性が唯一者という意味を失わないような仕方で問いただす文化。すなわちこれが倫理の文化であり、そこでは他者の顔――絶対的に他なるものの顔――が、自我の自同性のなかに、他の人間のための止むことなき責任と選ばれた者の尊厳を呼び覚ますのである。

有意味なもののこのような意味性のなかで、精神は新たな仕方で意味する。自然という他なるものを飼いならして所有しようとする思考、あるいは世界への居住をポエジーや芸術によって称揚し顕示する思考、かかる思考のなかに精神は存するのではない。猛威をふるう存在の野蛮は、実はより根源的な外在性、他の人間の超越性や異邦性より発するものなのだ。空間のいかなる距離よりも外在的な外在性。〈文化〉とは超出でもなければ、超越の中立化でもない。〈文化〉とは、他者に対する倫理的責任と義務のなかで、超越としての超越に関わることである。それを愛と呼ぶことも可能かもしれない。愛は他の人間の顔によって命じられるのであり、他の人間は経験の所与でもなければ、世界から到来するのでもない。

存在の野蛮にうがたれた人間性の突破口。たとえいかなる歴史哲学も、野蛮は回帰しないという保証を私たちに与えてくれないとしても。

＊　一九八三年にモントリオールで開催された第一七回哲学世界会議の議事録からの抜粋。一九八六年にÉditions du Beffroi と Éditions du Montmorency より刊行。

唯一性について

I　形式的秩序

人間的〈個体〉はまずそれがひとつの類に――人類に――属するという形式的な枠組から考察されるべきものかもしれない。〈個体〉はある全体の一部である。種に分割され、分割不能な単位にまで到達した全体の一部である。この単位こそが論理学的な見地から言えば〈個体〉の究極の自同性なのである。〈個体〉は空間と時間における一定の徴しをつうじて確認できる経験的所与のあいだに位置づけられており、この所与のうちで〈個体〉という単位はその特殊性によってみずからを「存在者」として定立する。そして、アリストテレスによれば、この〈個体〉こそが、類という観念的あるいは抽象的な存在を超えて、「唯一存在する」ものであるのだ。

ひとつの〈個体〉は他の〈個体〉とは異なる。この場合の他性は形式的な他性である。その〈個体〉の内容の如何にかかわらず、ある〈個体〉は他の〈個体〉ではないからだ。すべての〈個体〉は他のすべての〈個体〉とは異なる。どの〈個体〉も他のすべての〈個体〉を排除し、他のすべての〈個体〉とは別個に存在し、自己自身として存在する。類の共同性を想定した、相互的で純粋に論理的な否定性である。

みずからを定立した存在の肯定性と排除の否定性、このふたつは人間的〈個体〉の人間性のなかで出会い強められる――あるいは強調される――ように思える。特殊な〈個体〉の肯定性とは存在への執着であり、この執着が生なのである。人間的〈個体〉は生きることへの意志のなかで、つまり自由のなかで生きている。彼の自由は自我のエゴイズムとして確立される。人間的〈個体〉としての自我の自同性は外からは識別不能なものであり、それは、いわば内面から自分自身を経験することによってまさしく同一化される。とはいえ人間的〈個体〉の自由もまた否定的なものにすぎない。なぜならその自由は、それを制限する他者たちの自由を排除するからである。ここでもまた他の自我に対する自我の他性は相互的なものである。それゆえ、場合によっては万人の万人に対する戦争が生じかねないのだ。

2 理性的な個体の自律

しかし、西欧の伝統と思考の叡知に即して言うなら、諸々の〈個体〉は、存在しようとする努力(*conatus essendi*)という排除的な暴力および他の〈個体〉との敵対という排除的な暴力を、知によって打ち立てられる平和のうちで乗り越えていくのであり、この知の真理を確立するのが〈理性〉なのである。このとき人間的〈個体〉は意識によって人間的なものと化すことになる。さまざまな「自我」は理性の真理のなかで一致する。強制されることもなくまた自分の自由を放棄することもなく、彼らはこの真理に従う。〈個体〉の特殊意志は人格の自‐律(auto-*nomie*)にまで高められ、この自律においては、ノモスが、すなわち普遍的な法が、意識的で理性的なエゴを強制することなく強制することになる。意志とは実践理性である。お互いに他なるものであるような異質な人格たちが同等な者と化す。かくして、観念的な諸真理――とりわけ〈法〉の諸真理――を核として特殊な人格たちは強制されることなく自由に集約される、とは言わないまでも、少なくともこのような集約が試みられるのである。〈個体〉は〈国家〉、制度、政治を起点として人間的な平和へと開かれる。宗教的な権威さえもが、さまざまな神学をとおして〈理性〉の真理のなかで〈自我〉の自由に課せられる。外的な自然という他性を科学と技術によって乗り越える、そのような〈理性〉が事物の平等な分配をつかさどることになる。そうなると、意識、知、真理、叡知――意識とはすでに知、真理、叡知の可能性でありそれらを愛することであるのだが――、ひいてはギリシャ的な意味での哲学、すなわちあらゆる学とあらゆる政治の母である哲学が人間的〈個体〉の精神性そのものとなるであろう。哲学は人間の人間性であり、〈個体〉のうちの人格であって、人間の権利の源泉、あらゆる正当化の原理なのである。平和のうちでの人格同士の平等を意味する精神性。対自存在〔自己のための存在〕としての、充足と自由のうちに満足した人間の安心としての、人間的〈個体〉の平和。みずからの肯定性と定立のうちに休らうという静謐。すなわち自我に対して保証されたものとしての実体の実体性。かかる平等を国家は歴史の続く限り希求する。そして国家においては、〈自然〉によってかくも多様でさまざまな能力を付与された人間的〈個体〉たちが、〈理性〉をとおして、ひとつの類に属する〈個体〉としての形式的平等をしだいに獲得していくのだ。人類に属するものとして人間的〈個体〉は判断に、裁きにみずからを供し、正義の実践に不可欠な客観性に同意する。場合によっては、この正義のおかげで平和が打ち立てられることもある。私たちヨーロッパ人にとっては、そもそもかかる図式にこそ、人間の条件とかの有名な人間の権利は準拠しているのだ。人間の権利とはあらゆる正当化の原理であり指標である。人間の権利は〈普遍者〉と〈特殊者〉の論理学、および国家に準拠している。人間の権利はおそらく、〈個体〉とその正義や平和を人間化する際には避けられない秩序であるのだろう。しかしながら、これが〈個体〉の人間化の根源的な契機であるのか。特殊者の平和に支えられ、そこに休らうような〈個体〉の政治的宿命に、もうひとつ別の権利授与を、平和のより古い様態を思い起こさせる必要はないだろうか。これが私の問題である。

3 ヨーロッパ人の疚しさ

しかし、ヨーロッパにとって本質的な時代であり、総決算の時でもあるこの現代においても、ヨーロッパ人の意識は平和のうちにはない。数千年にわたる栄光ある〈理性〉、知という勝ち誇る〈理性〉の果ての疚しさ。それはまた兄弟同士の血みどろの政治的争いの果ての疚しさでもある。普遍性を詐称する帝国主義、人間の軽視、搾取、今世紀においてついに勃発したふたつの世界大戦、圧制、ジェノサイド、ホロコースト、テロリズム、失業、〈第三世界〉のいつまでも絶えることのない悲惨、ファシズムや国家社会主義という冷酷な教義——人間の擁護をスターリニズムに転化してしまうような最高の背理がここにあるのだが——これらのものに明け暮れる数千年間の果ての疚しさでもあるのだ。理性はつねに意志を説得してきたであろうか。意志はつねに実践理性であったのだろうか。諸学の勝ち誇る〈理性〉が歴史そのものを動かしそこでいかなる誤謬推論も犯すはずのない、そのような文化のうちで、意志は実践理性たる限り悔悛を免れているのであろうか。ヨーロッパは疚しさを感じている。みずからの中心性を、みずからの論理の卓越性を審問するほどに、かつては野蛮とまでは言わないとしても原始的とみなされていた思考を——みずからの大学の頂点で——称揚するほどに、ヨーロッパは自分に対して異議を投げかけている。ヨーロッパ自身が、平和を確立するはずであったみずからの哲学的特権に対して異議を投げかけているのだ！　みずからの真理そのものの社会的無能さによってヨーロッパは脅かされているのではなかろうか。ヨーロッパの哲学の光を灯しそして照らしつづけてきたものとはギリシャで提起された「存在としての存在」という問いであるのだが、その「存在としての存在」である限りでの人間的〈個体〉を危うくするような究極的な科学によって、ヨーロッパは脅かされているのではなかろうか。

しかし、それゆえにまた以下のように問うことが必要となる。すなわち、単にヘレニズム的なものにとどまらないひとつの意味を——あとで見るようにある時期以降ヘレニズムの本質的射程がいかに必然的なものと化したとしても——ヨーロッパの人間性が人間的〈個体〉に対して付与したということ、疚しさを構成する要素はこの点をすでに開示し明らかにしているのではないだろうか、と。観照的理性の普遍性ははるかな昔に「汝自身を知れ」という言葉によって起き上がり、宇宙全体を自己意識のなかで再建した。ところが、疚しさは、この観照的理性の普遍性に走る裂け目を開示し明らかにするのだ。これは召命の証しである。召命は精神から到来するのだが、この精神にそなわる愛の能力のすべてを、叡知への愛によって汲み尽くすことはできない。この能力のうちの根源的なものだけに話を限ったとしても、叡知への愛はおそらくそれを汲み尽くすことはできないのだ。

4 汝殺すなかれ

事実、この疚しさは、快適で穏やかな文化の企てと「得られた結果」の不十分さとの矛盾によって引き起こされる失望を単に表しているのではない。いかなる文化の危機においても、懐疑論あるいはシニカルな弁証法は躍起になって思考の怠惰と死への怯えを暴きたてる。しかし、ヨーロッパの人間性の混乱のなかには怠惰や死への怯えとは異質なものがある。殺すことに対する恐怖のごときものがあるのだ。自分自身の試練に関しては哲学者よろしく同意せざるをえないとしても、反論の余地のない事物の論理によってある種のひとびとに加えられる苦痛の正当性に関しては疑念が残る。論理的に見えるあらゆることがらの正当性、「自同的なものと非自同的なものの同一性」とヘーゲルが呼ぶものの観点から眺めるというただそれだけのことによってもすでに加えられるような苦痛の正当性、これらの正当性に関しては疑念を一掃することはできないのだ。犠牲者たちの暴力的な死のあとに生き残るひとびとと、彼らには責任ゆえの苦悩が課せられる。あたかも、他者を脅かす危険のあとに生き残ることに対するためらいのように。手を汚していないのに、その無罪が推定されあるいは確実であるというのに、あたかも各人が飢餓や殺人の責めを負わねばならぬかのように！　自分の死の可能性ゆえに各人が自分に対して恐れを抱いたとしても、他者の苦痛に対する恥ずべき無関心を消してしまうには至らないのである。

　私たちの意志を強制することなく意のままにし、それを平和へと導く真なる認識という「福音」よりもさらに高いところから、私たちは、ヨーロッパにおける人間の召命のなかに、〈十戒〉の命令を聞き取りはしなかっただろうか。すなわち「汝殺すなかれ」を聞き取りはしなかっただろうか。類を埋め尽くす個体は互いに形式的な意味で他なるものであり、これまた形式的な仕方で互いに否定し合うのだが、と同時に、人類という共同性をつうじて相似た理性的個体と化し〈理性〉によって「各自各様の仕方で」平安を約束されている。しかしかかる個体の相互的で形式的な他性の背後で、その相互的な否定性の背後で、もうひとつの他性が意味するのである。あたかもたくさんの人間たちのなかで、他者が突然、背理のように――類の論理に抗して――このうえなく私に関わる者となるかのようだ。あたかも他者たちのうちのひとりである私が――まさしく主格あるいは自我としての私が――、命令の唯一の宛先として指定され、そのような者として命令を聞くことになるかのようだ。あたかも私のほうへのみ、なによりもまず私のほうへのみこの命令が向うかのようだ。こうして選ばれ唯一者となった私があたかも他者の死の、ひいては他者の生の責めを負わねばならぬかのようだ。類と個体の論理によってすでに抹消されたものと思われていた特権としての「汝殺すなかれ」。個体と類の極限の曖昧さ、〈自我〉の極限の曖昧さがここにはある。一方で、自我とは、自己自身のうちに、自分自身の方へねじ曲げられて自足した原初的自己性のうちに、存在と存在をめざす努力が凝縮するような点である。それと同時に、自我は、存在するというこの切迫が不可思議な仕方で廃棄され停止されうるような点、他者の「ことがら」に対する配慮としての献身が可能となるような点でもある。他者のことがらが私を「見つめ」、私に委ねられたかのように。あたかも他者がなによりもまず顔であるかのように。ここにおいて《類のなかの個体の他性》はその形式性とその論理的通俗性から脱却する。この通俗性ゆえに、明晰判明な観念としての関係は、私から他者へ他者から私へと、同時にあるいは無差別的に行き来していたのである。しかし、ここにおいては、あたかも意識が他者の意識との対称性を失ってしまったかのようなのだ！

5　個別に先立つ唯一者

つぎのような問いを提起する必要がある。人間的〈個体〉に意味を与え権利をまとわせる最初の意味論的状況は、類－個体という論理的図式と等しいのであろうか。論理的図式では、他の個体に対する個体の他性は相互的なものにとどまっており、人間的〈個体〉という観念は、類に属する任意の個体が客観化されることによって固定される。というのもこの図式では、すべての個体が他の個体に対して他なるものだからである。あるいは――これが選択の第二項なのだが――人間的〈個体〉としての個体へ本来的に接近することは、数ある個体のうちのひとつを単に客観化することには還元されることなき独特な接近と化しているのではなかろうか。この接近においては、接近する者自身も出会いの具体性に属しており、しかも彼は客観化する視線に必要な距離をとることも、この関係から離脱することもできない。けれどもこのように《離脱できないこと》、他者の差異ないし他性に対してこのように《無関心ではありえないこと》は――この不可逆性は――客観化の単なる失敗ではなく、まさしく他者の差異に認められた権利なのである。《無関心ではありえないこと》において、他者の差異はひとつの類に属する数多くの個体同士の不十分な形式的他性ではなく、いかなる類とも無関係で、あらゆる類を超越する唯一者の他性と化す。このとき超越とは単に内在性のしくじりではなく、近さとしての社会的なものが有する還元不能な卓越性であり、まさに平和である。しかもこの平和は、各人にその存在における定立を確約する、単なる安全であり侵略の不在であるような平和ではない。ここにいう平和はすでにあの《無関心ではありえないこと》そのものであるのだ。平和としての《無関心ではありえないこと》を、なんらかの好奇心が失われた結果生じた中立と解してはならない。それは責任という「他者のために」なのである。責任に答えるものとしての応答——これが最初の言語なのだ。これが原初の善性なのだ。すでに憎悪ですら、配慮するというそのことによってこの善性を前提としている。肉欲なき愛。かかる愛のうちで人間の権利が、愛される者の権利が、すなわち唯一者の尊厳が意味を獲得する。

人間における超越者の近さ。それが意味しているのは、いかなる孤独にも社会性は還元されないという、まさに社会性の過剰であろう。類の中に散らばった複数の個体を認識したとしても孤独の外に出ることはない。したがって、超越者の近さが意味するもの、それは愛における社会性の過剰なのである。かくもしばしば軽々に濫用されている愛という語を用いるべきではないかもしれないが。倫理の平和では、関係は、同化することも比較することもできない他者へ、還元不能な他者へ、唯一なる他者へ向かう。唯一者のみが絶対的に他なるものである。しかし唯一者の唯一性とは愛される者の唯一性である。唯一者の唯一性は愛によって意味する。けれどもこれは他性の唯一性が恋する者の主観的錯覚のようなものと考えられるからではない。反対に、かかる主観的なものこそまさしく、存在の冷やかな存在することのなかで、客観的なものの類としての多様性のなかで、唯一者が可能となるための条件と言えよう。単なる認識ではなく愛と化した主観的なものをとおして——ここに、類と個体の論理的形式の厳密性を貫いて、唯一者にまで至る道がある。存在への固執の密やかな暴力を貫いて——ある彼方が開かれる。認識された個体による人間の平和と近さをはるかに凌駕した、絶対的に他なるものによる人間の平和と近さがここにある。この平和は、総合のもとで統合された多様なものの単なる統一ではない。絶対的他性である限りでの他者との関係としての平和。個体のうちに人格の唯一性を見て取ることとしての平和。このような論理操作が愛なのだ(1)！

6 正義と唯一者

人格間の関係についての以上の分析は、他の人間の近さと唯一性のなかに個体の権利の根源的意味性があることを示そうとしてきたのであるが、だからといって、この分析が政治的なものを無視しようとしているわけではまったくない。最後にいくらか補足して、人類の「外延」に属する個体の多様性を介して、この根源的権利それ自体がいかにして自由な国家へ、政治的正義へ導くかを示しておきたい。また同時に、他者の顔に準拠することがいかに倫理をこの国家から守るかをも示しておきたい。

人間の多様性は、〈自我〉が——私が——第三者を忘れることを許さない。第三者は他者の近さから私を引き剝すのだ。媒介を欠いているがゆえに唯一で比較不能な隣人のための責任は司法に先だっている。しかし、あらゆる判断に先行するかかる責任から、根源的な社会性から、第三者は私を引き剝すのである。隣人にとっての他者である第三者もまた私の隣人なのだ。そして彼は隣人の隣人でもある。唯一者である彼らはなにをするのか。彼らはすでにお互いに対してなにをしたのか。もし私があらゆる判断に先行する責任ゆえに、近さゆえに、彼らのうちの一方が他方に対して犯した過ちを看過するならば、私は私の責任に——私の隣人である彼ら双方に対する、司法に先だつ私の責任に——背くことになるであろう。ここで問題となるのは、彼らのうちのどちらかに加えられる不測の損害を私が容認せねばならず、かくして私が《没利害の超脱》を否認せねばならないということではない。問題は私の責任に課せられる他者の苦しみを看過してはならないということなのである。

これが正義の時である。唯一者であり比較不能な者である隣人の根源的権利に対して、私は責めを負わねばならない。ところがまさに、この隣人への愛が、そして隣人の権利が、比較不能な者たちの比較を可能にする〈理性〉に、愛の叡知に訴えかけるのだ。一個の尺度が、「他者のために」の「常軌を逸した」高潔さの上に、その無限性の上に重ねられる。ここにおいて、唯一者の権利は、人間の根源的権利は判断を、それゆえに客観性、客観化、主題化、総合を要請する。そのためには裁定する制度が、総合を支える政治的権威が必要である。正義が国家を要請し基礎づける。たしかにここでは、人間の唯一性は人類に属する一個体としての特殊性に、市民としての条件に還元される。不可欠な還元。逸脱。たとえこの還元を強制する動機が、唯一で比較不能な他の人間の権利それ自体のなかに書き込まれているとしても。

しかし、人間の一般性と特殊性が今や他者の権利の起源とその唯一性を覆ってしまうとしても、正義それ自体がこれらのものを忘れさせることはありえない。権力や国家理性や全体化の誘惑と安易さに巻き込まれた政治の歴史に、正義がこの唯一性を委ねてしまうなどということはありえないのだ。人間の顔が市民としての自同性のしたに隠されてしまっても、正義は裁判官や政治家の判断に注意を促す声を待つのである。おそらくこれこそ「予言の声」なのであろう。

笑止千万なアナクロニズム！　しかし予言の声が意味するものとは、おそらく、あらゆる類に先行した唯一性として、あるいはあらゆる類から解放された唯一性として、〈自我〉が今もなおなしうる予見不能な善の可能性なのである。この声はときには、政治の間隙から発せられて公的機関とは無関係に「人間の権利」を擁護する、そのような叫びのなかに聞き取れる。ときには詩人たちの歌のなかに。そしてときには、表現の自由を第一級の自由とみなす自由な国家の印刷物やその広場のなかにも。正義とはつねに正義の見直しであり、より善き正義への期待であるとする自由な国家の印刷物やその広場においても、実は予言の声を聞き取ることができるのである。

＊ 初出 *Archivio di Filosofia*, n° 1-3, 1986.

(1) 愛というこの他者のためににおいては、主体性はもはや——あるいはいまだ——フィヒテ的なわれ思うの自我でもなければ超越論的なものでもない。とはいえ、つぎのように考えることは可能である。すなわち、フィヒテ的自我や超越論的なものが存在論に対する例外であるとすれば、それらはその例外としての地位を、拒否できない絶えざる責任に負うているのだ、と。フィヒテ的自我や超越論的なものは、「交換不能なもの」という様相を有している、というか、「交換不能なもの」として「選ばれる」ことが両者の様相なのだが、唯一性とはかかる例外としての様相そのものなのだ。認識がこのような例外としての地位から派生したものだとすれば、倫理は認識による主題化に「先行」することになろう。あたかも倫理こそが〈私〉の「個体化」であり、あらゆる存在に対する〈私〉の異質性の聖別であるかのように。

「〜の代わりに死ぬこと」

みなさん

最初に私はみなさんが語ってくださったことに対して感謝の気持ちを申し上げたいと思います。私がこれからする話はみなさんが語ってくださったことを延長することになります。寛大にも私を信頼してくださるみなさんは私の話に期待を寄せてくださるように思えますが、その期待には十分に応えることはできないかもしれません。しかし、それでも私の話のなかに、みなさんはある危機のこだまを聞き取ることができるでしょう。もっとも偉大で類稀な哲学的知性のひとつに対する青年期の賞賛の念――今もなおこの思いを禁じえないのですが、このような賞賛の念――と、天才的な人物がなんらかの仕方で――その仕方がいかなるものであれ！――協力した国家社会主義に対する決定的な嫌悪、この両者のあいだの葛藤の物語が含み持つ危機よりも、より深くより古い危機のこだまをみなさんは私の話のなかから聞き取ることになりましょう。ザインが――存在の冒険が――思考として、存在とその意味についての問いかけとして集摂され、思考のうちへのこのような集摂によって、人間的現存在と化すということ、非常な才能でもって描き出されたこの事は、私たちに疑問の余地を残すことはないのでしょうか。存在の冒険は、現存在として――ダーザインとして――、自分自身へ譲渡不能な仕方で帰属することとなのでしょうか。それは固有なものとして存在することなのでしょうか。それはアイゲントリッヒカイト、すなわち本来性、どんなものによっても変化を被らず——支えられず助けられず影響されることもない——征服者としての本来性なのでしょうか。交換を侮蔑するような本来性なのでしょうか。というのも、交換においては意志は、異邦人たる相手の同意を待たねばならないのですから。本来性は、人種と剣の意志であるような、自由な存在可能性の雄々しさなのでしょうか。それとも逆に、存在するというこの動詞は現存在のなかで、《無関心ではありえないこと》を、他なるものによる強迫を、平和の探求と平和への誓いを意味しているのではないでしょうか。芸術的行為の自由に自己満足を得させるような放任の沈黙、そこでは美が沈黙を作り出しそれを維持し保護するのですが、かかる沈黙とは異なる平和の探求と誓いを、それは意味してはいないでしょうか。他者の目が探し求められるような平和の探求と誓いを意味してはいないでしょうか。そしてこの目のなかで他者の視線が責任を呼び覚ますのではないでしょうか。独立や芸術的行為においてと同じく、この平和のなかでも西欧の人間は自己を意志し自己を見いだしつづけてきたのでした。倫理的価値の記憶は——おそらくは「古くさく色あせた」と告発される「聖書」のなかで「麻痺」してしまったのかもしれませんが——それは、あらゆるひとの手のとどくところにある「文芸」を賦活しつつ、そのような「文芸」を起点として、今日に至るまで人間性を喚起してきたのではないでしょうか。

まだまだ問いただしたいことはあります。ただ、私は半世紀ほど前にフライブルクで学んだあの年を忘れることはできないでしょう。その年、フッサールの最後の教職期間の後に、ハイデガーの講義が始まりました。そのときには一九三三年になにが起こるかはまだ想像すらできませんでした。フッサールとハイデガーのもとで、哲学の〈歴史〉の〈最後の審判〉に立ち会うかのような印象をいだきながら、私はこの年を過ごしたのです。この思い出には、ストラスブールでの私の先生たちの思い出が重なっています。彼らにとって真であるあらゆることがら、あるいは彼らの明証性に矛盾なくつけ加えることのできることがらを教えてくれるかたわらで、その彼らがベルクソン主義に対してしばしば完全な賛同を表明していたのでした。ベルクソン主義もまた、他ならぬ持続の具体性のなかで、存在という語の動詞的意味をそれなりの仕方で際だたせているのではないでしょうか。ベルクソン主義においては、時間はもはや超越論的哲学の遺産たる純粋形式ではありません。時間の通時的非安定性のもっとも深い究極の意味は覚醒することにあるのです。すなわち、技術的行為を起源とする、堅固で延長を有し安定したあらゆる事物、最初から手元に（Zuhanden）到来している事物の再現前化のなかで、あらゆる存在者の再現前化のなかで覚醒することに、その意味は存するのです。通時性〔隔時性〕はまた、学問のなかで固定された永遠的な観念や概念のなかでも覚醒します。この通時性は、『道徳と宗教の二源泉』の持続においては、隣人愛であることが明らかになります。いずれにせよ、現象学のこれら威厳に満ちた言説が有する哲学的最重要性、そしてまたベルクソンの光輝くような知性、これらのものについての確信を私は決して手放したことはないのです。ある日ハイデガーという名につけ加わることになった文字どおりの恐怖にもかかわらず――そしていかなるものもこの恐怖を一掃することはできないでしょうが――、それでも、哲学史における他のいくつかの永遠の著作が――たとえそれらのあいだに食い違いがあるとしても――そうであるように、一九二七年の『存在と時間』が永遠に価値を失わないという私の精神のうちなる確信を奪うことは断じて不可能なのです。――教師たち、学生たちの歩行、奔走、往来によって年々混乱していく小道のしたに――なによりも哲学および哲学者たちの本来の道と目的を、あらゆるひとびとに開かれた〈西欧〉の思考を、『存在と時間』の一ページ一ページが求めつづけるであろうということ、この点を忘却することは断じて不可能なのです。

みなさんは『存在と時間』のさまざまな見解をきっとご存じでしょうから、私も今日その一連の見解を要約することはやめておきます。私が最初に言及した曖昧さあるいは危機に関わるいくつかの点を引き出すにとどめたいと思います。問題になるのは存在論の営みと言説です。この企ては、人間のかの「好奇心」がなにかのきっかけで唆された場合に生み出されたり表明されたりしたかもしれぬような知の試みではありません。また、宇宙を、すなわち事物、生物、関係、観念、存在するすべてのものの全体性を把握しようとする野心でもないのです。そうではなく存在論とは、動詞的な意味で存在を知解しようとする際の第一義的な根拠なのです。みなさんもご存じのことでしょうが、この存在するという語は動詞のなかではもっともよく了解されたものでありながらもっとも定義不能な動詞でもあるのです。存在という語の動詞的意味が表しているのは、出来事あるいは冒険あるいは行い〔武勲〕としての存在です。存在するという動詞の文法的形態のもとでは、知解可能なものはまるでわが家のなかにいるかのように住み着いているのです。しかし厳密に言えば、知解可能なものは行為や運動や物語や出来事や冒険を意味しているのではありません。だからと言って、それは永遠性が有する点のごとき安定性と混じり合うこともありません。なぜなら安定性は不動なものであって、存在するという動詞の「可知的な秘密」とはまったく異なるものであるからです。この「秘密」は、実詞的なものや存在者を照らし出す光のもとでは失われてしまいます。『存在と時間』に従ってこの動詞を了解するならば、その了解は論理的操作に帰着することはありません。そこでは、意味を了解すること自体、まさにその意味が探求されている当の存在の出来事に属しているのです。冒険に属しているのです。実存すること、現存在、人間の筋立てのうちで結び合わされるという「行い」〔武勲〕、すなわち存在の本質的様態にすでに属しているのです。

存在の配慮、現存在、世界内存在、他者との共存在、死へ赴くこと、このような存在の「出来事」のなかでは、まさにこの存在そのものが問題になります。「客観化する主体」や超越論的主体にまったく頼ることもなく、またそれらに還元されることもなく、存在は自分自身を追い越し、存在の「出来事」に固有な存在の配慮として、それ固有の仕方で思考のなかに集中します。これは存在の「出来事」そのものの避け難い結び目です。存在の「出来事」は、思考としてすでに認識され、存在の意味についての問いとしてすでに集中しつつ不可避的に結節するのです。――ここでは、問いかけが存在とは異なる思考作用に委ねられることも、存在のあとに到来する思考作用へと延期されることもありません。現存在、人間存在、それはすでに存在の意味についての問いの定立であって、存在に執着することであり、あるいは存在を配慮することなのです。存在の知解はもはや何性の客観化でもなければ、形容詞によって特徴づけられ、「これはなにか」という問いに答える実詞の再現前化でもありません。存在の「出来事」の理解は副詞の様態によって思考されるのです。この副詞的様態は、まさしく「実存すること」、「そこに存在すること〔現存在〕」、「世界内に存在すること」、「他者と共に存在すること」、「死に向けて存在すること」のなかで了解されます。それらは存在の様態であり、存在の「いかに」であるのです。実存のこれらの奇妙な副詞をハイデガーは「実存範疇」と呼びます。なんらかの内的所与のいまだ不分明な客観化に実存を還元してはなりません。人間の現存在――ダーザイン――が意味するのは、これやあれといった様相を帯びて現前する実在の属性や属性の結合ではないのです。ここでかいま見られる人間の本質は存在様式、実存なのです。観照的なものは、体系的なものの知解可能性のなかでそれが保持していた特権をここでは失うことになります。とは言っても、価値論に特権を譲る必要はないのです！　客観化はもとより、学もまた可能でなければならないでしょうし、それらがみずからの実存的序列に応じて示されることも必要でしょう。けれども客観化や学はもはや基礎とはなりえないでしょう。存在論的知解可能性こそが、あらゆる合理性の基礎として開示されるからです。

ここでは人間は超越論的主体性という役割を演じることはありません。その現存在、その世界内存在を起点として人間は語られるのです。これらは、真理を可能にするものとしての様態あるいは存在の出来事としての様態です。哲学の関心が、ヒューマニズムに言う人間に向けられることはもはやありません。なんらかの伝統や非哲学的教養から、「人間的なことがらのすべて」に対する人間の偏愛から、あるいは確実な真理を求めての自己省察がもたらす特権的明証性から、つまりは人間がすでに超越論的観念論の主体として定立されることになるその機縁としての特権的明証性から、存在者としての人間は卓越や権威を引き出しますが、この卓越や権威に、哲学の関心が向けられることはもはやありません。存在を配慮する現存在として、この存在の出来事の本質的構えを、ハイデガーの現象学は存在論の核心にもたらすのです。存在の出来事の本質的構え、それはまたこの出来事を知解することでもあります。ただしここでは、技術へと延長される科学、技術に吸収されて人間を堕落させるかもしれぬ科学とは無関係なものとして、知解という語はその本来の意味で考えられています。

『存在と時間』を支配している、存在者と動詞的意味での存在とのあいだの根源的区別。存在という語の動詞的意味のうちには、論理的には空虚とみなすことも可能であったものがはらまれているのですが、そのようなもののロゴスを探求しようとするハイデガーの大胆で力強い思弁。この空虚が意味する「出来事」の発見、要するに、『存在と時間』の「現象学的構築」に即して言えば、（今日はこのテーマに触れることはありませんが）この空虚を起点として思考される時間性および歴史性の発見。ハイデガーの実存論的分析の華々しい妙技。人間の本質において何性を遮断し、その本質を実存として、存在の出来事の副詞的様態として理解したこと。意味の有意味性のなかで人間的なものを召喚する新しい務め。——有意味なものへの新しいアプローチであるこうした一切は、私には第一級の重要性を帯びているように思われます。私たちがこれから示そうとするとおり——そしてそれが「〜の代わりに死ぬこと」と題された今晩の私の発言の主要なテーマであるのですが——、たとえこれからの話において、《存在の彼方へ》が人間的なものによって意味を獲得しうるとしても、それでもハイデガーのアプローチの重要性についてはなんら疑問はないのです！

このことは、『存在と時間』のいくつかのテーマを私がどれほどの知的謙虚さをもって考察しているかをみなさんに示すことになると思います。そしてこのテーマは私につぎのような問いを提起するのです。存在の出来事の様態あるいはこの出来事の意味についての問いかけである思考は、第一哲学でもあるような本源的価値論に通じてはいないのでしょうか。人間が現存在——つまり存在であると同時に存在者——として理解されるとしても、また人間の実体の形態を動詞的形態たらしめる仕方が、身体的実体と因果的物理作用との唯物論的混合とはまったく異なるものであるとしても、それだからといって存在論は根源的なものなのでしょうか。本源的と称される存在論の堅固さはすでに価値論的選択によって貫かれてはいないでしょうか。それはすでに価値のあいだで選択をしていないでしょうか。それはすでに本来的なものを尊重し、本来的なものに先行する日常的なものを軽視してはいないでしょうか。たとえ前もって頽落（*Verfallen*）が「実存論的なもの」であると断わられていたとしても、いま述べた疑問が消えるわけではありません。

選択は以下のもののあいだにあります。一方には本来性とみなされた自同性があります。本来性、アイゲントリッヒカイト（Eigentlichkeit）とは、人間的なものが有する不変の固有性ないし各自性であり、自存性、自由であります。そして他方には、責任によって、他なるもの、他者に人間が献身することとしての存在があるのです。この責任はまた選びでもあります。すなわち同一化の原理であり、代替不能なもの、唯一者としての私への呼びかけでもあるのです。私は私の話の冒頭からこのことにこだわってきました。それも、『存在と時間』の現象学や存在論の特徴的な運動のいくつかをみなさんを前にして物語るより以前に、このことにこだわっていたのです。この書物の分析が教えてくれる存在の意味についての問いかけでは、最初の数節から、本来性の探求が定着しています。この本来性のうちに存在の出来事は位置づけられるのです。アイゲントリッヒカイト、そこに有意味なものすべてが帰着し、固有存在が最重要のものとみなされます。アイゲントリッヒカイトとは存在と思考の真理を可能にするものであり、思考とは存在の出来事の集中であり分節であるのです。存在を配慮しながら存在すること、という出来事あるいは冒険あるいは到来――このような存在においては、存在することとそのものが問題となります。それは各自が各自であることとの充溢のようなものです。ハイデガーの表現によれば、「各自性」（mienneté）あるいはイェーマイニッヒカイト（*Jemeinigkeit*）です。各自性の根源的具体性のほうがひとりの私やひとりのきみをもたらします。本来性が変化を被るとしても、いかなる変化であれそれは本来性へと送り返される、と私たちは言いました。けれどもこの変化はどこからやって来るのでしょうか。

『存在と時間』の初めの部分を思い起こしていただく必要があるでしょうか。実存論的仕方で解釈された存在の配慮はそこでは、世界内存在として、事物のかたわらに存在することとして定式化されます。そして事物は、認識対象の「中立性」のなかで出現するよりも前にまずみずからを供与するのです。事物以外のなにものでもない事物として、眼前性（Vor-handenheit）として、知覚される事物として、表象される純粋現前の事物として事物が出現するよりも先に、事物の供与がなされるのです。ハイデガーによれば、ハンマーのような物、加工原料のような物、口に運ぶ食料のような物、これらの物をすでに摑んでいる手の技量に最初から訴えかけながら、事物はみずからを供与するのです。手元に存在すること（Zu-handenheit）はここでは実在の物の単なる属性ではありません。それは、実在の物のいかにであり、その存在の仕方なのです。このように事物のうちに労働が内包されているとすれば、労働はすでに他の人間たちを表現していることになります。事物はすでに「関心事」、それも私たちの「関心事」であり、すでに共通のものと化した世界のうちにあるのです。かくして世界内存在はひとつの意味を有する諸事物のかたわらに存在することを意味します。存在の配慮を起点とした事物の首尾一貫した意味性がまさしく世界を構築するのです。かくして世界内存在は、『存在と時間』にあっては、ただちに他者たちと共に存在することになります。他者たちと共に存在することは、ハイデガーによれば、現存在の、世界内存在の実存論的次元に属するのです。

『存在と時間』の二六節の現象学はこのように共に存在することの様態を析出しています。ここで問題となっている他者たちとは、その実存様態が事物の実存様態とは異なる者、すなわち事物以外のなにものでもなく手に対してみずからを供与するという仕方で実存する事物とはつねに異なり、人間的現存在として実存する者のことです。同じ世界を共有するものとして、この実存機能は、まさしく労働を起点として、世界内の道具的事物の秩序を核として理解されます。したがってこの秩序にあっては「他者は自分が制作するものとして存在する」ことになります。しかし人間的現存在における存在への配慮は他人への配慮、他者に対する一者の気遣いをもたらします。この気遣いは現存在にあとからつけ加わるのではありません。それはダーザインを構成する構えなのです。他者への配慮とは、かれの食料、飲物、衣服、健康、住まいへの気遣いなのです。現実には孤独なひとがいるとしても、また隣人のせいで隣人に対して無関心になったとしても、他者に対する配慮が否認されることはありません。孤独や無関心は、他者に対しての欠損的様態として、この配慮を立証しているのです。ちょうど無為や失業が、労働を起点にして理解される実存の欠損様態として、労働を起点とするこの意味性を立証するのと同じです。

存在とつねに関わる現存在、そのような現存在はしたがって、その本来性そのものにおいて他者に対して存在することと言えるでしょう。現存在のそこ〔現〕は幾何学的空間の点とは異なる世界なのです。それはひとの住む場所の具体性なのです。そこではある者たちが他の者たちと共に、他の者たちに対して存在します。しかも、相互的な仕方で。ミットアイナンダーザイン（*Miteinandersein*）の実存論は、相互的な関係のなかで他者と一緒に存在することなのです。——私の発言の冒頭で——厳格な本来性にとって代わるべきものとして隣人愛の平和を肯定したとき、私は先走りすぎていたのでしょうか。

世界内存在はミットアイナンダーザインを意味するのですが、しかし、ミットアイナンダーザインとしての他者へのこの関係においてこそ、まさしく本来性としての人間的現存在はあらゆる他の者たちの存在と混じりあうことになります。この関係においては現存在は、ハイデガーの表現を用いるならば、〈ひと〉の非人称的匿名性を起点として理解され、日常の凡庸さのなかで失われるか、あるいは〈ひと〉の専制のもとに落ち込むことになるのです。〈ひと〉、「どこにでもいるありふれたひと」、非人称的人物、それは習俗、流行、世論、趣味、価値の制定者です。〈ひと〉、みずからを糾弾する際にも、〈ひと〉の隠然たる力は失われることがありません。全員一致の決定をも、〈ひと〉は信頼のおけないものにします。「かくして〈ひと〉はつねに日常性における人間的現存在の責任を免除する。しかしそれだけではない。なぜなら、ダーザイン〔現存在〕のうちに軽薄さや安易さへの傾向がある限りにおいて、〈ひと〉はこの存在の免除によってダーザインに取り入るからである。まさしくこのように〈ひと〉がつねにダーザインに取り入るがゆえに、〈ひと〉はその頑迷な支配を保持し強固にするのである。」（『存在と時間』一二七―一二八頁、マルチノ訳一〇八頁）

したがって本来性への帰還はもはや、〈ひと〉の外で自我の実詞的で実体的な自同性に訴えることによって探求されるのでも、また他者をめざすなんらかの関係の媒介を経て探求されるのでもありません。本来性への帰還は共にや対してとは別の道をつうじて――他ならぬ世界内存在にはらまれたミット－アイナンダーのミット〔共に〕やフュアー－ゾルゲ（Für-sorge）のフュア〔対して〕とは異なる別の道をつうじて――求められるのです。事実、ハイデガーの哲学的企てでは、他者への関係は世界内存在によって条件づけられています。かくして世界内存在をその実存論的基礎とする「存在者の存在」の理解が、存在論が、他者への関係を条件づけることになります。〈ひと〉からの脱出であるアイゲントリッヒカイトは、〈ひと〉の日常的実存の内部での激変によって、現存在の断固とした自由な決意によって取り戻されます。かくして現存在は死へと向かう存在となるのです。それは不安におののく勇気のなかで死を先取りするのです。不安におののく勇気であって、日常に対する恐れや日常からの逃避ではありません！　これが比類なき本来性なのです！　「死によって、人間的現存在はそのもっとも固有な存在可能性においてみずからに差し迫っている。この可能性においてダーザインにとってはその純然たる世界内存在が問題となる。……ダーザインは自分自身の可能性としてみずからに差し迫るのだが、そのときダーザインはそのもっとも固有な存在可能性へ完璧な仕方で召喚される。この差し迫りによって、当のダーザインにとっては、あらゆる他のダーザインに対する関係が解消されることになる。」本来性とはもっとも固有な存在可能性であり、それは同時に他者とのあらゆる関係の解消でもあるのです！　ハイデガーは続けてこう書いています。「もっとも固有で絶対的なこの可能性は同時に極限の可能性でもある。存在の権能としてのダーザインは決して死の可能性を乗り越えることはできない。死とは現存在すなわちダーザインの純然たる不可能性の可能性である。」「自己に先だつ」「差し迫り」（Vorstand）、格別の（ausgezeichnete）「乗り越えられない差し迫り」。これらの表現力豊かな用語法は、絶対の外へ向けての、類なき唯一者の他性による「超越」の開けにふさわしいものとなることもできたでしょう。しかし不可能な死をとおしての関係、それは「自己よりも先をめざすという仕方で」自分自身に開かれた配慮の構造的契機を描き出すのみです。配慮は「死へと向かう存在のなかにそのもっとも根源的な具体化を有する」。現存在の比類なきアイゲントリッヒカイトは存在の彼方ではないのです。（引用に関しては、『存在と時間』二五〇―二五一頁、マルチノ訳一八五―一八六頁参照）。

　私はハイデガーについてのこの講演に「代わりに死ぬこと」あるいは「他者の代わりに死ぬこと」という題名をつけましたが、彼の巨大な作品が私に投げかけてくるように思えるいくつかの問いを、この題名は表しています。問題は存在を配慮する現存在をつうじての存在論であり、他者への気遣いに対してアイゲントリッヒカイトの優先と特権を保持する世界内存在です。たしかに気遣いは確言されてはいます。しかしそれは世界内存在によって条件づけられているのです。たしかに他者への接近も確言されています。

しかしそれもまた世界内の居住と労働を起点としているのです。ここでは顔に出会うことはありません。またここでは現存在に対して、生き残った者に対して、他者の死がなにかを意味しうるとすれば、それは葬送の行いや感情や記憶でしかないのです。私は、『存在と時間』の――今でも傑出した――いくつかの見解と様相について述べたあとに、この見解のうちでつねに私の念頭を離れないいくつかの点を考慮したあとに、「それに勝る学説」を提示しようなどという愚かしい意図をもっているわけではありません。もしそのようなことをすれば気違いじみた野心となることでしょう！　けれども、おそらくご存じのように、私独自の探求ならびに、とりわけ『存在と時間』についての考察とによって私が導かれた思想は、この第一級の書物を決して忘れさせるものではなかったとはいえ、存在論の根源的優位性についてのそのテーゼから私を遠ざけるものであったのです。この思想を、今夜の主要なテーマであるハイデガーの思想の紹介に置き換えようというわけでありませんが、最後に私にとって重要なことをみなさんにお話ししたいと思います。簡単に話すことにします。

「代わりに死ぬこと」、「他者の代わりに死ぬこと」。私は今日の話の題名を「一緒に死ぬこと」としようかと思ったときもありました。死はふつう分離を、別離を意味します。さらに、先ほど引用しましたとおり、『存在と時間』の一節は、「もっとも固有な存在可能性」であり「もっとも本来的なもの」である死は「他のダーザイン――他の現存在――への、他者へのあらゆる関係が解消される」死でもあると語っていました。しかしそれにもかかわらず、私は「一緒に死ぬこと」という題目を選ぼうかと思ったのです。聖書の一節が思い起こされました。『サムエル記下』一・二三の聖句です。これは王サウルとその息子ヨナタンの戦死を嘆く予言者の弔いの歌です。「サウルとヨナタン、愛され喜ばれた二人／鷲よりも速く、獅子よりも雄々しかった。／命ある時も死に臨んでも／二人が離れることはなかった。」まるで、ハイデガーの分析とは反対に、死においても他者へのすべての関係が解消されるわけではないかのようです。この聖句が「来世」のことを、つまりこの世にはもういない人たちを死後に結び合わせることのできるような「来世」のことを言っているとは私は思いません。また、「死のさなかでの非分離」を語るこの言葉が、聖句のなかでは、父と子との愛を強調するための比喩的な言い方にすぎないとも私は思いません。もしそうであったならば、この愛は「死よりも強い」と言われたことでしょう。そしてその愛は、戦場で二人が息を引き取る際のその印象深い同時性によって、象徴や徴しやイメージと化したことでしょう。もしかりにこの比喩の用いる言葉がこれほど厳密でなく、強度という量的な概念を超えてこの愛の力の本質を私たちに教えてくれるほどのものでなかったならば、そのときには比喩と言えるかもしれません。けれどもそうではないのです。「鷲よりも速く、獅子よりも雄々しかった。」――すなわち、単なる生命でしかない生に向けての動物的な努力――生命という存在しようとする努力（*conatus essendi*）――は人間的なもののなかで乗り越えられるのです。生きもののなかに人間的なものが突破口をうがつのです。この人間的なものの新しさは、「存在への執着」に向けてより一層強固に努力することに還元されるのではありません。この人間的なものは、「つねに存在と関わっていた」現存在のなかで、他者のための責任として覚醒するのです。事物に囲まれつつ、他者たちがその仕事と等価なものとして存在するような世界で、単なるフュアゾルゲは行使されるのですが、このような人間的なものにあっては、フュアゾルゲを「他者の代わりに」が凌駕するのです。人間的なものにあっては、他者の死のための不安が自己のための配慮に優先するのです。他者の代わりに死ぬことという人間性、それは隣人のための責任としての愛の意味そのものでありましょう。またそれはおそらく情動的なものそれ自体が初めて起き上がることでもあります。聖潔への呼びかけは実存、現存在、世界内存在への配慮に先だちます。ユートピアとしての《内存在性からの超脱》は、世界内存在のなかに内包されたフュアゾルゲにおける他者と共にや他者に対してよりも深いのです。なぜならば世界内存在においては他者の存在は他者の仕事に等しく、「取引」や利害関心を起点にすることによってしか理解されないからです。聖潔としての配慮、これこそパスカルが肉欲なき愛と呼んだものです。それは現存在のそこ〔現〕、ダーザインのダーに先行する非場所なのです。この非場所は、「大地全体の簒奪の象徴であり開始」としてパスカルが恐れたあの日向に先行します。

ここで用いられた言葉や表現はある現象学の全体から発しています。ここではその現象学について論じてみなさんをわずらわせることはしませんが、それは顔についての言説であり、この言説はまた他者に対して責任を負う自我についての言説なのです。なぜなら、みずからの世界内存在を配慮する人間的現存在のなかで、その現存在を打ち砕きながら、顔が、他者に対して責任を負うものとして、自我を召喚するからです。二〇世紀の試練の後では、かかる表現が理想主義的なおしゃべりのかりそめの言葉しか意味しないなどということはありえないでしょう。ここで用いられた表現が語ることは――その思弁的大胆さがいかなるものであれ――人間の筋立ての真摯さを名づけているのです。それは虚妄の反対であり、さらには虚妄のなかの虚妄の反対でさえあるのです。

『存在と時間』の第四七節、二四〇ページでハイデガーは「代わりに死ぬこと」(Sterben für) に言及しています。ハイデガーはここで死へと向かう存在の実存論を探求しており、その「本来的な」意味へと進んで行きます。死へと向かう存在の本来的な意味は、勇気を試されるほど不安に満ちた自由な先取り(vorweg)、分担や協力ということを知らぬ先取りによって獲得されるのです。しかしこの先取りにあっては、「〜の代わりに死ぬこと」はハイデガーにとって「単なる犠牲」にすぎないのです。なぜならば「他者の代わりに死ぬこと」は実際に他者を死ぬことから免除するわけでもなく、「ひとはみな自分のために死ぬ」という真理を問いただすわけでもないからです。犠牲の倫理は存在の過酷さおよび本来的なものの存在論の過酷さを揺るがすには至らないのです。

犠牲は、本来的なものと非本来的なものとに分割された秩序のなかにその場所を見いだすことはないでしょう。犠牲においては、自分自身の死よりも先に他者の死が人間的現存在の気がかりとなります。かかる犠牲のうちで、他者への関係はまさしく存在論の彼方——あるいは存在論以前——を示しているのではないでしょうか。それも、他者に対する責任を規定——あるいは開示——することによって、さらにこの責任をつうじて、人間的「自我」を主体の実体的自同性とも、存在の「各自性」であるアイゲントリッヒカイトとも異なるものとして規定——あるいは開示——することによって。人間的自我は、隣人の責めを負うべく選ばれ、かくして自己と同一なものとなり、かくして自己自身となるような者の自我なのです。すなわち選びによる唯一性です！　いまだ生命として、存在しようとする努力として、存在への配慮として定義されるような人間性の彼方での、《内存在性の我執を超脱した》人間性なのです。自我に対する他者の優位によって人間的現存在は選ばれ唯一者となるわけですが、この優位性はまさしく顔の裸出性と顔が有する死の可能性への自我の応答なのです。ここにおいて他者の死に対する配慮が生起します。この配慮にあっては「彼の代わりに死ぬこと」「彼の死を死ぬこと」が「本来的な」死よりも優先するのです。これは死後の生ではありません。そうではなくて犠牲の法外さであり、慈愛と慈悲における聖潔なのです。愛の現在のうちには死の未来が含まれているのです。かかる未来こそ、おそらくは時間性そのものが有する根源的な秘密のひとつでありましょうし、それを比喩によって捉えることはできないのです。

＊　一九八七年三月に哲学国際カレッジでおこなわれた講演。なお、この講演では、カレッジの当時の責任者であったミゲル・アバンスール教授が議長を務め、ハイデガーについての考察が切り開いた劇的な地平を喚起させつつ、講演者の紹介をおこなった。

人間の権利と善なる意志

I

さまざまな性質によって人間は互いに区別される。たとえば社会的序列、肉体的能力、知的能力、精神的能力、徳、才能などによって。ところで、このような諸性質とは無関係に、人間であるという条件そのものに付随する権利を「人間の権利」として発見したこと、そしてこの権利を法律および社会秩序の基本的原理にまで高めたこと、これは西欧の意識に本質的な一契機を確実に表している。たとえ、私たちの文明の重要な法的言語のなかにこのように人間の人間性に付随した権利が取り入れられることが、「汝殺すなかれ」と「汝、異邦人を愛すべし」という聖書の命令によって、何千年も前から予期されていたとしても。人間は人間である限り、存在のなかで例外的な地位、そしてそれゆえに現象の決定論とは無関係な地位を占める権利を有するのだ。相互に認めあう独立あるいは自由への権利、それが人間であるとも言えるだろう。自然法則は、事物や生物を、さらに、ある意味では人間に関わって人間を包み込む〈自然〉について思考する者たちをも支配する。自然法則のなかには、必然性が書き込まれている。しかし人間は、このような必然性の無媒介的な秩序から守られた地位への権利を有している。例外的な地位。自由意志への権利。自由意志は以後、人間が制定する法によって保障され保護されることになる。かかる権利は、自由な人間たちに課せられる義務のなかで開示される。すなわち人間をある目的性――しかも人間がその目的そのものには決してなりえぬような目的性――の手段にすぎないものにしてしまう従属から、人間を解放しなければならないという義務である。自然現象――それが物質的なものであれ心的なものであれ――の連鎖によって、あるいはまた生きもの特有の悪意による暴力や残酷によって依然としてもたらされる悲惨や彷徨や苦悩や苦痛ゆえの拘束や屈辱をも、この義務は人間に対して免除しなければならないのである。

現実的なものの決定論のなかで人間が例外的な地位を占めることを起点として、人間の権利は見いだされる。そして、この権利の形式的な本質は、自由意志への権利を開くことで、具体的性格と内容を受け取る。しかし、人間の権利を擁護しながら――この擁護は重要でしかも実際的な問題なのだが――、この具体的な権利に対してただちにひとつの秩序を打ち立てることは、つねにたやすいわけではない。各々の国の現状に応じてさまざまな場合がありうるのである。

いずれにせよ、人間の権利のための重要な――そして必ずや激変を引き起こすがゆえに革命的でさえある――営みが以上のことから帰結する。現代科学が、すなわち事物や人間や共同体の本性についての科学が可能にした営み。科学が切り開いた技術的手法を用いることによって助長される営み。人間の権利の適用と実践を阻み誤らせる数多くの社会構造、不慮の出来事による数多くの物質的障害、これらを取り除くことによって自由という人間的秩序が調整される。しかし、存在のなかの〈非人間的なもの〉にそなわる最終的な過酷さがこの権利によって消し去られることは、おそらくないであろう。なぜなら存在は、物質的、生理的、心理的、社会的な生地を補強する編み物のような乗り越え難い堅固さでもって、人間の自由意志につねに逆らいそれを制限するからである。

人間の自由意志、と言ったが、人間は彼に自由を得させる困難な権利の獲得や保存をあきらめる場合にも、なお存在することに執着しうる。あたかも人間の自由それ自身が自由に対する制限であったかのように。あたかも自由それ自身が義務の必要性であったかのように。では、かかる権利が存在しなければならないということは、なにを意味しているのだろうか。

II

人間の権利の具体性と伝播の可能性が現代科学の進歩に結びついているという事実が、たとえこの権利の今日性という比較的最近生じた性格を説明しているかに見えようとも——とはいえ先に述べたようにこの性格のはるかな起源は西欧の宿命のもっとも早い時期にすでに獲得されていたように思えるのだが——、この権利の正当化の問い、あるいはこの権利が存在しなければならぬというまさにそのことについての問いはいまだ解決を見てはいない。人間の権利によって引き起こされる関心の拡大ならびにこの拡大が前提としている一般的同意から、この権利の必然性が帰納されるとしても、これが問いの答えとなるわけではない。人間の権利の「規範的な活力」は合理的なものの過酷さに導くものではないだろうか。実際、人間の権利によって要求される自由意志あるいは自律的意志が他の自由意志に課せられるなどということはいかにして、いかなる様態において可能となるのか。ある効果を含意することなしに、すなわち他の意志が暴力を被ることを含意することなしに、いかにして可能となるのか。一個の自由意志の決定が行為の格律と一致し、矛盾をきたすことなく普遍化されるのでないとしたら、一個の自由意志にそなわる理性がこのように開示されることで、他のすべての意志によって、しかもみずからの合理性ゆえに自由であるようなすべての意志によってこの自由意志が尊敬されるのでないとしたら、いかにして可能となるのか（かかる意志をカントであれば実践理性と呼ぶであろう）。もしこの場合尊敬という「知性的感情」が、尊敬を、状況の真の意味の様態として描き出さないとしたら、いかにして可能となるのか。「知性的感情」、それはまさしく知性的なものである以上、もはやカントが他律の源泉とみなした感性から生じることはないであろう。それは、ある意志が他の意志の自由に対して加える傷口をではなく、理性のうちなる平和の十全性を証示している。ある自由意志の命令に従う意志もまた、理性へとみずから赴く一個の理性たるがゆえに、あくまで自由意志であるだろう。このとき、定言命令は人間の権利の最高の原理であると言えるだろう。

III

しかし、実践理性というカントの観念、善なる意志とも呼ばれる普遍的思考の高邁さというカントの観念に、自由意志が完全に同意するというのは確実であろうか。自由意志は実践理性のなかに抵抗することなく閉じ込められるのだろうか。自発性のうちには情念や感覚の高まりという安易さにはただちに還元されないような部分があるのだが、この抑え難い部分を形式的普遍性に対する尊敬によって静めることができるだろうか。できはしない。抑え難い自発性は依然としてつねに、知性の過酷な合理主義と一個の合理的意志の危険とのあいだに区別をもうけているからだ。けれども、意志のこの抑え難い自発性は善性そのものではないだろうか。比類なき感性である善性は、定言命令によって要請される理性の無限の普遍性にとっても、それ本来の高潔な企てであったのではなかろうか。カントは神聖なる無謀さとして感性的触発(le pathologique)を告発しているが、この抑え難い自発性は、あらゆる自由を失効させる感性的触発であるよりはむしろ、高潔なる高まりなのだ!

善性は子供じみた徳であるかもしれない。しかし、それはすでに慈愛であり慈悲であり他者に対する責任である。それはすでに犠牲の可能性である。この犠牲において、現実という一般経済を断ち切りながら、自分の存在に執着する存在者の固執とは一線を画しながら、人間の人間性が炸裂する。他者が自己自身よりも優先するという条件ゆえに。善意という《内存在性の我執からの超脱》。命令として要求する他者、顔としての他者、私を見つめていないときでさえ「私を見つめる」他者、隣人でありながらつねに異邦人である他者——超越としての善意。そして私はといえば、答えるという義務を負う者、代替不能な者、選ばれ、そしてそれゆえ真に唯一な者なのだ。誰であれ最初に来た者に対する善意、人間の権利。あらゆるものに先だつ他者の権利。デカルトは高潔さについて語っている。デカルトの言う高潔さは「自分の意志の自由な使用」(『情念論』一五三参照)に結びつけられていた。しかしそれと同時に、高潔さは、「他者に善を行いそれゆえに自分自身の利益を軽視すること以上に敬うべき偉大なことはない」(『情念論』一五六参照)ということにも結びつけられていたのである。

IV

宗教や神学においては、権利は神によって人間に与えられ、人間の権利は神の意志に答えるものであると言われている。いずれにせよこうした言い方は、「人間の本性」の検討や人間の協定にすでにもとづいているあらゆる種類の法律に比べて、この権利が無条件であること、あるいは常軌を逸したものであることを証示している。しかしここでは、あの「神の存在証明」を持ち出すことなく、人間の権利は、神が観念に到来する場としてのある連繫を築いているのだ。この連繫においては超越の観念が単に消極的なものであることをやめ、会話において濫用される「彼方」が他者の顔を起点として積極的に思考されるのである。善意による《内存在性の我執からの超脱》において、自分の存在への存在者の固執あるいは存在しようとする努力(*conatus essendi*)は中断され断絶される、と私たちは言った。しかし中断や断絶と私たちが呼んだものは、人間の権利がその絶対としての地位から離れて、なんらかの心優しい主体たちによる決意の次元にまで引き下げられることを意味しているのではない。それが余すところなく意味しているのは、社会的なものの絶対性であり、おそらくは人間的なものの構えそのものとしての他者のためにが有する絶対性である。それはデカルトが語るあの「もっとも偉大なこと」を意味しているのだ。おそらく健全な哲学においては、未知なる神を起点として人間の権利を思考するなどということは決して許されはしないであろう。しかし、他者との関係のなかで顕出する絶対的なものから出発して神の観念に近づくことは許されているのだ。

＊ 初出 *Indivisibilité des droits de l'homme*, Éditions Universitaires, Fribourg（Suisse）, 1985.

《他者に向けて思考すること》についての対話

──シテ誌　倫理という次元があなたの思想の核心にあること、そしてこの次元は他者との対面のなかに書き込まれていることは知られています。しかし、倫理についての抽象的な言説に満足しうるでしょうか。というのも、あなたが特権視する二人という状況は、たしかにそこでは赦しや忘却や限界なき自己贈与が可能となる状況ではありますが、それは現実の社会状況ではないのではないでしょうか。要するに、倫理に対してあまりに多くを要求しすぎるという危険はないでしょうか。

──エマニュエル・レヴィナス　道徳主義という名で倫理を糾弾し、それがために倫理に対して合理的な言説の場を見いだせないでいる現代人の誤った成熟に影響されてはなりません。倫理が異常なものとして反省のなかに現れようとも、その重大さを恐れずに、現実の安定した秩序の外への脱出に込められた意味を考えなければならないのです。現実は──存在者は──存在します。しかし存在という語は動詞的な形態をもっており、動詞的形態は原則として行為や物語を意味するはずです。存在という語の動詞的形態はもちろん実詞的なものを喚起するのではなくて、存在の到来、存在の事実そのもの、あるいは存在の出来事を表します。この形態が語っているのは、存在のなかでは存在することが、自己を保存することが問題になるということであり、存在のなかには執着が、存在の努力があるということです。存在しないことに抗して存在は努力するのですが、それはあたかも存在しないことという忘れえない長子権のようなものが存在の事実のなかでなんらかの仕方で鳴り響き、また脅かしているかのようです。こういうわけで、生命としての存在のなかには、自己への凝集が、自己のためにが、「保存本能」があり、このような存在は生きるためにすでに闘っています。そして思考する存在のなかには、存在への意志が、《内存在性の我執》が、エゴイズムがあるのです。つぎのように問うことも可能でしょう。すなわち、物理学者が語るように、物質の物質性が原子の固体性のうちに最終的に「監禁」されてしまったならば、その際の物質性は、実体たる自我としての存在しようとする努力（*conatus essendi*）に吸収された、倫理以前の、あるいは倫理を欠いた純粋存在の内面性に類似してはいないでしょうか。純粋存在の内面性は固体の固体性に、硬いものの硬さに似てはいないでしょうか。すでにそれは生存競争や戦争のエゴイズムにおける残酷なものの残酷さの比喩ではないでしょうか。形而上学的唯物論は永遠の誘惑なのです！　倫理。自己自身とは異なる他なるものの存在へ向けられた配慮。他者の死に対して《無関心ではありえないこと》、したがって、他者の代わりに死ぬことの可能性。この可能性は聖潔への機会でもあるのですが、これらのものは、存在という動詞が語るこの存在論的凝縮の緩和だと言えるでしょう。《内存在性からの超脱》が存在への執着を打ち砕き、人間的なものの秩序、恩寵の秩序、そして犠牲の秩序を開くのです。

人間的なものにおいては、即自や対自や「各自は自己のために」が倫理的自我に、《他者のために》の優越に転換されます。存在論的執着としての《自己のために》が、一個の自我に置き換えられます。それ以後、この自我はたしかに唯一者となるのですが、しかし他者に対する――拒否することも譲渡することもできない――責任への選びによって唯一者となるのです。こうした根源的な逆転が起こるとしたら、それは私たちが他者の顔との出会いと呼ぶものにおいてなのです。他者の顔が外見において保持したりあるいは引き受けたりする態度の背後で、顔は、その防御なき裸出性の奥底から、その悲惨さの奥底から、その死の可能性の奥底から、私を呼び私に命令するのです。私から他者へと向かう個人的な関係のなかで、倫理的「出来事」、すなわち慈愛と慈悲、高邁と従属は存在の彼方へ、あるいは存在よりも高いところへと導くのです。

それでは人間の複数性ということはどうなるのでしょうか。他者のかたわらにいる第三者は、そして第三者と共にいる他のすべてのひとたちはどうなるのでしょうか。私と対面している他者へのこの責任、隣人の顔へのこの応答は、第三者を無視しうるのでしょうか。第三者もまた私の他者ではないでしょうか。第三者もまた私を見つめているのではないでしょうか。

他者の責めを負うべく呼び出された自我は、他者のための責任に向けて選ばれ、あるいはその責任を余儀なくされます。(これこそおそらく慈悲であり慈愛なのです)。私はこの責任によってある精神性を定義します。今や、この精神性のうちで、私は比較を余儀なくされます。私は比較不能な者たちを、唯一者たちを比較しなければなりません。これは「各自は自己のために」への回帰ではありません。そうではなく他者たちを判断しなければならないのです。顔との出会いにあっては、判断する必要はありませんでした。なぜなら唯一者としての他者は判断されることなく、ただちに私に優先し、私は彼に対して臣従するからです。しかし第三者が出現するやいなや、判断と正義が必要になります。隣人に対する絶対的義務というまさにその名において、隣人が要請する絶対的臣従を放棄せねばならないのです。ここに新たな秩序の問題があります。この秩序のために、制度や政治が、すなわち国家の全骨格が必要なのです。私が言う国家とは自由な国家のことです。つまり他者の顔の要求に対して自分が遅れてしまっていることをつねに心配している国家のことなのです。自由な国家、それは国家の基本的カテゴリーであって、偶然的で経験的な可能性ではありません。自由な国家は、みずからの制度を超えて、人間の権利の探求と擁護の正当性を、たとえその正当性が政治を超えるものであったとしても、それを認めるのです。それは国家の彼方に広がる国家です。それは正義を超えた呼びかけです。この切迫した呼びかけは、不可避的な正義の過酷さに付加されるべきあらゆることがらからの呼びかけです。というのも、国民として結合した市民の各々の人間的唯一性に由来するものが、演繹されることも法律の一般性に還元されることもない源泉に由来するものが、正義の過酷さにつけ加えられる必要があるからです。ここに、さまざまな制度の政治的機構のしたでも消えることのない慈愛の源泉があります。すなわち人間のうちなる宗教の息吹、あるいは予言の精神があるのです。

——倫理の主体として、自我はあらゆる人たちに対してあらゆることがらの責めを負います。彼の責任は無限です。このことが示しているのは、倫理の主体自身にとって状況はとうてい生きていけるようなものではないということではないでしょうか。場合によっては私はその倫理的主意主義によって他者に恐怖を与えるかもしれないのですが、状況は他者にとっても、同じではないでしょうか。したがって善をおこなおうとする意志のなかに倫理の無力さがあるのではないでしょうか。

——レヴィナス　そうした状況を生きることが不可能であるかどうかは私にはわかりません。この状況は快適と呼べるような状況ではありません。たしかにそのとおりです。それは楽しいものではありません。けれどもそれは善なのです。とても大切なことは……、——このように主張するからといっても私自身は聖人ではありませんし、またそのように思ってはいるわけでもないのですが——、大切なことは、ギリシャと聖書に由来する真に人間的な人間、つまり西欧的な意味での人間とは聖潔を最高の価値、不朽の価値とみなす人間である、と言うことが可能だという点なのです。もちろんこうしたことを説教するのはとても難しい。説教はあまり人気のあるものではありません。それは進歩した社会にとっては物笑いの種にさえなるのです。

——「《他者のために》という異常な高潔さ」、これはあなたが書かれたものからの引用ですが、この高潔よりも、政治のほうが、そしてより正確な意味では権利のほうが社会を創設するための唯一の手段ではないでしょうか。それから、〈法〉のこの必要性、無限の権利に対するこの制限はタルムードの政治的な教えのひとつではないのでしょうか。

——レヴィナス　私は権利や政治に対して異議を申し立てたりはしませんでした。私が試みたことはまさにそれらの必要性を演繹することだったのです。また私はそれらの倫理的限界を示してきたのです。あなたがタルムードにかんして言ったことについては、そのとおりです。けれどもタルムードは、たとえ概念を大切にするとしても、決して概念にとどまることはありません。概念を用いるときでも、タルムードはその概念のもととなる範例を決して忘れないのです。「これが法だ。——この法はまったく正しい。しかしもし〜ならば、どうなるだろうか。」この「しかしもし〜ならば、どうなるだろうか」が、個々の場合を示します。論議は決して個々の場合を無視しないのです。しばしば概念はひっくり返されて、最初に「思えた」のとはまったくちがった意味をあらわにします。

――倫理から政治へと至る過程で、人間同士の関係をめぐって提起される最初の問い、それは結局のところ正義の問いです。あなたはこのことに関してこう書いておられます。また引用します。「意識の基礎が正義なのであって、その逆ではない。」説明していただけますか。

――レヴィナス　ひとが意識について語るとき、ひとは知について語っているのです。というのも意識するとは知ることだからです。正義をおこなうためには知ることが必要です。客観化し、比較し、判断し、概念を形成し、一般化することなどが必要なのです。人間の複数性を前にしたとき、このような操作が課せられます。他者のための責任は慈愛であり愛なのですが、人間の複数性を前にすると、この責任は混乱します。ですから責任は真理を探求するのです。客観性の探求それ自体は倫理的葛藤のなかから出現し、判断にもとづく正義が倫理的葛藤の鋭さを和らげるのだ、と私は以前あえてそのように書きました。今日私が思い起こしていただこうと試みたのは、意識は知の精神性、真理の精神性ではあるけれども、愛の精神性ではないということです。哲学について、それは叡知への愛だと言われます。しかし叡知はいまだ認識の用語で考えられています。私の書物『全体性と無限』がドイツ語に翻訳されたとき、私は序文を頼まれました。私の教えは結局のところ非常に古典的なものである、と私は書きました。私の教えは、意識が〈善〉を基礎づけるのではなくて、反対に〈善〉が意識を呼び求めるのだということを、プラトンにならってくりかえすことです。叡知、「これこそ〈善〉が命じるものである。〈善〉をめざしてどの魂もそのなしうるすべてのことをなすのだ。」(『国家』五〇五e)

――トックヴィルが恐れたように、法治国家、平等社会、個人主義はある意味では倫理的配慮の死を形づくるのではないでしょうか。平等とは、あらゆる個人を一個の標準に導く危険があるという意味で、〈同〉の利益のために他なるものが死ぬことではないでしょうか。

――レヴィナス　トックヴィルにとっては、たしかに社会は必要悪です。彼は社会について貴族主義的なヴィジョンをもっていました。けれども、慈善のための場所を確保するために貧しいひとたちが存在するのを願うなどということは不可能です！　平等主義は正義によって考え出されたものです。平等主義を実現するためには、民主主義で十分でしょうか。リクールは『ル・モンド』で最近のイギリスの選挙について語っています。イギリスでは必要なものを所有している大多数のひとびとは地主に投票し、貧しいひとたちのことは誰も気にとめない、とリクールは嘆いています。リクールはそこに民主主義の危機のひとつを見ているのです。つまり、つねに存在する少数派を永遠に排除するという危機です。

――政治はどのていどまで「倫理的法悦」を保持するのでしょうか。あるいはどのていどまで政治は「内存在性からの超脱」を破壊するのでしょうか。権利は倫理的関係の成就となりうるものなのでしょうか。

――レヴィナス　答えはイエスです、もし権利が完全に道徳的なものであれば……。私は先ほど自由な国家について話しました。自由な国家とは権利それ自体をたえず問いただすことであり、現行の法律でしかない政治的権利についての批判的反省ではないでしょうか。この法律を基礎づける法学者たちはたしかに高度に道徳的なひとたちです。バルビー裁判を司ったひとは道徳的なひとですが、彼は既成の法を適用したにすぎません。けれども自由な国家とはみずからを問いただすこともできる国家なのです。法廷で日々起こることがらについての技術的手段とでも呼ぶべきことがらに関しては、私は知識をもっておりません。私にとっての問題はこうです。私と出会う顔の無限の倫理的要請、この顔は顔の外観によって覆い隠されてしまうのですが、そのような顔の要請と私が呼ぶものと、個人や対象としての他者の外観とをどのようにして両立させるか。複数の顔たちを疎外することなく比較不能な者たちを比較するにはどうしたらよいか。というのも存在者が比較されるのは顔としてではなく、すでに市民として、個人としてだからです。類のなかの複数性として比較されるのであって、「唯一者」としてではないのです。

——顔において他者は唯一者である、それだから彼は比較不能である……

——レヴィナス　私が唯一性について話すとき、私は他者の他性のことも語っているのです。というのは唯一者とは傑出した仕方での他者だからです。唯一者は類に属してはいません。あるいは類のなかにとどまることはありません。タルムードの古いテクストがあって、それが私にいつも強い印象を与えてきました。神はまったく異常である、とそのテクストは言います。実際、貨幣を鋳造するためには、国家はひとつのスタンプを用いればよいのです。たった一個のスタンプで国家はいずれも相似た数多くの硬貨を作り出します。ところが神は、みずからの似姿を押すスタンプによって、類似していない多様性を創造します。複数の自我、類のなかでの唯一者たちのことです。一八世紀のリトアニアはヴォロズィンのラビ・ハイームがここから導きだした結論とは、世界で唯一の人間としてそのひとりひとりが宇宙全体の責めを負うということです！　法律が厳密に尊重されていると仮定しての話ですが、ラビ・ハイームの結論はまた、演繹することも予見することもできない無尽の資源は法律を超えたものとして各人の慈悲、すなわち唯一者の権能に属するということをもたぶん暗示しようとしているのでしょう。

——近年Y・ライボヴィッツ教授は、ユダヤ民族国家の歴史的実現にメシア的価値を付与するというイスラエルの過ちにこだわっています。あなたはこの判断に賛成なさいますか。

——レヴィナス　ライボヴィッツ教授は、ユダヤ主義はトーラーの戒律の成就にあるとするきわめて正統派的な思想を代表しています。彼はシオニズムのなかの純粋に政治的な形態に反対しているのです。この形態はシオニズムがそこにイスラエルの運命の成就を期待して作り上げたものだ、というのです。ライボヴィッツ教授によれば、このようなヴィジョンには神学に関する根本的な誤りがあることになるでしょう。教授にとっては、ユダヤの問題は超自然的な問題でありつづけるのです。つまり〈メシア〉の約束は文字どおりに受け取らねばならず、終末論は政治ではないというわけです。ダビデの子孫がイスラエルの離散を統合し、圧制に終止符を打ち、世界を変革するであろう、というのです。

私の考えは違います。アウシュヴイッツは深い危機でした。アウシュヴイッツは神に対する人間の関係そのものに関わるのです。約束の問題それ自体が問われたのでした。トーラーに忠実であるのは約束を当てにするからでしょうか。たとえ約束がない場合にも、私はトーラーの教えに忠実でありつづける必要があるのではないでしょうか。イスラエルに対してなされた約束が忠誠の根拠ではないとしても、ユダヤ人であることを意志しなければなりません。ユダヤ主義に価値があるのは、その歴史の「ハッピー・エンド」のせいではないのです。そうではなくトーラーの教えにイスラエルの〈歴史〉が忠実であるからこそ、価値があるのです。イスラエルの〈歴史〉は――これまでもつねにそうであったように――忠誠としての〈受難〉なのです。イスラエル国家の承認されざる復活以来、この〈歴史〉は今もなお〈受難〉でありつづけています。しかし、どこかで政治的条件を引き受けない限り、この〈歴史〉は私たちの時代を乗り切ることも、私たちの時代の真理を証言することもできないのです。だからこそイスラエル国家はイスラエルのトーラーにとって重要なのであり、そしてすべての人間へと向かうトーラーの意味にとっても重要になるのです。

（インタヴュアー、ジョエル・ドゥトゥルロー、ピエール・ザリオ）

＊　初出 *Cité* : Revue de la Nouvelle Citoyenneté, 17, rue des Petits-Champs, 1987.

われわれのうちなる無限の観念について

無限の観念は、その数学的意味と数学的用法を起点とすることによって初めて、命名され承認され、なんらかの形で操作可能なものとなる。このことがたとえ本当だとしても、反省にとっては、無限の観念は解き難い背理の結び目を保持している。宗教的啓示においてすでに形づくられるような背理の結び目を、それは保持しているのだ。具体的には宗教的啓示は、人間に向けられた数々の戒律と最初から結びついているのだが、そのような啓示こそ、開示をつうじてみずからを与えつつも、それでいて絶対的に他なるもの、あるいは超越者でありつづけるような神の認識であろう。真理でもあれば神秘でもあるという曖昧さによって、無限が観念に到来するような諸状況の根源的競合、これこそ宗教ではなかろうか。ところで、無限が観念に到来することが認識に関することがらであるということ、このような到来は内在性の秩序の構築をその本質とする顕出であるということ、これは確実なことであろうか。この点については一種のコンセンサスが形成されているようだし、ある尊重すべき伝統もそれを承認しようとしているのだが、内在性が精神のエネルギーの至高の気高さであるということ(1)、神の啓示は真理の合致のなか、思考が思考されいるものに対しておこなう把握のなかで成し遂げられるということ、そしてそれゆえ意味あるいは知解可能性は語源的な意味でエコノミーであること、つまりひとが住む家、わが家という意味でのエコノミーであり、包囲し把握し所有し享受するある種の仕方であるということ、なによりもこの点に疑問の余地はないのだろうか。

デカルトによれば、人間の有限な思考は自分自身から無限の観念を引き出すことはできない。というのもデカルトは無限の観念を完全という観念や神という観念と同一視したからである。おそらく神自身が私たちのうちに無限の観念を配置しなければならなかったのであろう。しかしこの観念が有限な思考のなかにとどまることはいかにして可能であるのか。私たちのうちに無限の観念が配置されているということからデカルトが演繹しようとした「神の存在証明」がいかなるものであれ、いずれにせよ、有限な思考のうちへの無限者の到来あるいは降下あるいは収縮はある出来事を名づけている。そしてこの出来事が描き出すのは、ひとが神の存在ということで指し示そうとするものの意味であって、知の志向に合致する対象――あるいはこの志向に同等化しうるような対象――が媒介的に与えられているということではない。世界内の存在者の現前、みずからを確立する存在者の現前、つまり大地の「揺るがしえない」地殻と星をちりばめられた天蓋とのあいだで断固としてみずからを定立する存在者の現前ではないのである。ラビの賢明な言葉を用いるならば、神の高揚が語られるところではどこでもすでに神の謙虚さが告げられているのだ。

ところで無限の観念という例外はある心性の覚醒を含意している。この心性は、先入観をできる限り取り除き、知という観点から人間の思考に接近することによって、反省が見いだすノエシス－ノエマの純粋な相関にもその平行関係にも還元されることはない。無限の観念、それは神にのみ許された神学というアリストテレス的テーゼを覆す例外である。ピエール・オバンクが強調したように、このテーゼによれば、神についての神学者とは、神自身のみである。この場合、神だけがみずからを思考しうることになるであろう。これに対して、無限の観念という例外は人間の思考がまさしく神学として結び合わされることを示しているのだ！　ただしこの神学のロゴスは観照的な志向性とは異なるであろう。また、思考されるものへの思考の合致とも、それは異なるであろう。この合致は、至高の自我が——コギトという排他的な孤立によって——おこなう超越論的統覚の統一性を起点として、集約と総合というこの統一性による支配を起点として、確立されるからだ。さらに無限の観念は、一般に流布した「思考の現象学」に対する例外でもある。現象学にとっての思考は、まさしく本質的な意味において無神論である。つまり、この思考は思考されるものと等しいものと化し、思考されるものによって満たされ満‐足（satisi-fait）させられるのである。この種の思考においては、経験におけるいかなる受動性であっても、意識の能動性に、すなわち自分を襲うものに同意し決して侵害されない意識の能動性に逆転される。かかる逆転によって、所与は把握されるのである。

神の観念でもある無限の観念において、まさしく無限者による有限者の触発（*affection*）が起こる。有限者による無限者の単なる否定を超えて、また両者を対立させたり分離させたり、あるいは「われ思う」とみなされた〈一者〉の覇権に有限者を委ねたりする単なる矛盾を超えて、この触発は生じる。出現、ある内容への参与、抱懐、理解、これらのものとは異なるものとして、この触発を描く必要があるだろう。有限者に対する無限者の一方的な触発。主題化によっては回収されない受動性。しかしこの受動性においては、神の観念は神への愛であり畏れ——第三『省察』の最終節でデカルトが語っている崇拝あるいは目が眩むほどの賛嘆——であって、まったき情動性（affectivité）なのである。この情動性は『存在と時間』の心境（*Befindlichkeit*）の情動性に帰着することはない。『存在と時間』では、《死へと向かう存在》という有限性に起因する各自性（*Jemeinigkeit*）の不安が、感情についての志向性をつねに二重化しており、しかもこの感情は世界に属する存在者によって引き起こされるのだ。無限者による有限者の触発を還元することが問題なのではない。みずからが思考する以上に思考する思考、あるいは思考以上のことをおこなう思考へ向けて、無限の観念によって、神学の触発によって、コギトの各自性の外へ、本来性とみなされたコギトの内在性の外へ出て行くこと、これが問題なのだ。《内存在性からの超脱》としての情動性においては、近さとしての複数性は〈一者〉の統一へ集約される必要はない。この複数性はもはや、一致が欠如していることや、統一性が欠けていることを、単に意味しているのではない。それは愛や社会性や「他者たちのための恐れ」の卓越なのである。そしてこの恐れは私自身の死に対する私の不安ではないのだ。このとき、超越はもはや失敗した内在性ではないであろう。超越は〈精神〉に固有の卓越を、まさしく完全性をあるいは〈善性〉を有するであろう。(2)

この崇拝の情動性とこの目が眩むほどの賛嘆の受動性は、現象学的解釈をさらに先へと押し進めたならば、現象学による解釈を受け入れうるものであるということ。あるいは人格間の秩序、私の隣人たる他人間の他性、他者に対する私の責任、これらを分析することを起点として、この情動性とこの受動性は通じ合うことができるということ。こうしたことすべてがすでにデカルトのテクストの管轄の外にあるのは明らかである。私たちもここではこれ以上発展させることはやめておこう。(3) しかし現象学を実践すること、それは単に、抽象化や孤立化によって脅かされる言語の意味作用を、意味の隠蔽やずれや代替に抗して、保証することではない。それは単に、言語が覆い隠し忘れさせる思考を反省によって検討することで、言語を制御しようとすることではない。それはなによりもまず、抽象的所与についての最初の「志向」の周囲に開かれる地平において、「人間の筋立て」——あるいは人間のあいだの筋立て——を探求し想起させることなのである。「人間の筋立て」、すなわち人間における思考不能なものの具体性。抽象されて、語およよび命題による語られたことのなかですでに解きほぐされてしまったものが、この具体性のうちで、不可避的な仕方で「上演」されるのだ。現象学を実践すること、それは究極の知解可能性の織物として人間の筋立てあるいは人間のあいだの筋立てを探求することである。それはまた、おそらく天上の叡知が下界に還帰するための道でもあるのだろう。

受動性としての無限の観念は、自分自身に専念し無限を包含しえない有限な人間の不確定性の領域と理解されてはならない。この領域では、神に衝撃を与えられたとしても、そのことは有限性の悪あがきを引き起こすにすぎないであろう。しかし、それはおそらく他性および超越の根源性を理解していないからであり、また倫理的近さや愛をもっぱら消極的な仕方でしか解釈せず、それらをあくまで内在性の用語で頑迷に語ろうとするからなのだ。志向的意識の理想である所有や融合が、精神のエネルギーを汲み尽くすとでも言うのであろうか。無限者の近さやこの近さによって創出され命じられる社会性は一致や統一よりもより善きものでありうるということ。社会性は、その複数性それ自体によって、固有の還元不能な卓越を有するということ――たとえこの卓越を豊かさという語で語ろうとすれば必ずやみすぼらしい言説になってしまうとしても――。他者への関係あるいは他者に対して《無関心ではありえないこと》は他の同への変換に存するのではないということ。宗教は存在のエコノミーの契機ではないということ。愛は半神ではないということ。以上のようなことがらをも、われわれのうちなる無限の観念ないし神学とみなされた人間の人間性は確実に意味しているのだ。しかし、無限者によって傷つけられることで存在の有限性が覇権主義的で無神論的な〈自我〉のなかで内省するよう促されるよりも先に、心性の不眠へと覚醒するまさにそのことによって、おそらくこの人間性はすでに告知されているのである。

＊　初出 *La Passion et la Raison*（PUF, 1988）

（1） これはの問いは、無視しえない見事な著作『顕出の本質』でミシェル・アンリがおこなった貴重な分析を等閑に付すことをもくろんでいるわけではない。

（2） 「フェノメノロギカ」叢書の『近さ』（Nijhoff, La Haye, 1982）で、J・リバートソンは入念にこの概念を練り上げている。参照されたい。

（3） 拙著『観念に到来せし神について』（Vrin, 1982）、なかでもとりわけ「神と哲学」と題された論考を参照されたい。

『全体性と無限』、ドイツ語訳への序文

現象学的発想にもとづくものたらんとし、また、そのようなものたることを自任する本書は、フッサールの諸論考をめぐる長年にわたる研究と、『存在と時間』へのたえざる関心から生まれた。とはいえ、本書はブーバーやガブリエル・マルセルのことを無視しているわけではないし、また、その序文では、フランツ・ローゼンツヴァイクの名がすでに挙げられている。これらと同時代の思想として、本書はアンリ・ベルクソンの革新的な仕事への忠誠を証示してもいる。ベルクソンの仕事はなによりも、現象学の重鎮たちの数々の本質的立場を可能にするものだった。持続という観念をつうじて、ベルクソンは、天文学への隷属から時間を解放し、空間性ならびに固体性と思考との絆を断ち、技術の前提としての地位から、さらには観照一辺倒の立場からも思考を解き放ったのである。

一九六一年に出版された本書、『全体性と無限――外部性についての試論』は、のちに『存在するとは別の仕方で　あるいは存在することの彼方へ』（一九七四年）および『観念に到来せし神について』（一九八二年）によって継承されることになる、ある哲学的言説の端緒となるものだった。『存在するとは別の仕方で　あるいは存在することの彼方へ』ならびに『観念に到来せし神について』では、本書のいくつかの主題が再び取り上げられ、刷新され、視点をかえて論じられている。そこではまた、本書を導いたいくつかのモチーフが明確化されてもいる。一個の統一体をなすものではあるが、この哲学的言説、二五年前

に始動したこの言説の内容はさまざまな点で変化している。これらの変化はたまたま生じたものではないし、また、有益な示唆をはらむものかもしれない。しかし、要約を旨とする序文で、これらの変化を主題化することはできない。ただ、誤解を避けるために、これらの変化のうちふたつの点を指摘しておこう。存在の、存在しようとする努力（*conatus essendi*）を問いただそうとする本書の考察は、心理学的な経験論とみなされることを回避するために、存在論的言語を、より正確に言うなら形相的言語を依然として用いているが、『存在するとは別の仕方で　あるいは存在することの彼方へ』ではすでに、このような言語の使用が避けられているのだ。では、いかなる意味で本書の考察は必然的なものだったのか。この必然性はたしかに、本質に関わるものの必然性と類似してはいる。ただし、以上の指摘だけでは、もちろんこの点に答えたことにはならないのだが。第二に、『全体性と無限』では、憐憫ないし慈愛という措辞と、公正なる正義という措辞とがまったく区別されずに用いられている。しかるに、慈愛が私の権利に先だつ他者の権利の源泉であるのに対して、公正なる正義においては、あくまで調査と判断を経たあとのことではあるが、他者の権利が第三者の権利に先だって獲得される。倫理を総括する概念として、本書では、正義という語がこれらいずれの場合にも区別なく使われているのである。

　つぎに、『全体性と無限』で開始された言説の主意について、若干のコメントをしるしておきたい。

　知における総合。超越論的自我によって包摂される存在の全体性。表象や概念をつうじて把持される現前。存在の動詞的形式の意味にかんする問い。いずれも、〈理性〉にとっては不可避の事態ではあるが、本書は、そうした事態を有意味なものの究極的な構造とみなす立場に異議を唱えている。はたしてこれらの事態は、世界の調和を確たるものたらしめる能力へと回帰するものなのだろうか。あるいはまた、この能力に到達するものなのだろうか。このような回帰ないし前進をつうじて、これらの事態は〈理性〉を徹底的な仕方で現出させるものなのだろうか。つきつめて考えられた〈理性〉、それは人間同士の平和に他ならない。あらゆる事物を開-示し、それ固有の場において、あらゆる事物を即自ないし対自として肯定、確証するだけでは、かかる平和に至るにはおそらく十分ではない。その場合、真実とは、事物がありのままに現れ、それ本来の場所を保証されること、まさに外部にあるものとして事物が現出することであろうが、しかし、だからこそ事物は手の支配下に入り、摑まれ、了解され、ひとびとのあいだで奪い合われ、所有され、交換され、さらには、事物を奪い合う人間たち双方にとって有用なものと化す可能性を与えられるのだ。それにしても、いかにして人間たちは他の人間たちのもとへ赴くのか。本書『全体性と無限』では、これとは異なるある連繫にもとづいて、おそらくはこれに先だつある連繫にもとづいて、平和ならびに理性の問題が検討されている。

開示されたものの即自性および対自性を超えて、今や剝き出しの人間が、光景や事物や制度、ひいては世界の外部性よりも外的な人間の裸出性が、世界とのその疎隔を、その孤独を、その存在に秘められた死を叫ぶことになる。現れつつも、人間の裸出性はひた隠されたその悲惨を訴える。人間の裸出性をつうじて、魂のなかの死が叫び声をあげるのだ。人間の裸出性は私に——他ならぬこの私に——呼びかける。なにものにも庇護されず、また、みずからを守ることもなく剝き出しにされたその弱さをつうじて、人間の裸出性は私に呼びかけるのだ。しかし、人間の裸出性の私への呼びかけは、有無を言わせぬものではあるが威嚇を伴うことなき奇妙な権威からの呼びかけでもある。神の言葉が、その御言葉が人間の顔をとおして呼びかけているのだ。顔はすでにして、語に先だつ言語である。世界に属する固有名や称号や類型を与えられた人間は、好むと好まざるとにかかわらず、ある表情をつくろって平静を装うのだが、このような表情を剝奪された人間の顔、それが最初の言語なのだ。この最初の言語はすでにして要請であり、他ならぬ要請であるがゆえにすでにして悲惨である。存在の即自性に比すと、この最初の言語はすでにして物乞いであるが、それはまた、すでにして命令でもある。自分自身、死ぬものであるにもかかわらず、死すべきものに対する、隣人に対する責任を私に負わせる命令でもある。最初の言語、それは困難な聖潔の、犠牲のメッセージであり、価値ならびに善の起源である。人間的な秩序という観念は、人間に課せられた命令をつうじて生まれてくる。聴取しえないものを語るこのような言語、未曾有のことを語り、語られざることを語るこのような言語。それこそが〈筆記〉なのだ！

存在者としての自我は、その存在に即してある類に属し、この類のうちに閉じ込められており、論理的に同一なある類の外延に属する他の自我と依然として交換可能である。このような自我の個体性そのものを、最初の言語たる命令は触発するのだが、ある類に閉じ込められた自我はこのときすでにして、置換不能なものとしてのその唯一性に目覚め、論理的には見分けのつかないモナドとしての唯一性を、選ばれた者としての唯一性を、忌避しえない責任をとおして命じられる。ここにいう責任とは、どんな情欲とも無縁な愛、情欲とは無縁なものとして、愛される者と、言い換えるなら「世界で唯一無二の者」と結びつく愛のことである。

唯一の者から唯一の者へ——それが超越である。どんな媒介とも無関係に、類の共通性を源泉とするどんな動機とも無関係に、あらかじめ存在するどんな血縁関係とも、どんな先験的総合とも無関係に、異邦人から異邦人へと向かう愛。兄弟関係の核心に位置しながらも、いわゆる兄弟愛よりも善きものたるこの愛。《他者への超越》のこのような無償性によって存在は断たれる。当の存在を、存在の存在への固執をたえず気遣う存在が断たれるのだ。存在‐論は絶対的な仕方で断たれる。ただし、《他のためにその身代わりになる一者》の聖潔をつうじて、近さを、社会性を、平和をつうじて。なるほど、ここにいう社会性はユートピアであるかもしれない。しかし、ユートピア的なかかる社会性からの命令が私たちのうちなる人間性を目覚めさせるのであり、ギリシャ人たちもこのような社会性のうちに倫理を認めたのだった。他人の裸出性から、その悲惨から発せられる命令は、他人への責任を命ずる。それも、存在論を超えて命ずる。神の言葉である。背面世界という彼方へのいかなる思いこみも、知を超越するようないかなる知も前提とすることなき神学である。顔の現象学であり、神への不可避の遡行である。数々の啓示宗教において、子供たちに、私たちひとりひとりが有する子供の部分に語りかける声を承認することも拒むことも、このような遡行ゆえに可能となる。子供たちは、子供としての私たちはすでにして〈書物〉の読者であり、〈筆記〉の解釈者なのだ。

科学によって把握された対象や把持に委ねられる現前の現象学。みずからの観念のうちに反映された存在の現象学。思考を決して凌駕することなき思考されたものの現象学。フッサールのみごとな論考において、超越としての意識を賦活する志向性のノエシス－ノエマの厳密な平行関係から帰結する相関関係ないし照応。『全体性と無限』で企てられた探求の本義は、このような現象学や相関関係を問いただすことではもちろんない。（ブレンターノの哲学的遺言に従って考えられた、）超越としての意識のあらゆる形態のなかで、不可欠な基礎となるのはあくまで観照的なものである。それが情緒的な意識であれ、価値論的な意識であれ、意志的な意識であれ、いずれの意識にとっても観照的なものが特権的な様態をなしているのだが、本書の探求の本義はこのような観照的なものを問いただすことでもおそらくない。とはいえ、『全体性と無限』の言説は、『第一哲学をめぐる省察』の第三省察においてデカルトがノエマないしコギタトゥムとは釣り合うことなき思考ないしノエシスと遭遇した、という記念すべき事実を失念しているわけではない。直観の明証のうちに宿る代わりに、哲学者にめまいを起こさせるような観念と、デカルトは出会ったのだ。真理に即して思考するより以上に、いや、それよりも善く思考する思考。このような思考はまた、〈無限〉を思考しつつも、この〈無限〉に賛嘆の念をもって応えるものでもある。『全体性と無限』の著者は、その師フッサールからノエシス－ノエマの平行関係を学んだあとでこのようなデカルトの教えを知り、大きな驚きを覚えたのだった。なんとフッサール自身、デカルトの弟子をもって自任していたのだが！　こうして『全体性と無限』の著者は自問することになる。「叡知への愛」を愛すること、ギリシャ人たちに由来する哲学としてのこの愛にとって肝要なのは、対象を包囲する数々の知の確実性、さらには、こうした知を反省するより大きな確実性だけなのかどうか。哲学者たちに愛され、また待望されてきたかかる叡知は、認識することの叡知を超える、愛の叡知であり、愛としての叡知なのではないか、と。愛を愛することとしての哲学。この叡知を教えるもの、それは他の人間の顔である！　プラトンの『国家』第六書にいう〈善〉、存在性を超越し、数ある〈イデア〉に抜きんでた〈善〉が、このような叡知を告げてはいなかっただろうか。〈善〉との関係において、他ならぬ存在は現れる。その現出を照らし出す照明や存在論的な力を、存在が引き出すのも〈善〉からである。かかる〈善〉をめざして、「どの魂もそのなしうるすべてのことをなすのだ。」（『国家』五〇五e）

パリにて、一九八七年一月一八日

他者、ユートピア、正義

——あなたの初期の哲学的な仕事は現象学にかんするものです。あなたの省察は、もっぱら現象学の伝統とのみ接触することで形成されたのでしょうか。

——レヴィナス　フランスで出版された現象学関連の本のうちではもっとも早い時期に属する本を、私は出しましたし、そのすこしあとには、ハイデガー論を書きました。ハイデガーを論じたものとしては、かなり早い時期に書かれた論文のひとつです。単に年代的な事実にすぎませんが、ちょっと思いだしましたのでこのことを申し上げておきます。別の場所で話しましたように、私はストラスブールでの修学時代に現象学と出会いました。かの地のすぐれた哲学の館、聖地には、プラディーヌ、カルテロン、シャルル・ブロンデル、アルバックスといった教授たちがいました。のちにレジスタンスに身を投じたモーリス・アルバックスは強制収容所に消えました。これまでほとんど強調いたしませんでしたが、これらの恩師たちの教えの奥底にはベルクソンがいて、ベルクソンへの言及は私にとって格別に重要なものでした。今日では、ベルクソンの名はめったに挙げられません。フランスの大学にとってベルクソンが重大な哲学的出来事であったことを、今もなお世界の哲学にとってベルクソンが重大な出来事でありつづけていることを、さらには、モデルニテという問題を構成するに際してベルクソンが演じた役割を、私たちは忘れはててしまったのです。存在者とは異なるものとして、ハイデガーは存在を存在論的に主題化し、存在の動詞的な意味を探求しましたが、このような試みは、持続というベルクソン的な観念においてすでに作動していたのではないでしょうか。持続は、存在の実体性にも存在者の実詞性にも還元されないものなのですから。「生成の哲学は存在の哲学と対立している」といった月並みな定式から連想される二者択一に即して、ベルクソンを捉えつづけることができるでしょうか。それに、ベルクソンの晩年の論考のうちには、技術的合理性に対する批判――この種の批判はハイデガーの仕事のうちでもきわめて重要な位置を占めていました――が見られるのではないでしょうか。『創造的進化』は、機械にとりつかれたヒューマニズムから解放された精神性の擁護です。そして『道徳と宗教の二源泉』では、直観が、言い換えるなら生きることそのものないし「奥深い時間」の体験が、持続の意識ならびに知が、他者および神との関係として解釈されています。

こうした関係のうちには、具体的な情愛や愛が宿っています！　私はベルクソンのいくつかの主題に親近感を覚えています。たとえば持続ですが、持続においては、精神性は単に「知識」にかんする出来事に還元されたりはしません。そこでは、精神性は誰かとの、他人との関係の超越、すなわち愛であり友情であり共感なのです。こうした近さは、空間的な範疇や客体化、主題化の様相には還元不能なものです。固体の頑なな存続に即して実在の意味を探求することへの拒否のうちには、事物の生成へのベルクソン的な遡行のうちには、動詞としての存在、出来事としての存在の言表のごときものがあります。現代哲学の諸概念が形づくる組織全体の源泉に、ベルクソンはいるのです。私自身の取るに足らない思索の営みにも、おそらくベルクソンに負うところがあるでしょう。一九二〇年代の教育や教養のうちにベルクソン主義が刻みつけた足跡に、私たちは多くを負うているのです。

――現象学に話を戻しましょう。あなたが現象学と出会ったのも、ストラスブールでの修学時代のことでした。当時まだフランス語に訳されていなかった『論理学研究』を読んでいたパイファー嬢をつうじて、あなたはフッサールの名を知ったのでした。後年、あなたは彼女とともに『デカルト的省察』を翻訳されました。一九二九年に『ルヴュー・フィロゾフィック』に掲載されたあなたの処女論文は、エトムント・フッサールの『イデーン』（フッサールの一九一三年の論考）にかんするものでした。こうしてあなたは、一九二八年にフライブルクで、フッサールの最後の講義と着任早々のハイデガーの講義を聞くことになります。現象学的方法の創設者から、一般にそのもっとも独創的な弟子とみなされている者への移行について、今日どのようにお考えですか。

――レヴィナス　移行とおっしゃいましたが、どのような意味でおっしゃったのでしょうか。両者が、共に現象学を語っていたということでしょうか。それとも、フッサールを読むことがハイデガーを読むことの下準備になったということでしょうか。出版されたばかりの『存在と時間』を一九二七年に読んだフッサールの信奉者たちは、たしかに、問いかけとその展望との新しさを感じとると同時に、この驚異的な分析と企図はフッサールの現象学的営為によって見事に準備されていたとの確信を抱いたのでした。

　フッサール自身による批判はかなり時間が経ってからなされました。当初フッサールは、『存在と時間』での現象学的分析の豊穣さに眩惑されていたにちがいありません。なるほど、この分析は天才的な仕方で意想外な次元を開くものだった。たとえ、この次元がすでに現象学以外の場所から着想を汲むものであったにせよ、それは意想外な次元を開くものだった。にもかかわらず、『存在と時間』の現象学的分析は、フッサールの方法に準じた挙措や可能性や手続きと依然として相容れうるものだったのです。時を経てこの書物を再読したとき、ようやくフッサールは離反に気づき、離反を感じとったのでした。フッサールのこの批判的読解を証示する欄外の注記を参照することができるはずです。ハイデガーはもっとも才能豊かな自分の弟子であるとのフッサールの確信に変わりはありませんでしたが、フッサールはつねに不一致を気にかけていました。熟慮のうえで自分の後継者に選んだ人物について、フッサールはマックス・ミューラー教授にこう言っていたものです。「私はいつもハイデガーから強い感銘を与えられるが、決して影響を受けたことはない」、と。

——ヴィクトール・ファリアスの本がでたあと、ハイデガーのナチズムにかんする議論がフランスのマスコミを賑わせました。この論争が生産的なものかどうかはともかくとして、あなたにお伺いしたいことがあります。あなたはハイデガーの仕事を逸早く見いだされたわけですが、このような事態を予想することができたでしょうか。

——レヴィナス　ファリアスが語ったことはほとんどすべて知られていました。一九三三年になるかならないかのうちに、フランスでは、ハイデガーの政治的立場にかんする情報が流れていました。大戦後のパリでも、この種の論争が起こりましたが、いつのまにか勢いが弱まり鎮静化してしまった。それを、ファリアスが再び目覚めさせたわけです。国家社会主義がハイデガーのような人物を引きつけうるなどとは、一九三〇年には予見しがたいことでした。そのときファリアスの本はまだ出ていませんでしたが、近々に国際哲学カレッジ主催のシンポジウムで発表をおこなったとき、私はこの道徳的な問題を提起しました。『存在と時間』に対しては賛嘆の念を抱いているにもかかわらず、です。ファリアス以降、いくつかの細部が明らかにされましたが、本質的な意味で新しいことはなにひとつありませんでした。

重要なのは作品そのものです。少なくとも、『存在と時間』は哲学史上もっとも偉大な書物のひとつです。それを拒み、それに異を唱える者たちにとってもそうでしょう。国家社会主義の数々の主張と明白に結びつくような表現は、『存在と時間』のうちにはまったくありません。ただ、この構築物は、国家社会主義の主張が提起されうるような曖昧な部分を伴っています。私としては、この体系のうちで第一義的な位置を占める観念、「本来性」(Eigentlichkeit)を挙げておきたく思います。私のものを起点として、まったき固有性を起点として、「各自性」(Jemeinigkeit)を起点として、「本来性」が考えられているわけで、「本来性」とは各自性としての自我の始原的な凝縮なのです(『存在と時間』九節)。「本来性」は、譲渡不能な自己帰属としての「自己に」(*à soi*)ならびに「自己のために、自己に対して」(*pour soi*)にもとづいているのです。『存在と時間』の人間学では、人間の具体性を織りなす諸特徴のすべてが、「理性的動物」の伝統的な諸属性を超えて、「実存範疇」(*existentiaux*)の名のもとに存在論的なレヴェルに導かれています。しかし、驚くべきことと言ってもよいでしょうが、こうした人間学は商業的交換の哲学を欠いています。商業的交換は、人間たちの欲望や気遣いがぶつかりあう場であり、そこでは、貨幣——ところで貨幣は単なる用具性(Zuhandenheit)なのでしょうか——が、このようなせめぎ合いのうちに、平等、平和、「適正な価格」をあらしめる尺度となります。たとえ貨幣が奴隷的な資本主義に、拝金に頽落(Verfallen)するとしても、この頽落に先だって、貨幣はこのような役割をはたすのです。各自性を起点として考えられた場合、本来性は、いかなる影響も被ることのありえないものにとどまります。どんな混交も、どんな債務もそこにはなく、本来性は、「各自性」たる自我の交換不能性、唯一性を損なうようないかなるものとも無縁なのです。自我は「ひと」という無限的な代名詞のうちに堕落しかねないのですが、なによりもまず、「ひと」という無限定な代名詞の卑俗な日常性から自我を守らねばならない。ただし、「ひと」の凡庸な日常性への激越な侮蔑の念はただちに、万人の平均的な共通性が民主主義のうちで有する正当な持ち分への侮蔑の念を引き起こすことになるのですが。

つい最近のことですが、アドルノという哲学者がすでに本来性の隠語を糾弾していることを知りました。ところで、この隠語は「高貴さ」を、血の、武勲の「高貴さ」を表しています。卑俗さなき哲学においては、このような「高貴さ」はさらに他の危険をはらんでもいます。なにものによっても譲渡されてはならない人間的自我の唯一性が、この哲学においては、死を起点として考えられているのです。自分自身との関わりにおいて、各人は死ぬ。死ぬことのうちに、譲渡しえない自己同一性があるのです！　他人のために自己を犠牲にしたとしても、他人が不死を得るわけではない。なるほど、世界のうちで自我は他人たちと関係しているのですが、実際には誰も他のひとのために死ぬことはできない。このように「死へむけて実存すること」、このような「死への存在」のうちで、明晰なる苦悩は、むなしく恐れのうちに逃避することもなく無と接する。それが根源的な本来性なのです。が、ただそれだけのことです。ハイデガーは、このような本来性のうちに「他人たちとの関係」すべてを解消してしまう。「やりすごして」しまう。現存在の有意味性はこの本来性で停止するのです。おそるべき本来性ではありませんか！　私がなにを拒んでいるかはおわかりでしょう。

では、私は非本来性の味方なのでしょうか。いずれにせよ、自我の本来性、自我の唯一性は、夾雑物なき「私のもの」というこの所有辞に、自己から自己への関係に、「生よりも貴重で」、愛や他者への気遣いよりも本来的な誇り高き雄々しさに由来するのです。唯一性は、同じ論理的類の外延に属する諸個体のうちで互いに区別された誰々が示す差異によって得られるものではありません。というのは、同じ類の外延の成員であるがゆえに、これらの個体はその類のうちで唯一のものではないからです。

私の考えでは、唯一性は、他者に対する責任の具体性のうちで自我に課せられる、いや、くりかえし課せられる代替不能性を起点として、意味を得るのです。他者が知覚されるや否や、責任は課せられるのですが、ただし、この表象、この現前において責任はあたかも知覚に先行しているかのようです。この表象、この現前においてすでに、責任は現在よりも古きものであるかのようです。それゆえ、責任は変化せざるものであり、知とは無縁な秩序に属していることになりましょう。いうなれば、永遠の昔から、自我はまず最初に責任を担うよう求められている。自我は代替不能であり、それゆえ唯一の者であり、それゆえこの私であり、選ばれた人質ないし担保であり、選民なのです。これが出会いの倫理であり、社会性です。永遠の昔から、人間は他の人間に責任を負うている。唯一の者が唯一の者に責任を負うているのです。そのひとが私を見ていようといまいと、「彼は私を見ている」。私は彼に責任を負わなければならない。他者のうちにあってこのように私と関わるもの、それを私は顔と呼ぶのですが、私と関わる顔は、表面的にいかに平静を装うとも、自分が見捨てられた者であることを、自分が無防備で死すべき者であることを思い起こさせ、あたかも彼だけが世界にいるかのように、あたかも愛されている者であるかのように、私の古来の責任に訴えかけるのです。隣人の顔のこのような訴えは、倫理的な火急事として、「召喚された自我」が自分自身に負う責務を延期するか抹消してしまう。そこでは、他者の死への気遣いが、自我の自己配慮に先だって、この自我にとっての重大事と化すのです。自我の本来性、それは最初に呼びかけられた者のこのような聴従であり、代わりをたてることのできない、他人への留意であり、それゆえすでにして、自分が死すべき者であるにもかかわらず諸々の価値に忠誠をつくすことなのです。このような犠牲の可能性が人間の冒険の意味なのです！　死に抗して、有意味性がこうして可能になる！　復活がありえないとしても、有意味性は可能になるのですが、これこそが肉欲なき愛の究極の意味であり、もはや憎むべき者ならざる自我の究極の意味なのです。

宗教的な用語を使っているように見えることでしょう。選びを起点として、自我の唯一性を語っているのですから。どんな借財よりも古き借りが自我のうちにあるのですが、この借りが自我を構成しているのですから、自我がこの借りから逃れることは至難の業です。ある観念にまずもって意味を得させるような状況の具体性を尊重しつつ、この観念を論じる以上のような仕方は、しかしながら、現象学にとって本質的なものであるように私には思われます。これまでに私が話したことはすべて、現象学に特徴的なこの仕方を想定したものなのです。

以上の考察の全体をつうじて聖潔なるものの価値が明らかになるのですが、聖潔とは、人間の出来をつうじて、存在ならびに思考がこのうえもなく根底的な仕方で転覆されることなのです。存在は利害を有しており、存在の根本的な本質（存在すること）は存在しようとする努力であり、すべてのものとすべてのひとに対する、いや、すべてのものとすべてのひとに抗する頑なな存続であり、そこに存在することへの固執である。これに対して、人間性とは他人への愛であり、隣人に対する責任であり、場合によっては「他人のために、他人の代わりに死ぬこと」であり、犠牲である。しかもこの犠牲は、他人の死が私自身の死に先だって、私自身の死以上に私を思い悩ませることもありうるという、常軌を逸した考えにまで導くものなのです。人間性は、存在を超えた新たな合理性の始まりを表しているのです。いかなる有性をも超えた〈善〉の合理性の始まりを、善意の知解可能性の始まりを表しているのです。（『存在と時間』五〇節で、ハイデガーは、それが誰であれ他人との関係を、死ぬことにおいて完全に解消してしまったのですが、それとは逆に）犠牲によって他人ならびに世界に、——この世界は私が不在であっても私にとって重要な意味をもち、私はそれに対して責任を負うているのですが——このような他人ならびに世界に意味を付与する可能性、この可能性は生き残ることではもちろんありません。それは、私にとって重要であり、私が責任を負わなければならないような未来への脱自なのです。私がもはや存在しないような未来に対して、私は責任を負うのですが、このようにして意味づけられた未来は、来たるべきものとして未来把持された現在ではもうないのです。

以上の分析はその基礎的な所与にのみ限られたものですから、これで他者性の現象学のすべてが言い尽くされたわけではありません。ここでは問題の所在を指摘することしかできませんが、この問題は、四〇年前に『時間と他者』と題された小著でエロスや父性について考えた際に私がかいま見たものであり、聖潔における肉欲なき愛と性との曖昧な関係をめぐるこの考察は、さらに探求すべき展望を開くものなのです。

——聖潔のそのような定義は、私たちを絶対性のうちに位置づけるものです。補償の観念ではなく無償性の観念に力点を置いた倫理的要請が問題なのだ、ということはよくわかるのです。しかし、です。あなた自身、不可能性という特徴を考慮に入れておられるわけですが、無償性という側面をこのように強調なさるとき、「これはユートピア的な考え方で、倫理的要請と政治との関わりを無視している」と非難されることに危惧の念を抱かれることはありませんか。たぶん、ここで「第三者」という観念が介入するのでしょうが。

――レヴィナス　他者に対する責任、あるいはまた肉欲なき愛と私が呼ぶものの要請は、自分自身のうちにしか見いだすことができません。私の「われここに」のうちに、交換不能な者として選ばれた私の唯一性のうちにのみ、この要請はあるのです。この要請はそもそも相互性を欠いている。さもなければ、かかる要請の無償性が、恩寵が、無条件な慈愛が台無しになりかねません。ところで、互いに責任を負うた諸個人の正義の秩序が生まれるのは、自我とその他人とのあいだの相互性を回復するためではありません。私にとって他人である者のかたわらにいる第三者、彼も「また」私にとって「他人である」のですが、この第三者ゆえに、正義の秩序は生まれるのです。

まさに他人と第三者に対して責任を負うがゆえに、私は、他者と第三者との相互作用に無関心ではありえない。一方に慈愛の念を向けることで、私が他方への愛から解放されることはありえないのです。各人の顔は比較不能な唯一性を表現しているのですが、自我、私は各人の比較不能な唯一性に踏みとどまるわけにはいかない。かけがえのない個別性の背後に、類に属する諸個体をかいま見、これらの個体を比較し、裁き、糾弾しなければならないのです。個体的なものと唯一のもの、人称的なものと絶対的なもの、仮面と顔とのあいだには、微妙な曖昧さがあるのです。これが避けて通ることのできない正義の時なのですが、ただし、正義の時を要請するのは他ならぬ慈愛なのです。

このような〈公正なる正義〉の時においては、比較不能な者が人間を織りなす種と類のうちに「集約され」、そのうえで比較不能な者同士の比較がなされることになります。これはまた、司法的な権限を有した諸制度の時であり、諸制度を強化する諸国家の時であり、つねに厳しい法たる普遍的な〈法〉の時であり、法の前に平等な市民たちの時でもあります。

共通性で括ることのできないあの選ばれた者たちも例外ではありえない。彼らもまた概念の序列のうちに座を見いださなければならない。諸々の義務と権利との相互性が必要となるのです。それぞれの魂の模倣不能なこのうえもない個別性、その「一回的な」唯一性を説く聖書に、種と類のエキスパートたるギリシャの文献が合流しなければならない。これが〈西欧〉の時です！　これが正義の時です。しかし、正義の時を要求するのは慈愛です。私はかつてこう言いました。他者に対する無限の厚情に、厳しい法がいかなる制限ならびに過酷さをもたらすことになろうとも、正義の言説はすべて、他の人間の顔が呼び求める、他者への責任、慈悲、善意の名において作動する、と。厚情の無限は忘れることのできないものであり、一方、過酷さはたえず緩和されなければならない。他の人間に対する人間の根源的な善意の名において、そしてまた、この善意を記念して、正義はたえずより賢明なものとならなければならないのです。このような善意においては、存在することに固執する野性の存在の努力、それも内存在性の利害に操られるこの努力が、内存在性の利害からの倫理的な超脱——この神の言葉！——によって中断されるのです。みずからの無情さにあらがって、正義はたえずより善きものになっていかなければならないのです。

おそらくはこの点が民主主義の卓越なのでしょう。民主主義の根幹をなすリベラリズムは、正義がたえず覚える深い後悔の念に対応している。法制はつねに未完の状態にあるから、つねに手直しが必要である。法制はより善きものへと開かれているのです。正義は倫理の卓越を、そしてまた、みずからが善意のうちで生まれたことを証示しているのですが、多数の者からなる社会が強いる必要不可欠な計量が正義を善意から遠ざけてしまうのです。ただし、この計量はたえずやり直される計量であり、それゆえ、善意と正義の隔たりはおそらくしだいに狭まってゆくのです。このように、修正の自由を伴った善の体験のうちには、〈理性〉の進歩が存在しています。が、それは〈正義〉の疚しさでもあります！　正義を引き起こした善意が善良なものであるほどには、自分が公正なものではないことを、正義は知っているのですから。とはいえ、正義が善意を忘れ去るとき、正義は全体主義的でスターリン的な体制に陥り、イデオロギーにもとづく推論にかまけて、人間の共存の新たな形態を発明してゆく才を失いかねないのです。

今世紀の大いなる危機の直後に書かれた実に感動的な作品、『人生と運命』のなかで、ワシリー・グロスマンはさらに考えを推し進めています。彼の考えでは、ある人間からその隣人へと向かう「小さな善意」は、組織や普遍性や体系を求めるや否や、失われ堕落してしまうのです。教義たらんとするや否や、政治神学論たらんとするや否や、〈党派〉、国家、さらには〈教会〉たらんとするや否や、「小さな善意」は失われ堕落するのです。とはいえ、小さな善意は〈存在〉のうちでの唯一の〈善〉の避難所でありつづけます。打ち負かされることのないものとして、小さな善意は〈悪〉の暴力を被るのですが、小さな善意でしかないがゆえに、この善意には〈悪〉を打ち破ることも、それを駆逐することもできません。小さな善意はもっぱら人間から人間へと赴く。諸々の出来事や力の展開の舞台たる場所や空間を横切ることなしに、それは人間から人間へと赴くのです！　目をみはるべき〈善〉のユートピアであり、〈善〉という彼方の玄義でありましょう。

ユートピアであり、超越です。理性的な正義は隣人愛によって息を吹き込まれたものではありますが、諸々の書類に縛られている。正義は、それを呼び求め、また賦活している善意と肩を並べうるものではありません。個別的な自我の無尽の資源から生じた善意、根拠も制限もなく顔の訴えに応答するこの善意のほうは、苦しみに喘ぐ他人に通じる小径を見いだしうるものであり、しかも審判を否認することがないのです。かねてより私はあるタルムードの教訓話を称えてきました。『ロシュ・ハシュナー』〔新年祭〕一七bで語られた話で、そこでは、聖典の『申命記』一〇・一七と『民数記』六・二五の聖句のあいだに存在するかにみえる矛盾の解消が試みられています。前者のテクストでは、神が望む裁きの厳格さと厳密な公平無私が説かれていて、顔をえこひいきすることが禁じられています。『民数記』六・二五の聖句は別のことを語っています。そこでは、裁きにふした人間に向けられる神の光り輝く顔が、裁きにふした人間を照らし彼に恩恵を与える神の顔が予見されています。この矛盾は、ラビ・アキバの叡知によって解消されました。この卓越したラビ博士によると、第一のテクストは判決がくだされる以前に展開される正義にかんするものであり、第二のものは判決後に起こりうることを明らかにしているのです。正義につづいて慈愛が語られているわけですが、慈悲の可能性を伴ったこの判決以後もまた、当然のことながら、全面的に正義の業に属しています。これとはちがって死刑はこのような正義の範疇に属さない例外だ、と考えるべきなのでしょうか。

一国民の生は、対自的に自己を措定する諸個人、言い換えるなら自分たちの土地に住み、自分たちの土地のために、自分たちの場所のために、自分たちの〈現‐存在〉のために戦う諸個人の単なる総和に尽きるものではなく、どんな借財にも先だって借りを有した人間たちをうちに秘めている。いや、こうした人間たちの姿を明らかにしている、少なくとも、そうした人間たちの姿をかいま見させてくれるのですが、彼らはその隣人に尽くす責務を、責任を負うており、この責任をつうじて選ばれた唯一の者として、平和を、正義を、理性を望むのです。場所なきユートピアです！　人間性の意味を——人間たちの存在の没利害の超脱を理解するこのような仕方は、場所への人間たちの気遣いを考えることから始まるのではありません。場所においては、人間たちは存在することに、それも存在するための存在することに執着するからです。私がまずもって考えるのは、人間たちにおける「他人のために」です。その場合には、ありうべき聖潔の冒険をつうじて、人間性が、存在することへの盲目的な固執とそれゆえの戦争を断つのです。「ここは私の日向だ、この言葉こそが大地全体の簒奪の開始であり象徴である。」パスカルのこの言葉を、私は忘れることができません。

——「倫理は、私が決して負うたことのないあの負債を想起させるものであろう。」他人の顔をつうじて私は私の責任を想起させられるという考えを、あなたは展開されました。ですが、どんな人間もみな、こうした「他なる」人間なのでしょうか。ときには、意味の隠滅が、獣のごとき者たちの顔があるのではないでしょうか。

——レヴィナス　論文審査のさいに私の仕事を註釈していた若い日本人に、ジャン＝トゥサン・デザンティはこう訊ねました。ナチの親衛隊員は、私が顔ということで言わんとしているものを有しているのでしょうか、と。実に厄介な問いですが、私の考えでは、この問いは肯定的な答えを要請しています。発せられるたびに苦痛をもたらす、肯定的な答えを要請しているのです！　バルビー事件の際に、私は「西欧を称えよ！」と言うこともできたでしょう。法廷でその「残虐さ」をしかと見定められた者たちに対しても、正義はその力を発揮しつづけているのです。被告は無実とみなされ、自己弁護の権利を、敬意を払われる権利を有しているのです。黙示録的な雰囲気（『地球報告』誌所収のフランソワ・ポワリエとの対談「犯罪と非人間性」を参照）にもかかわらず、このような仕方で正義が機能したのはすばらしいことです。

私の用語法では、顔という語は狭い意味に解されるべきものでは決してない、という点も述べておかなければなりません。その唯一性をつうじて、その貧窮と死すべき運命ゆえの卑下をつうじて、表現しうるという人間性の可能性。顔に対する私の責任を思い起こさせ、責任を担う唯一の者として私を選ぶ顔の呼びかけ——この神の言葉——は、ロダンによって彫られた剝きだしの手からも到来しうるものなのです。

グロスマンが『人生と運命』で物語っていることですが、モスクワのルビアンカ刑務所には名高い窓口があって、ひとびとは、「政治犯罪」で逮捕された肉親や友人たちへの手紙や小包をそこで渡したり、そこで彼らの消息を訊ねたりするのでした。そのためにひとびとは列をつくるのですが、誰もが、自分より前にいるひとのうなじに、このひとの悲痛な感情と希望を読みとるのです。

——すると、うなじは顔なのでしょうか……

——レヴィナス　グロスマンは、うなじは顔であるとは言っていません。そうではなく、他人の弱さが、その死すべき運命が、無防備な剥きだしの状態で死に曝されていることが、余すところなく他人のうなじから読み取れる、これがグロスマンの言わんとするところです。グロスマンはこのような表現を用いているわけではありませんが、いずれにせよ、顔は、顔とは「反対の」ものにおいても意味をもちうるのです！　このように、顔は、目の色や鼻の形や頬のつやなどのことではないのです。

——最後の質問です。現在進行中のお仕事で、もっとも重要な関心事はどのようなものでしょうか。

——レヴィナス　私にとって重要な研究のテーマは、時間の観念の脱形式化というテーマです。カントは、時間は一切の経験の形式であると言いました。実際、人間のどんな経験も時間的な形式をまといます。カントに発した超越論的哲学は、経験に由来する感性的内容でこの形式を満たしましたし、ヘーゲル以降は、この形式を弁証法的に内容へと導きました。これらの哲学者たちは、「質料」ないし出来事のある連繫のうちに、ある意味では形式に先だって意味づけられた内容のうちに、他ならぬ時間性の形式を構成する条件を求めようとは決してしませんでした。フッサールにおける時間性の構成も、消失し「過去把持」され、切迫し予見される現在性にかんする意識、それもすでに現実化された意識を依然として起点としています。消失と切迫は、打ち立てるべきもの〔時間〕をすでに含意していますし、その際、過去への消失、未来の切迫というこれらの様相を結びつける特権的な経験的状況はいかなるものなのかという点が示されることもまったくないのです。

　このような視点から見た場合、まさにつぎのような問いを提起したことこそハイデガーの卓越せる点であるように思えます。過去の過去化、現在の「現在化」、未来の未来化――これらは脱自と呼ばれているのですが――そうした過去化、現在化、未来化が本質的かつ本源的な仕方で結びついている、具体的実存に特徴的な状況ないし情勢はいかなるものか、とハイデガーは問うたのです。存在することを選択することなしに存在し、私たちなしにそのつどすでに開始された可能事に関わること。「既往性」に発する脱自。事物を掌握し、現在の脱自たる表象や認識によって事物のかたわらにあること。死に向けて実存することとしての未来への脱自。これが大略――大略というのはハイデガーの哲学はもっと思慮深いものだからですが――ハイデガーによって創始されたことです。

　これとは用語も異なりますし、同じ状況と関わっているわけでもありませんが、フランツ・ローゼンツヴァイクもまた同様に、時間性を構成する体験の「特権的な情勢」を探求しようとしました。ローゼンツヴァイクは、宗教的な観念ないし意識を、つまりは創造を起点として過去を、啓示の聴取ならびに啓示の受容を起点として現在を、贖いの希望を起点として未来を考えようとしました。このようにして、ローゼンツヴァイクは、聖書に準拠した思考を他ならぬ時間性の条件にまで高めたのです。聖書への言及は、人間の本源的な意識の様相として、それも人類の大部分に共通な様相として要請されたものです。ローゼンツヴァイクの哲学的大担さの本義は他でもありません、創造を過去にではなく過去を創造に、啓示を現在にではなく現在を〈啓示〉に、〈贖い〉を未来にではなく未来を〈贖い〉に準拠させたこと、これです。

どんな契約にも先だつ、他者に対する責務——決して現在と化したことのない過去とのこの関わり！——について、そしてまた、決して私の現在と化すことなき未来との関わりとしての、「他人のために死ぬこと」について、私はあなたがたにお話ししたわけですが、これらの点にかんする私の話はおそらく、ハイデガーやローゼンツヴァイクへの最後の言及につづく、ありうべき探求の序文のごときものと、あなたがたには思えたことでしょう。

（インタヴュアー、J・M、J・R）

＊ 初出 *Autrement*, n° 102, novembre 1988.

訳者あとがきに代えて

もう五、六年前になるだろうか、今レヴィナスはC'est-à-direという題の本を準備しているという話を友人から聞いたことがある。ある独特な意味を込めて自分がかつて使用した措辞、それをタイトルとしてレヴィナスは本を編むようになったのだな。そんな印象を抱いたおぼえがあるが、それというのも、「言い換えるなら」、「つまり」といった意味のフランス語の表現c'est-à-direは、実は『全体性と無限』の方法論にとってきわめて重要な意味をもつものだったからだ。

ノエシスのノエマという思考の形式的構造の炸裂はある種の演繹、必当然的ではあるが分析的ならざるある種の演繹を構成する。本論考では、「つまり、言い換えるなら、こう言うべきなのだが」(c'est-à-dire)、「まさしく」(précisément)、「これがあれとして生起する」(ceci se produit comme cela) といった表現でこの演繹が表示されている。(邦訳、一二六ページ)

今のところ、C'est-à-direという題の本は出版されていないが、来たるべき書物をめぐるこのエピソードは、のちに本書の出版を知ったとき、ある驚きとともに蘇ることになった。本書に収められた「自我と全体性」や『全体性と無限』には、ほかでもないentre nousという措辞をめぐる考察がしるされていたからである。ある驚きとともに、と言ったのは、「一者から他人への連関や『他人のために』の超越によって、『倫理的主体』が、われわれのあいだ entre nous が創始される」という本書序言の言葉と、それまでレヴィナスが entre nous という語に込めてきた意味とのあいだにかなりのずれがあるように思えたからである。

あるいは、一九五〇年代の論考と本書の序文とを隔てる三十余年の歳月のなかで営まれたレヴィナスの思索の曲折がこのずれのうちに反映されているのかもしれない。たとえば、「自我と全体性」ではどうだろう。「そもそも、〈われわれ〉という語が発せられるより前に、道徳意識などありえるであろうか」――なるほどそこには、「われわれ」と「道徳意識」との絆を示す言葉がしるされてはいる。しかし、そのすぐあとでレヴィナスは、「われわれのあいだ」は外部なき閉じた社会、カップルの社会であり「内輪」の馴れ合いにすぎない、と述べることになる。そうしたカップルの閉じた社会が「第三者」の排除という「不正」の温床であるとするなら、「われわれ」という語は「道徳意識」に不可欠な条件を意味すると同時に、「道徳意識」とは正反対の事態をも意味していることになろう。「われわれ」は「第三者」への「正義」の条件であるとともに、かかる「正義」なき「ふたりの愛」の巣でもあることになろう。「われわれ」という語のこのような両義性は、「われわれ」は「全体性」の外にあると同時にその内にもあるという同論第五節末尾の叙述からも読み取ることができる。

それだけではない。『全体性と無限』での「われわれ」という語の使用も、これと同様の曖昧さをはらんでいた。一方でレヴィナスは、自我と他人に先だつ「中立的な間主観性」として「われわれ」を捉え、そのようなものとみなされたハイデガー的な「共同存在」を批判するとともに、「自我と全体性」とほとんど同じ表現をもちいて、「われわれ」が隠密裡に展開される私的関係にすぎないことを指摘している。

「われわれのあいだ」（内輪）で生起することはすべて万人と関わっている。私を見つめる顔は公的次元のまったき明るみに位置する。たとえ私が対話者との馴れ合いにもとづく私的かつ秘密裡の関係を築こうと努め、それによって公的次元から身を離すとしても、このことに変わりはない。（邦訳、三二三ページ）

その一方でレヴィナスは、「家族」をも包摂しうるような「社会的生」として「われわれ」を捉えてもいた。

社会的秩序とはいかなる対話も第三者と関わっているということであって、第三者とのこの関わりゆえに、〈われわれ〉すなわち党派は対面という対峙を包摂し、エロス性を社会的生へと開く。意味性と節度にほかならぬ社会的生が家族の構造そのものを包摂するのだ。（邦訳、四三二ページ）

ここでもまた、問題は「第三者」であるが、「自我と全体性」以降、今日にいたるまでのレヴィナスの思考はまさにこの「第三者」の観念を軸として展開されてきた、と言っても決して言い過ぎではない。この歩みは実は、本書に収められた「『全体性と無限』、ドイツ語訳への序文」でレヴィナス自身が語るよりもはるかに複雑なものなのだが、それを私なりに要約するなら、まず「第三者」の観念によって「愛」と「正義」を峻別しようとしたレヴィナスは、『全体性と無限』では、「対面」それ自体のうちに不在の「第三者」を組み込むことで「倫理」と「正義」を同義語として捉え、『全体性と無限』以降は、「対面」のみならず性愛の関係や「家族」をもはみ出すような「第三者」の観念を改めて提出することで、一方では「倫理」と「正義」ないし「政治」の異質性を、いま一方では「慈愛」と「倫理」の同質性を語ろうとしたのだった。「社会的生」として「われわれ」を捉えた先の引用文は、『全体性と無限』それ自体のなかで「倫理」と「正義」ないし「政治」との分離が今にも生じようとしている、そんな臨界点を示していると言えよう。「閉じた社会」としての「われわれのあいだ」は今や、「正義」の基礎たる「公共空間」と化し、この「出現の空間」（ハナ・アーレント）が現象学の、存在論の条件と化すのだ。ただし、本書の序言では「倫理的主体」が「われわれのあいだで」とみなされていた。「倫理」と「正義」との接合関係に生じた新たな褶曲をそこに見るべきなのかどうか、その点はいまだ判然としない。

『固有名』（邦訳、みすず書房）が作家論集であったのと同様に、本書に三つのインタヴューがふくまれているということも、「われわれのあいだで」というタイトルをレヴィナスに選ばせた理由のひとつなのかもしれないが、「われわれ」、「われわれのあいだ」という表現そのものがこのように「第三者」の観念と連動しているとするなら、本書のタイトルは一九五〇年代以降のレヴィナスの思想展開の核を象徴するものであり、その意味では、一九五一年の論考から一九八九年の論考までを収録した本書のコンセプトにまさにふさわしい表題であろう。それにしても、三十余年におよぶ歳月のなかで書きつがれたレヴィナスの論考がこうして単行本としてまとめられると、もう十年ほど前になるだろうか、手をつくしてレヴィナスの論考を収集していた時のことが思い出される。

「われわれのあいだで」、この表題はレヴィナスの三十余年にわたる思索のねじれを一口で言い表すものであっただけではない。流行りの表現をもちいるなら、それは間テクスト的な複数の連関を証示するものでもあった。

「われわれ」と「第三者」というと、すぐに思い起こされるのは、『存在と無』第三部第三章第三部でのサルトルの叙述ではないだろうか。レヴィナスとサルトルの関係については『暴力と聖性』(国文社)に収められたフランソワ・ポワリエとの対談を参照していただくとして、レヴィナスがサルトルの『存在と無』を通読したのは、復員後『実存から実存者へ』の最後の仕上げをし、「時間と他者」の準備を進めていたときだった。それ以前にもレヴィナスは、一九三九年に召集される直前に『嘔吐』を読んでいた。ガブリエル・マルセル宅でレヴィナスとサルトルがはじめて出会ったのもそのころだったのだろう。「『嘔吐』は逃走についての自分の論文のあとに出た」、そうレヴィナスは改めて指摘しているが、あるいはレヴィナスは、『ルシェルシュ・フィロゾフィック』誌第五号(一九三五―六)に掲載された「逃走について」での「吐き気」(nausée)の分析からサルトルがなんらかの示唆を得たと考えているのかもしれない。レヴィナスの『フッサール現象学における直観の理論』によって現象学へと導かれたサルトルがさらにレヴィナスの「逃走について」からも影響を受けていたというこの仮定は、『ルシェルシュ・フィロゾフィック』誌第六号(一九三六―七)にサルトルの「自我の超越」が掲載されたことひとつを考えても、決して謂われのない妄想ではあるまい。「サルトルの哲学のなかには、ある天使のような現在が存在しています。実存の重みは過去へと打ち捨てられており、現在における自由はすでにして質料ないし物質を超えたところに位置づけられているのです」、レヴィナスの「時間と他者」第二章の一節であるが、サルトルのいう自由やアンガジュマンの観念に対する批判は、『全体性と無限』や『存在するとは別の仕方で　あるいは存在することの彼方へ』にもちりばめられている。問題は自由とアンガジュマンだけではない。「時間と他者」第四章でのエロスや愛撫をめぐる考察においても、また、メルロ＝ポンティの依頼でレヴィナスが『レ・タン・モデルヌ』誌に発表したきわめて重要な論考「現実とその影」でも、サディズム、マゾヒズムについての『存在と無』の考察が、『想像的なもの』のイマージュ論が、サルトルの名を挙げることなく批判されている。ボーヴォワールのみならずサルトルもが「時間と他者」を読んでいたことは、サルトルの『道徳論へのノート』からも明らかであり、ある論者などは、『道徳論へのノート』を「時間と他者」での批判に対する応答の試みとみなしているほどであるが、「第三者」の観念が転轍装置さながらレヴィナスとサルトルを結びつけては切り離すものであったことは、これまでのところまったく指摘されていない。

「第三者の出現は、それがいかなるものであれ、恋人たちの愛の破壊である」——サルトルの『存在と無』の一節である。この言葉は、「第三の人間は私ときみの親密さをかき乱すことを本質としている」という「自我と全体性」の言葉と互いに呼応しているように思われるのだが、どうだろう。「第三の人間」というアリストテレスの言葉も、『存在と無』のサルトルが「証人」の意味でもちいたものであったし、私の超越と他者の超越双方をその眼差しによって「死せる可能性」たらしめる「第三者」はサルトルにとっては、まさに「客体としてのわれわれ」の構成（の不可能性）に関わる観念であった。「他性の極限概念」としての「第三者」が「神」に近づけられていく点も、レヴィナスのいう「彼性」との連関を考えるうえで重要になろう。カップルの愛を破壊するとともに「客体としてのわれわれ」を構成するような「第三者」を語るに先だって、サルトルは、「私が他者にとっての客体であり、この他者が第三者にとっての客体であり、この第三者が私にとっての客体である」ような一種の循環構造を語っている。だれもが「第三者」であり、だれも「第三者」ではないわけだが、実は、「主体としてのわれわれ」の不可能性ゆえに『存在と無』では「相剋」

とみなされた「共存在」から、相乗的な共同体の理論の可能性を『弁証法的理性批判』で導くに際しても、「第三者」のこのような循環構造が不可欠な役割を果たしたのだった。たとえこの可能性が、出現するや否や惰性化するような「溶融集団」のほとんど無の可能性にすぎないとしても。いずれにせよ、「第三者」と「われわれ」は、サルトルとレヴィナスとのいまだ明らかにされざる交渉をものがたる観念でり、この交渉は、「第三者」を軸として共同体論を展開するという、それ自体多くの問題をはらんだ試みのふたつの軌跡として、ジンメルやフロイトやラカンやジラールの理論へと、ドゥルーズ、ガタリの理論へと差し向けられていくことになる。ちなみに、サルトルともレヴィナスとも因縁浅からざるレヴィ＝ストロースにおいても、「われわれ」は「彼」(il) と密接に結びついた観念だった。

それにしても、「われわれ」、「われわれ」という言表はいかなる事態をさしているのか。たとえばジャンケレヴィッチは、そこに「複数の絶対者」というこのうえもないパラドクスを見ていた。「主体としてのわれわれ」、「われわれとしての主体」、それをサルトルは「相剋」として、「溶融集団」の夢として描くにとどまり、レヴィナスは、一方では「閉じた社会」として、他方では「私が他人たちと同様の他人である」ような「社会的生」ないし「市民たち」の共存として「われわれ」を捉えつつも、「類」と「類」には帰属しえない唯一性との二元論を維持していたがために、「同様の、コム」(comme) という様態がいかなるものであるのかという肝心の問題には今のところ踏み込んではいないように思われる。類‐種‐個のヒエラルキーを、普遍と特殊の、形式と内容の関係を換骨奪胎しようとする試みにもかかわらず、その枠組自体が温存されているのかもしれない。ジュネが差異と類似との悪循環を、「差異への権利」の陥穽を指摘していたことが思い起こされるが、差異と差別との微妙な関わりを棚上げにしたまま、差異が逆説的にも常套句（共通の場）と化してしまった観のある今日、「共通である」とはいかなる様態なのか、「似ている」とはいかなる事態なのか、そうした問題が改めて提起され始めているように思われる。そもそも「コム」、「コマン」（commun）という様態を考えることなく「コミュノテ」を考えることなどできはしないのだから、これは当然と言えば当然の成り行きなのだが。ここで私がとくに考えているのは、ジャン＝リュック・ナンシーの一連の仕事のことなのだが、『オートルマン』誌の同じ号に、くしくも本書所収の「他者、ユートピア、正義」と共に掲載されたナンシーの論考は、ほかでもない「コマン」という語を主題としたものだった。

「いわば『デリダ以降』とも言うべき世代に属する哲学者」（西谷修氏）としてのナンシーの位置が彼の仕事に強く作用していることはもちろんであろうが、ここで銘記しておかなければならないのは、ひとつには、デリダやドゥルーズなど差異を語る哲学者自身がつねに「類似」の問題を考えつづけていたということであり、いまひとつには、ナンシーにかんしてしばしば強調される「分割」（partage）の観念が当初から「類似」の観念と分かちがたく連動していたということである。たとえばバタイユ論『無為の共同体』は、バタイユが頻繁にもちいる「似た」（semblable）という語の重要性に眼をとめた数少ない論考のひとつであろう。

似た者は私自身がすでに「似ている」というかぎりで、つまり原形はなく、同一性の起源もなく、ただ特異性同志の分割が「起源」であるというかぎりで、私に「似ている」。（……）私たちが互いに似た者であるのは、私たちが「自分自身」にとってそうであるような外に、私たちのおのおのが曝されているからなのだ。（邦訳、九九―一〇〇ページ）

単なる憶測にすぎないが、「共通なもの」へのナンシーの関心はまた、ハナ・アーレントがカントの『判断力批判』から引き出した「共通感覚」（センスス・コンムニス）あるいは「共同体の感覚・意味」を脱構築しようとする意図を隠し持っているのかもしれない。ナンシーの数々の論考には、しばしばレヴィナスへの言及が見られる。『無為の共同体』にも、『神々の複数の場』にも、『有限な思考』にも、『共に出廷することと』にも。とくに、『共に出廷することと』では、「没利害」（存在からの超脱）の次元を「利害」（内存在性）とは別にたてるレヴィナスの発想そのものが問いただされている。「没利害」と「利害」は「倫理」と「正義」、「唯一性」と「類」と言い換えることもできる対関係であるから、ナンシーの仕事はまさしくこれらふたつの項の連繋を審問に付すものであると言えよう。そのナンシーが『哲学の忘却』（一九八六）において援用した語がほかでもない「われわれのあいだ」（entre nous）であり、おもしろいことに、ある箇所では「われわれのあいだ」と「対面」（face-à-face）が同格的に並び置かれているのである。付言しておくなら、「共に出廷すること」（コンパリュシオン）は、「神と存在‐神‐学」と題された一九七五―六年の講義でレヴィナスがもちいた措辞でもあった。

私は私の境界に、死線に曝されている。いや、この曝露が私であり、私の有限性であり、私の特異性である。他者もその死線に曝されている。とすれば、いずれも特異な者でありながらもすでに、私と他者はどうしようもなく似ていることになる。とはいえ、私と他者はひとつの死線に曝されているのでも、複数の異なる死線に曝されているのでもない。私と他者は「同じ」死線に曝されている。いうなれば私と他者は、ほとんど無の幅をもつ帯の両岸に、膜の両面に曝されているのであり、このほとんど無の幅が「われわれのあいだ」としての「われわれ」であり、特異性のコミュノテの「分割」なのであろうが、「あるかなきかの光」

とナンシーが呼んだこのような「あいだ」の「限りない広がり」を「ふたつのもののあいだ」(entre-deux) と名づけ、そうすることで差異の治世に異議を唱えようとした試みとしては、ダニエル・シボニーの著書『ふたつのもののあいだ　起源の分割』(一九九一) がある。近年、「ユダヤ性」をめぐるもっとも注目すべき論考をつぎつぎと発表しているシボニーはまた、ナンシーとレヴィナスとの出会いを準備した者でもあった。一九八〇年五月、レヴィナスは、困惑を隠しきれない様子で、「夢についてのタルムードの見解」と題された講演をおこなっている。この講演は、「汝、殺すなかれ」へのするどい問いかけをふくんだナンシーとラクー＝ラバルトの講演「ユダヤ人は夢を見ない」と共に、『精神分析はユダヤの物語か』という議事録に収められているのだが、この議事録の編者がほかならぬダニエル・シボニーなのである。『ふたつのもののあいだ』は、やはり「起源の分割」という視点からユダヤ教、イスラム教、キリスト教を分析した『三つの一神教』(一九九二) をいわばその続編としている。真理はユダヤ教とキリスト教とに分割されている、というローゼンツヴァイクの思想を驚嘆すべき思想とみなすレヴィナスにとっては、あるいはシボニーのこの最新作のなにげないタイトルそのものが驚きを喚起するものなのかもしれない。これは、レヴィナスが語るイスラエルと諸国民との関係のみならず、彼のいう「われわれのあいだ」の様態そのものにも関わってくる問題であろう。

レヴィナスはたとえばマルチン・ブーバーの語る「あいだ」(zwischen) を批判的に継承しつつ、非対称的な対面の観念を練り上げていったのだったが、「われわれのあいだで」あるいは「あいだ」という同じ表現のまさに分割をここに見る思いがする。分割はさらにつづく。渡辺一民氏がすでに指摘しているように、「われわれのあいだ」、それはまた、ツヴェタン・トドロフの一九九一年の著書『歴史のモラル』(邦訳、法政大学出版局）第二部のタイトルでもある。同書第一部のタイトル「他者たちに直面して」（Face aux autres）も、レヴィナスと無縁なものではありえないだろう。文学理論家として登場したこのブルガリア生まれの思想家は、一九八二年の『アメリカの征服』（邦訳名・他者の記号学、法政大学出版局）以降、外国人問題、民族、人種理論の系譜、ジェノサイドをめぐる重要な研究を精力的に発表しており、『歴史のモラル』も『アメリカの征服』、『われわれと他者たち』（一九八九）に連なる論考なのだが、本書と同年に出版され、同じ表題をふくんだこの書物のなかに、レヴィナスへの言及があるかというと、決してそうではない。『われわれと他者たち』の人名索引にもレヴィナスの名はなく、同書の序言の末尾にしるされた謝辞にも、ハナ・アーレント、レオ・シュトラウス、レイモン・アロンらの名はあるがレヴィナスの名はない。しかし、トドロフはレヴィナスの仕事を意識していなかったわけではない。というのは、『アメリカの征服』には「レヴィナスのようなオプティミスト」という言葉と共にレヴィナスの文章が引用されていたからである。オプティミスムこそ今私たちが考えるべきもっとも重要な問題のひとつであると私は思うが、それはともかく、本書に収められたインタヴューで、自分は歴史の終末を楽観視する哲学を有していないと明言したレヴィナスにオプティミストのレッテルが貼られているのである。それ以来、トドロフがレヴィナスへの言及をひかえている背景には、レヴィナスの他者論への疑念が潜んでいるのではないかと思われる。イスラエルは人間の人間性である。反ユダヤ主義は監禁の原型であって、他の社会的抑圧はそれを模倣しているにすぎない。反ユダヤ主義とは他の人間への嫌悪である。このように、識別符牒をまったく付されることなき端的な人間の人間性をイスラエルと呼び、原型と複製のごとき図式をそこにもちこむこと、イスラエルを世界史の外に位置づけ、イスラエルと西欧といった大きな分割に力点を置くこと、そのような操作は、「自民族中心主義、エトゥノサントリスムはふたつの相を有している。一方には普遍性たらんとする要請があり、いま一方には特殊な内容がある」とするトドロフにしてみれば、いかにレヴィナスのいうイスラエルの普遍性と特殊性がいわゆる民族ナショナリズムの主張とはほど遠いものであろうとも、危険極まりない操作とうつるのではあるまいか。こうした大分割に収まることもなければ、それを原型とする縮図でもないような他者の地形図をこそ、トドロフは「他者たちに直面して」、「われわれのあいだ」という言葉で考えているのではないだろうか。

それにしても、「われわれのあいだ」でなにがおこっているのだろうか。

本書にはすでに述べたように三十余年におよぶレヴィナスの筆記の跡が集約されている。収録された論考の形式も、その発表の目的も経緯や場所も、実に多岐にわたっている。とくに一九七〇年代以降の論考の成立の経緯を見ると、いくつかのタイプ原稿を手にヨーロッパ各地を、さらにはカナダを旅するレヴィナスの姿が眼に浮かんでくる。「自我と全体性」第六節、「《他者に向けて思考すること》についての対話」、「他者、ユートピア、正義」は、「貨幣」がレヴィナスの思索の一貫したテーマであることを告げている。この点について付言しておくなら、「自我と全体性」第六節にふされた脚註は、クローデルの「選ばれた民は金銭の民か」をさすものであり、クローデルのこの論考は、彼の『イスラエルへのひとつの提言』(一九五一)に対してジャニヌ・オシェという女性がつきつけた反論へのいわば公開の返信であった。『イスラエルへのひとつの提言』は実は、ユダヤ民族を金銭の民に比すその叙述ゆえに、フランス内外にすさまじい論争を引き起こした書物であり、レヴィナスのクローデル論「イスラエルへのひとつの提言」もそうした波紋のなかで書かれたものだった。ちなみにこのクローデル論には、『ユダヤからの救い』の著者レオン・ブロワの名がしるされてもいる。

レヴィ＝ブリュールが『全体性と無限』の生成過程でこれほど重要な役割をはたしていたことも、今回「レヴィ＝ブリュールと現代哲学」が単行本に収められたことではじめて明らかになったのではないかと思われるし、「神人？」は「身代わり」をはじめとするレヴィナスの観念とキリストという様態との連関をかなり明確に論じている。「自由な国家」や民主主義についての言及も多い。「『全体性と無限』、ドイツ語訳への序文」が格別に高い資料的価値をもつものであることは言うまでもあるまい。インタヴューでは、新たな固有名への言及が見られる。アドルノ、エミール・ファッケンハイム、ドゥセルやスカノーネら解放の神学者たち、アレクシス・ド・トックヴィル、イェシャヤフー・ライボヴィッツ、ジャン＝リュック・マリオン、ピエール・オバンク……　メルロ＝ポンティ、キルケゴールにかんする言及も少なくない。マルクス主義、フロイト主義について重要な発言がなされてもいる。アドルノへの言及についてひとことつけ加えておけば、この発言は、エリアンヌ・エスクバによるアドルノの『本来性の隠語』のフランス語訳（パイヨ社）が完成した時期のものであり、パイヨ社の「政治批判」叢書を担当するミゲル・アバンスールから、あるいはまた、このフランス語訳に跋文をよせたギイ・プチドマンジュからレヴィナスに情報が流れたものと考えられる。両名ともにレヴィナスと親しい思想家であるが、プチドマンジュの跋文「哲学によって哲学の彼方へ」は、おそらくフランスではじめてアドルノ、レヴィナス、ローゼンツヴァイクの連関にメスを入れた興味深い論考となっている。リオンの屠殺人ことクラウス・バルビーの裁判や、ヴィクトール・ファリアスの『ハイデガーとナチズム』の出版といった出来事が刻みつけられた論考もある。

一九八七年――この年にファリアスの『ハイデガーとナチズム』のフランス語訳が出版された――の三月

十二日から十四日にかけて、国際哲学カレッジ主催のシンポジウム「ハイデガー」がパリで開催された。『ハイデガー　数々の開かれた問い』という題で、その記録が翌年に出版されているが、それによると、シンポジウムでは、デリダ、レヴィナスに加えて、マルク・リシール、ジャック・ガレリ、ジァンニ・ヴァッチモ、ギイ・プチドマンジュ、フランソワ・ラリュエル、ジャック・ロラン、エリアンヌ・エスクバ、フィリップ・ラクー＝ラバルト、ミゲル・アバンスールらの講演がおこなわれた模様である。レヴィナスが公の場でハイデガーについて講演するのは、一九四〇年にジャン・ヴァールのセミナーで「時間的なもののなかの存在論」と題された発表をおこなって以来のことである。そのときからすでに半世紀の歳月がたっているのだ。議事録では、レヴィナスの講演の前置きとも言うべきアバンスールの発表「出会い、沈黙」をはさんで、デリダの「精神について」とレヴィナスの「『～の代わりに死ぬこと』」が並べられているが、『精神について』（邦訳、人文書院）の訳者、港道隆氏によると、レヴィナスの講演はシンポジウムの初日に、デリダの講演はその最終日におこなわれた。ちなみに、アバンスールの講演ではハイデガーに対するハナ・アーレントとレヴィナスの応対が比較されている。ご存じのように、このデリダの講演は一九八七年にガリレー社から単行本として出版されているが、ラクー＝ラバルトの講演「政治という虚構」も、一九八七年に出版された同名の単行本（邦訳、藤原書店）の第四章、五章、六章、七章、八章にほぼ相当する内容である。議事録に収録されてはいないが、ディディエ・フランク、マルレーヌ・ザラデルも「存在と生けるもの」、「ハイデガーとヘブライの伝統」という講演をおこなっており、その後これらの講演は単行本として公刊されることになる。ザラデルについてつけ足しておくと、ザラデルはシンポジウムの前年に博士論文『ハイデガーと起源の言葉』を出版しており、このハイデガー論にはレヴィナスの序文が付されている。シンポジウムでの講演を拡充して一九九〇年に公刊された『ハイデガーとヘブライの遺産　思考されざる債務』（邦訳、法政大学出版局）はいわば博士論文の続編になるわけだが、そこには、「今後彼女の分析はありとあらゆるレベルでのハイデガー理解に不可欠なものと化すであろう」と賛辞をおくったレヴィナスに対するつぎのような言葉がしるされていた。

レヴィナスがハイデガーのテクストに及ぼした奇妙な錬金術を、私は証明しようと努めた。思うに、この錬金術の本義は、一方では深淵を埋め、そうすることで他方では隔たりを浮き彫りにすることにある。レヴィナスが練り上げたような〈他者〉の思想、ユダヤ的伝統の記憶に培われたこの思想とハイデガーとの隔たりをよりいっそう際立たせるために、ハイデガーと伝統的存在論を隔てる深淵はせばめられ、ついには消滅してしまうのである。

ザラデルの試みの根底には、ハイデガーはヘブライの遺産をほとんど完全に無視している、というリクールの指摘があった。そのような空白を浮き彫りにする一方で、ザラデルは、アンドレ・ネヘルの語るユダヤの予言者とハイデガーにおける詩人の様態との類似を論証していくのだが、実は、なんとレヴィナス自身がそうした類似を指摘していたのだった。先に挙げた講義「神と存在‐神‐学」でレヴィナスは、ハイデガーのいう「沈黙の声」と『列王記上』一九・一一―一三の一節を比較しながら、「ハイデガーは知らず知らずのうちにギリシャ人たちを『ユダヤ化している』のかもしれない」と「小声で」語っているのである。

アドルノの『本来性の隠語』、デリダの『精神について』、ラクラー＝バルトの『政治という虚構』、そしてレヴィナスの「『〜の代わりに死ぬこと』」の邦訳がこうしてでそろったわけだが、灰と亡霊という「同じもの」を語りながらも、「同じもの」がとても「同じもの」とは見えないような複数の読解の近さと遠さを、ぜひ味わっていただきたいと思う。たとえば、デリダの「死を与えること」に記されたつぎの一節は、ザラデルのいう「奇妙な錬金術」をいわば裏面から描いたものであるように思われる。

死ぬこと、かりにそのようなものが「存在する」として、死ぬことが私のものであるかぎりにおいて、私は他者のために死に、自分の生を他者に与えることができる。そうした代替不能性に応じてしか、自己の贈与はありえないし、また、考えられもしない。ハイデガーはこうした言葉で語っているわけではない。しかし、このような仕方でハイデガーの思想を翻訳したとしても、ハイデガーを裏切ることにはならない、と私は思う。レヴィナスの思想と同様に、ハイデガーの思想はつねに、根本的なものであると共に創設するものとしての犠牲の可能性に決して注意を怠らざるものであったのだ。

デリダのこの指摘は、「存在」と「存在するとは別の仕方で」との類似を指摘した「哲学、正義、愛」での問いかけの延長線上に位置するものであるが、すでに指摘したようにレヴィナス自身、この類似の深い恐怖を味わいつづけていたのではないかと思われる。なぜ差異は差異として類似と化すのか。たとえば「隔時性と再現前化」にしるされたつぎのような言葉。「ハイデガーはここで――『存在の思考』の優位性について彼が伝授しようとした一切のことに反して――倫理の根源的意味性に突き当たっているのではなかろうか。」（強調、引用者）ここでレヴィナスが考えているのはハイデガーの論考「アナクシマンドロスの言葉」

であり、おそらくレヴィナスは存在論的差異が善悪の差異に先だたれていることを述べようとしているのだろうが、あの「精神」を、ドイツの「精神」を語ったハイデガーのシェリング論においても、「存在」は善悪の問題と不可分なものとして捉えられていたのだった。ただし、ハイデガーはそうした善悪の問題をいわゆる「倫理」や「道徳」とは切り離していたのだが。

一九八三年一月二十五日に逮捕されたクラウス・バルビーについても、レヴィナスとポワリエとの対談「犯罪と非人間性」をふくむ論集『クラウス・バルビー裁判の記録』が、ベルナール＝アンリ・レヴィを編者としてすでに出版されており、レヴィナス以外にはエリー・ヴィーゼル、レオン・ポリアコフ、クロード・ランツマン、サロモン・マルカ、ダニエル・シボニーといった面々が文章を寄せている。この裁判にかんしては、アラン・フィンケルクロートも『空しい記憶』と題された本を出版している。思えば、レヴィナスの『全体性と無限』はあのアイヒマン裁判の年に上梓されたものだった。「正義は判断、裁きの問題であるが、慈愛はそうではない」。アーレントの『エルサレムのアイヒマン』の一文であるが、アーレントがこの裁判をへて「判断力」の考察に向かったように、また、ナチス戦犯の時効論争を契機にジャンケレヴィッチが「赦し」の問題と改めて取り組んだように、レヴィナスのいう「倫理」、「正義」、「比較しえないもの同士の比較」のうちにも、数多の出来事が、その記憶と忘却が刻印されていると言えよう。

本書はこのようにさまざまな進入路を有している。アプローチの仕方によって、異なる配列と異なるトーンを呈する、そのような論文集である。一九三〇年の『フッサール現象学における直観の理論』（邦訳、法政大学出版局）以来の一貫した志向性解釈に貫かれてはいるのだが、ただ、「存在論は根源的か」、「自我と全体性」といった一九五〇年代の論考と、「非志向的意識」、「隔時性と再現前化」、「唯一性について」などの論考を読み比べるとき、後者の論考群におけるレヴィナスの言説の一種のステレオタイプ化がどうしても眼についてしまう。それは私だけのミスリーディングだろうか。それは円熟とも完成とも呼ぶべき事態なのだろうか。しかし、思想には円熟も完成もない。時間的な配列をくずして、ステレオタイプ化したレヴィナスの言説をまさに動揺させることも、本書そのものが要請している読解のひとつの課題であるかもしれない。

『全体性と無限』、ドイツ語訳への序文」はレヴィナスの思想の展開に生じた波瀾の一端を描きだしているが、すでに示唆したように、ふたつの主著の整合性を強調しようとするあまり、「倫理」と「正義」の分岐についても、「存在論的言語」の払拭についても過度の単純化がほどこされている。また、『全体性と無限』をお読みの方は、「本書はアンリ・ベルクソンの革新的な思想への忠誠を証示してもいる」という言葉にとまどいをおぼえられたのではないかと思う。というのは、『全体性と無限』でのレヴィナスは、ベルクソン的持続の革新的意義を一方で認めつつも、世代の、父と子の不連続性を介した複数の幕からなる時間を、ベルクソン的持続の連続性に抗して提出しているからだ。同書第四部には、「時間はベルクソンのいう連続的持続を成就するものではない」（邦訳、四三八ページ）という言葉がはっきりとしるされているではないか。父子関係としての不連続な時間の観念が『全体性と無限』の要となる主張であるとするなら、レヴィナスの言葉とは逆に、『全体性と無限』はベルクソンを批判することで成立したとさえ言えるだろう。

ストラスブールでの修学時代、ベルクソンがレヴィナスにとって決定的な存在だったことは、レヴィナス自身さまざまな場所でくりかえしているとおりである。プラディーヌやアルバックスといったレヴィナスの恩師たちも、ベルクソンの時間論と心理学、社会学との融合を図ろうとしていた。アルバックスの『記憶の社会的枠組』など、その典型的な成果であろう。ただ、若き研究者たちの野心と言うべきだろうか、レヴィナスのみならずサルトルにとってもメルロ゠ポンティにとっても、ベルクソンは、少しでも早く乗り越えるべき存在であった。そのための恰好の跳躍台がいわゆる現象学であり、現象学受容にともなうこの一種のコンプレックスが彼らの現象学解釈の形を背後から規定していくことにもなるのだが、当時、現象学に幻惑されることなく『ベルクソン』（一九三一）を著したジャンケレヴィッチでさえ、ジンメルやジャン゠マリ・ギュイヨーやシェリングを援用してかなり性急にベルクソンの思想の問題点を摘出している。『フッサール現象学における直観の理論』でのレヴィナスは、直観と知性というベルクソンの設定したジレンマから私たちを解き放つものとしてフッサールの直観を捉えつつも、ベルクソンにおいて見られるような直観と「具体的な生」、「自由という行為」との絆がフッサールには欠如している、と述べていた。知性をめぐるベルクソンの理論は「自我と全体性」でも問題になっているが、このようにフッサールとベルクソンの中間に身を置いたレヴィナスはその五年後、ベルクソンのいう「生の飛躍」を痛烈に批判することになる。

ある有名な記述によると、生の飛躍あるいは創造的生成はあらかじめその終着点を決して確定せずむしろそれを創造するもの、とされているが、注意してほしいのはこれと逃走への欲求は混同されてはならないということである。創造された存在は、それがある運命のなかに書き込まれた出来事である限り、その創造者にとって重荷になりはしないだろうか。そして逃走が逃れようとしているのはまさしく存在のなかにある重たいものからなのである。（……）飛躍の哲学は、古典的存在の硬直性とは縁を切ったものの、その勢力圏からは脱し切れなかった。というのは現実性の彼方に、創造的飛躍の哲学は、現実性を創造する活動しか認知しないからである。（邦訳、『超越・外傷・神曲』、国文社、五九ページ）

ベルクソンの哲学は「存在の彼方」に存在を措定することしかしない、と言い換えてもいいかもしれない。事実、「逃走について」の最後の部分では、無を抹消された存在とみなすベルクソンの考えも「存在の自足性」をくずしはしない、というコメントが付されている。周知のように、『創造的進化』での無の観念の批判は、レヴィナスのいう「ある」のひとつの源泉となるのだが。

ところが、フィリップ・ネモとの一九八一年の対談では、ベルクソンの時間がなんと「存在するとは別の仕方で」とみなされているのである。しかも、そこでのレヴィナスは、ベルクソンの時間を「通俗的時間」として批判したハイデガーの時間論それ自体がベルクソンなしには存在しなかったであろう、とまで述べている。本書に収められた「隔時性と再現前化」でもレヴィナスは、持続や生の飛躍が『道徳と宗教の二源泉』では隣人愛として捉え直されているとし、そこに「神へ」というみずからの観念との類似を看て取っている。たとえベルクソンに対する称賛の念がレヴィナスの生涯をつらぬく常数であったとしても、論考にしるされた言葉を見るかぎり、そこには実に大きな転回があったと言わざるをえないだろう。

この種の転回が生じた時期を画定するという不毛な作業をあえて試みておくなら、『全体性と無限』のみならず、一九七四年の『存在するとは別の仕方で　あるいは存在することの彼方へ』(邦訳、朝日出版社)にも、言語に不信の念を抱いていたベルクソンは逆に〈語られたこと〉の犠牲になった、無秩序をいまひとつの秩序とみなすベルクソンの考えを再検討してみなければならない、という言葉が脚註に見られるだけである。私の見るかぎり、微妙な変化が生じるのは、一九七五年から七六年にかけて講じられたソルボンヌでの最終講義「死と時間」においてである(「死と時間」、「神と存在‐神‐学」を併せて収録した『神・死・時間』の邦訳は法政大学出版局から刊行されている)。そこではまず、ベルクソンにおいては死はエントロピーの問題であったという見解が示されたあとで、「どんな否定性よりも否定的な死の否定性」をアリストテレスからベルクソンにいたる西欧の哲学者たちが見誤ってきたこと、この点が指摘され、さらに、ベルクソンは「主体の特異性」を無視していたというエルンスト・ブロッホによるベルクソン批判が紹介されている。しかしその一方で、レヴィナスはこう語ってもいた。ベルクソンの持続は新しいものを存在に付加するにはするが、このような「春の新鮮さ」は過去の重みをまるごと詰め込まれている、とかつては語っていたレヴィナスが、である。

ベルクソンにおいては、持続は未来への自由である。未来は開かれており、したがって、過去をくりかえし問いただすことが可能になる。各瞬間ごとに、新たな意味が過去に付与されるのである（『ティマイオス』との絶縁であろう）。『道徳と宗教の二源泉』では、持続は隣人愛に近づけられている。春を満載した時間、生の泉に満ちあふれた時間が社会性の時間、隣人に対する寛大さと化しているのである。

そもそも「死と時間」の考察は「持続」というベルクソンの措辞を採用することで始められているのだが、すでにこの引用文では「隔時性と再現前化」とほとんど同じ解釈が見られる。あえて断定的な言い方をするなら、ベルクソンに対するレヴィナスの姿勢は『存在するとは別の仕方で　あるいは存在することの彼方へ』の出版直後に変化したことになろう。この変化はどうやら『道徳と宗教の二源泉』の再読をきっかけとしているのではないか、そんな仮定をここでたてることもできるかもしれない。しかし、本書の読者はきっとこの仮定にすぐさま異議を唱えられることだろう。というのも、『道徳と宗教の二源泉』が変化を促したきっかけであるとするなら、すでに「自我と全体性」において「閉じた社会」という『二源泉』の用語が援用されていること、この点が問題にならざるをえないからである。だから変化の時期を画定しようとすること自体が無意味な企てなのかもしれないが、こうも考えられるのではないだろうか。

ベルクソンの名が挙げられた箇所ではベルクソンの理論を批判していたレヴィナスではあるが、その一方でレヴィナスは、ベルクソンの名を挙げることなく、さまざまな局面でベルクソンの措辞や発想を援用しつづけていた。「閉じた社会」もそのひとつだが、「自我と全体性」の冒頭での全体をめぐる考察も、明言されてこそいないが、『創造的進化』第一章での「全体」についての叙述をふまえたものであると考えられる。ジャンケレヴィッチが「有機的全体性」の観念をベルクソンから引き出したのとは対照的に、レヴィナスはみずからの「全体性」の観念とベルクソンとのつながりを明言したことはまったくないのだが。つぎに思いあたるのは、『全体性と無限』でのレヴィナスが心身関係を死への時間の関数として捉えていたことである。レヴィナスの創見ともいうべきこの考え方は、しかしながら、「主体と客体、両者の区別ならびに結合に関わる諸問題は、空間の関数としてよりもむしろ時間の関数としてたてられるべきである」という『物質と記憶』の大原則によってその前提を築かれていたのではないか。そもそも「隔時性」の観念それ自体、点的な現在の瞬間をめぐる『物質と記憶』の考察にその着想を負うているのではないか。事実、「隔時性」の観念を『全体性と無限』の直後に提起した際には一言もベルクソンにふれなかったレヴィナスは、一九七五年の「存在の思想と他者の問い」では、ベルクソンにおける持続を「時間の隔時性そのもの」と呼んでいるのである。さらに「自我と全体性」の末尾での貨幣論であるが、そこにも、ニーチェやクローデルに加えて、「相対的正義」の商業的起源をめぐってベルクソンが『二源泉』で展開した議論がなんらかの仕方で反映されており、「相対的正義」と「比較」、「交換」とのこの連関はのちにレヴィナスが「正義」を規定し直す際の素地となったのではないか。

抑圧されたものの回帰などと言うとおそらく笑われてしまうだろうが、ベルクソンを斥けるレヴィナスの挙措は、ベルクソンへのいや増す負債を隠蔽するものでもあったのではなかろうか。それにしてもなぜ、『存在するとは別の仕方で　あるいは存在することの彼方へ』以降なのか。なぜ、『道徳と宗教の二源泉』なのか。乱暴な言い方をするなら、『二源泉』は、ベルクソンがその晩年にしたためたキリスト教擁護の書であり、そこでは、イスラエルの宗教はキリスト教の「予徴」であり、前者と後者は「民族宗教」と「世界宗教」の関係にある。真に動的な宗教はキリスト教のみである。ニーチェにとって同様、ベルクソンにとってもレヴィナスにとっても問題はパウロの逆説をどう捉えるかであり、実を言うと、レヴィナスはパウロのいう「ケノーシス」を受け入れるとともに、パウロが引用したのと同じ『ホセア書』の聖句を援用してユダヤ教それ自体の普遍主義を語っているのだが、いずれにしても、レヴィナスがベルクソンのこのような考え方にはげしく異議を唱えつづけてきたことは周知のとおりである。ところが、私の考えでは、「閉じた社会」をいくら拡大しても「開かれた社会」に至ることはできず、ふたつの社会のあいだには突然の飛躍しかないという『二源泉』の考え方は、いわばその序列を逆にした形で、「存在するとは別の仕方で」としての「倫理」と「存在」の秩序としての「正義」の連関に応用されているのではないか。そうしたダブル・バインドがベルクソンに対するレヴィナスの応対の変化のひとつの動因であるというのは私の妄想にすぎないのだろうか。

ベルクソンのいう「閉じた社会」と「開かれた社会」との不連続性から、「経験性」と「超経験性」の区別を導き出し、「超経験性」を「絶対的に他なるもの」と呼んだ哲学者がいる。ジャンケレヴィッチである。レヴィナス自身認めているように、ジャンケレヴィッチにおける「経験性」と「超経験性」の区別が『全体性と無限』以降のレヴィナスに多大なインパクトを与えたとすれば、ベルクソンの『二源泉』はいうなれば二重にレヴィナスに作用していたことになろう。実を言うと私は、レヴィナスにおけるベルクソンの再評価はジャンケレヴィッチのいくつかの著書との接触をもひとつの契機としていたのではないかと考えている。なるほど「時間と他者」にも『全体性と無限』にもすでにジャンケレヴィッチの名は記されているのだが、レヴィナスが明確にジャンケレヴィッチからの影響を語ったのは、「超越と高さ」や「謎と現象」といった『全体性と無限』以降の論考においてであり、また、彼がジャンケレヴィッチの「驚嘆すべき書物」、『死』(一九六六)にしばしば言及するようになるのは『他なる人間のヒューマニズム』(一九七二)以降の論文においてである。実際にレヴィナスが言及している書物は『二者択一』(一九三八)、『質素と道徳の営み』(一九五六)、『第一哲学』(一九五四)、『死』だけであるが、ジャンケレヴィッチの死に際してレヴィナスが発表した追悼文は、それ以外のジャンケレヴィッチの著書にもレヴィナスが通じていたことを示唆しており、事実、一九七九年の「意味についての覚書」あたりから、レヴィナスは、ジャンケレヴィッチの『疚しさ』(一九三三、一九三九、一九五一、一九六六)を意識してであろうか、「疚しさ」というそれまでほとんど使用したことのない術語を多用し始める。本書に収められた一九八〇年以降の論文でも、お気づきのように「疚しさ」という語が随所で使用されている。あるいはレヴィナスは、一九五九年に『アンリ・ベルクソン』として再版されたジャンケレヴィッチのベルクソン論を読んだのかもしれない。というのも、この第二版で追加された『二源泉』論こそ、均衡と互酬性にもとづく「閉じた倫理」とは異質な「隣人愛」の「寛大さ」

を、「開かれた社会」への突然の飛躍のうちに認め、この「寛大さ」を「聖潔」と名づけた論考にほかならなかったからである。ベルクソン的持続の連続性は今や、ほとんど持続しないがゆえにつねに再開可能なほとんど無の瞬間における、飛躍の、無償の贈与の、愛のほとんど無の可能性と化したのである。

いまひとつの憶測を記すことをおゆるしいただきたい。本書の序言に、「倫理的主体」という語が括弧でくくられてしるされているのを眼にしたときから、もう数年のあいだこの思いが漠然とつづいているのだが、「倫理的主体」(sujet éthique)という語は、いかにもレヴィナスが使いそうな表現ではあるが、私の知るかぎり、この表現はレヴィナスの他の論考には見あたらない。しかも括弧でくくられている。あるいはそれは、『シテ』誌のインタヴュアーがもちいた「倫理の主体」(sujet de l'éthique)という表現の転記にすぎないのかもしれない。しかし、それはもしかすると、「倫理的主体としての自己自身(soi-même)の構成」を語ったミシェル・フーコーの『自己への配慮』からの引用であるかもしれない。またしても妄想にすぎないかもしれないが、そんな思いが頭をはなれないのである。『性の歴史』を手にとり、少し読んでは投げ出すレヴィナスの姿が浮かんでくるのである。そう考えてみると、「隔時性と再現前化」で多用されている「隷従」(assujetissement)という語もレヴィナスがこれまでまったく使用したことのない語であり、これは言うまでもなく『知への意志』をはじめとするフーコーの著書のキーワードである。その同じ語が対照的とも言える意味を付与されて使用されているのだ。レヴィナスがフーコーの名を挙げたのはただ一度、「謎と現象」の脚註においてのみであり、その後のレヴィナスは、「人間の終焉」、「系譜学」といった語を揶揄的にもちいるのみで、まったくフーコーには言及していない。『クリティック』誌のブランショ特集号には、レヴィナスとフーコーの論文が並んで置かれているし、ロジェ・ラポルトも両者を結びつける作家だったのだが、フーコーのほうもまったくレヴィナスには言及していない（この点についてはすでに清水徹氏と丹生谷貴志氏の指摘がある）。ドゥルーズが列挙した、ブランショへのフーコーの借りはそのままレヴィナスへのブランショの借りであり、ひいてはレヴィナスへのフーコーの借りでもありえるのだが、ブランショから先に話が進むことはない。フーコーのドゥルーズ論「劇場としての哲学」の一節を、レヴィナス論の冒頭に置いたジャック・ロランは、過剰な予防線をはらざるをえなかった。私の憶測が単なる思い過ごしにすぎないとしても、そうしたタブーを破るときがおそらく到来している。事実、「無用の苦しみ」は「医学的なもの」、「制裁」、「調教」をめぐるいまひとつの考察ではないか。少し症例を挙げておくなら、フーコーのいう「個体化する権力」と「全体化する権力」との連繫はレヴィナスにおける「倫理」と「正義」の連繫にぴったり重なり合っており、レヴィナスのいう「倫理」や「正義」それ自体の「権力性」を考えていくための手掛りをそこに見いだすことができる。「汝、殺すなかれ」が「他人が生きるために、すべてをせよ」と言い換えられるとき、「他人をひとりで死なせないこと」は逆説的にもかぎりなく「生かす権力」に近づいていく。『全体性と無限』の序文には明らかにニーチェの『道徳の系譜』を意識した問いかけが置かれていたが、フーコーとレヴィナスの関係を考えることは、ユダヤ‐キリスト教的な隣人愛、贈与の倫理とスピノザ、ニーチェの関係を考えることでもある。デカルトの『情念論』の最後の部分で語られた「高潔」の観念がさらにそこに介入してくる。しかし、「他者」と「自己」とは決して対立した観念ではない。現に「自己」(soi) は、フーコーとレヴィナスが共に援用する語であり、それはフーコーにとっては、ハイデガーのいう Selbst の訳語でもあった。ではレヴィナスにとってはどうなのか。フーコーのいう「自己」の様態を考えるためには、初期の論考にまでさかのぼって「同一者」と「他なるもの」との連繫を探らなければならないだろうし、一方レヴィナスについても、「逃走について」以降の論考での「自己」という語の使用を詳細に跡づける必要があるだろう。少なくとも私にとっては、本書はそうした展望を開いてくれる書物なのである。

＊

最後に本書の翻訳の作業について述べておけば、まず、谷口と合田がそれぞれ担当の論考の訳文を作成し、その訳文を交換してお互いに意見を述べ、いま一度各人が訳稿に手を入れるという順序で仕事を進めた。最終的には、合田が訳文の統一をはかったが、この種の作業にはどうしても限界がある。この不統一が読解のさまたげにならないことを願うばかりである。なお、「存在論は根源的か」、「自我と全体性」は、すでに『超越・外傷・神曲』のために訳出したものを、今回改めて訳し直した。「序言」から「哲学、正義、愛」までと「『全体性と無限』、ドイツ語訳への序文」、「他者、ユートピア、正義」が合田、「非志向的意識」から「われわれのうちなる無限の観念について」までが谷口の訳である。

『諸国民の時に』（法政大学出版局）の場合と同様、合田のフランス滞在のために、校正の作業が大幅に遅れてしまった。共訳者のみならず、法政大学出版局編集部の稲義人氏、藤田信行氏にもたいへん御迷惑をおかけしてしまった。その間、催促がましいことを一言もおっしゃらずにこの仕事の完成をお待ちいただいた両氏に深謝申し上げたい。

一九九三年七月十九日

訳者を代表して

合田正人

主要人名索引

作品中の人物名も収めた．人名等の原綴はフランス語表記にしたがっている．

ア行

アウグスチヌス　242
アキバ　Rabbi Aquiba　330
アドルノ　323
アバンスール　Miguel Abensour　(1939-)　フランスの政治哲学者．ランス大学教授で，主著に『新しいユートピアの精神』がある．289
アリストテレス　5，9，40，59，64，79，103，126，174，246，262，307
アルバックス　Maurice Halbwachs　(1877-1945)　フランスの社会学者．ベルクソンとデュルケームの教えを受け，第一次大戦後はストラスブール大学で教鞭をとった．主著に『記憶の社会的枠組』．318
アンリ　Michel Henry　(1922-)　フランスの哲学者，主著に『顕出の本質』がある．318
イザヤ　149
ヴァール，ジャン　39，89
エスコフィエ＝ランビオット　Escoffier-Lambiotte　142
エレミヤ　149-150
オイディプス　8
オットー，ルドルフ　65
オバンク　Pierre Aubenque　(1929-)　フランスの哲学者．アリストテレスの研究で著名．著書に『アリストテレスにおける存在の問題』がある．307

カ行

カイン　157
ガガーリン　168-169
カステッリ　Enrico Castelli　(1900-1977)　イタリアの哲学者．ローマ大学で哲学と宗教を講じた．108
カスパー　Bernhart Casper　(1931-)　フライブルク大学キリスト教宗教哲学科の教授．ブーバー，ローゼンツヴァイクの研究で著名．171
カルテロン　Henri Carteron　(1891-1929)　フランスの哲学者でアリストテレスの『自然学』の訳者．著書に『アリストテレスの体系における力の概念』がある．318
カント　15，19，59，62，110，126，129，144，224，249，257，292-293，332
キルケゴール　81-82，106-107，118
クルーソー，ロビンソン　28

クローデル，ポール　56
グロスマン　Vassilij Grossmann（1905-1964）　ソヴィエト・ロシアの作家．主著に『人生と運命』がある．329，332
コンディヤック　90
コント　14

サ行

サウル　285
サムエル　150
サルトル　106
サン＝テグジュペリ　53
シェーラー，マックス　61
ショーペンハウアー　151
スカノーネ　Juan-Carlos Scannone（1931-）　アルゼンチンのイエズス会司祭，神学者．著書にモーリス・ブロンデル論『存在と受肉』がある．解放の神学の理論家のひとりで，ラテン・アメリカの視点から多くの論文を発表している．171
スピノザ　3
ソクラテス　14，195

タ行

ダビデ　304
ディオティマ　105，161，193
ディドロ　89
デカルト　21，105，118，120，125，177，196，218-219，224，244，249，254，294-295，307-308，316-317
デザンティ　Jean-Toussaint Desanti（1914-）　フランスの哲学者．パリ第一大学名誉教授．数理哲学ならびに現象学にかんする著書がある．331
デュピュイ　Bernard Dupuy　フランスのプロテスタントの神父．137
ドゥセル　Enrique Dussel（1934-）　アルゼンチンのカトリック神学者，ラテン・アメリカ教会史研究会会長．著書に『ラテン・アメリカ解放の道』．171
ドゥロム　Jeanne Delhomme（1911-1985）　フランスの哲学者．ポワチエ大学，パリ第十大学でのレヴィナスの同僚．110
ドストエフスキー　143，148，152，154，234
トックヴィル　301-302
ドン・ファン　39

ナ行

ニーチェ　89，103，137，158
ネモ　Phillipe Nemo『ヨブと悪の過剰』の著者で，レヴィナスとの共著に『倫理と無限』がある．142

ハ行

バークリ　10
ハイデガー　6-7，9-14，65-66，76，103，126，158，165-168，171，183，187，203，209-210，224，235，242，246-247，273-289，318-321，323，326，333-334
パイファー　Gabrielle Pfeiffer　ストラスブール大学時代のレヴィナスの友人で，彼女を介してレヴィナスはフッサールの『論理学研究』を知った．320
ハイーム　Rabbi Haïm （1759-1821）　リトアニアはヴィルナの教学院長エリヤーフーの弟子で，ヴォロズィンに教学院を設立した。遺稿『生の魂』がある．303
パスカル　184-186，205-207，287，330
バルビー　Klaus Barbie （1913-1991）　302，331
ヒトラー　137
ファッケンハイム　Emil Fackenheim （1916-）　ドイツのハレに生まれ，のちにカナダに移住．トロント大学で哲学教授をつとめた．著書に『歴史における神の現存』，『ユダヤ思想と現代哲学の出会い』などがある．現在はイスラエルに在住．137，139
ファリアス　Victor Farias （1940-）　チリのサンチャゴ生まれ．現在，ベルリン大学で教鞭をとっている．著者に『ハイデガーとナチズム』．321
フィヒテ　272
ブーバー，マルチン　91，147，151，170-171，312
フッサール　6，21，54，60-61，93-97，99，102，111，113-116，118，120-125，170，175-181，196-200，218-219，223-224，227，252-253，274，312，316-317，320-321，333
プラディーヌ　Maurice Pradines （1874-1958）　フランスの哲学者，心理学者．主著に『心理学概論』がある．318
プラトン　5，11，36，50，79，88，104，106，126，160，190,193，214，225，301，317
ブランシュヴィック　Léon Brunschvicg （1869-1949）　250-251
ブランショ　89，143
ブレンターノ，フランツ　96，180-181，316
プロチノス　159，190-192
ブロンデル　Charles Blondel （1861-1949）　反フロイトの立場にたつフランスの心理学者．主著に『病める意識』．318
ヘーゲル　79，95，106，111-113，126，169，179-180，192，196，252，266，332
ベルクソン　60-61，69，75，89，120，126，198，200，246-247，275，312，318-319
ホームズ，シャーロック　8
ホッブズ　141，149

マ行

マリオン　Jean-Luc Marion（1946-）フランスの哲学者，パリ第十大学教授．デカルト研究を発表するかたわら，『偶像と隔たり』，『存在なき神』などの著書を公刊している．171
マルセル，ガブリエル　88-91，170-171，312
ミューラー　Max Mueller（1906-）ドイツの哲学者．フライブルク大学で博士号を取得，そのさいハイデガーが副査をつとめた．321
メルロ＝ポンティ　158，176，254-255
モーゼス　Stéphane Mosès（1931-）ベルリンに生まれ，フランスで学んだのち，1969年にイスラエルに移住．現在，フランスとイスラエルの大学で主にユダヤ思想とドイツ文学を講じている．ローゼンツヴァイクの研究で著名．近著に『歴史の天使』がある．170

ヤ行

ヨナタン　285
ヨブ　144

ラ行

ライオス　8
ライプニッツ　136
ライボヴィッツ　Yeshayahou Leibovitz（1903-）リガ生まれ，1933年にイスラエルに移住．エルサレム大学で生科学研究所所長をつとめるかたわら，哲学を講じた．フランス語に翻訳された著書に，*Judaïsme, peuple juif et Etat d'Israël* (Editions Lattès, 1985) がある．304
リクール，ポール　248，302
リバートソン　Joseph Libertson　311
レヴィ＝ブリュール　57-74
ローゼンツヴァイク，フランツ　169-170，246-247，312，333-334
ロダン　331

《叢書・ウニベルシタス　415》
われわれのあいだで
《他者に向けて思考すること》をめぐる試論

1993年12月20日　初版第1刷発行
2015年 5月20日　新装版第1刷発行

エマニュエル・レヴィナス
合田正人／谷口博史 訳
発行所　一般財団法人　法政大学出版局
〒102-0071 東京都千代田区富士見2-17-1
電話 03(5214)5540　振替 00160-6-95814
製版, 印刷: 三和印刷　製本: 積信堂

Printed in Japan

ISBN978-4-588-14013-6

著　者

エマニュエル・レヴィナス（Emmanuel Levinas）

1906年リトアニアに生まれる．1923年から30年までフランスのストラスブール大学で哲学を学ぶ．この間，1928年から29年にかけてドイツのフライブルクに滞在，フッサールおよびハイデガーの下で現象学を研究，1930年フランスに帰化，第二次大戦中はナチの捕虜収容所にフランス解放まで抑留される．戦後，ポワチエ大学，パリ・ナンテール大学，ソルボンヌ大学教授を歴任．タルムード研究に取り組む一方，ハイデガー哲学との対決を通して倫理にもとづく独自の哲学を展開．1983年カール・ヤスパース賞を受賞．現代フランス思想界を代表する哲学者の一人．1995年12月25日パリで死去．主な著書：『フッサール現象学の直観理論』（1930），『実存の発見——フッサールとハイデッガーと共に』（49），『全体性と無限』（61），『タルムード四講話』（68），『存在するとは別の仕方であるいは存在することの彼方へ』（74），『固有名』（75），『聖句の彼方』（82），『諸国民の時に』（88），『われわれのあいだで』（91），『神・死・時間』（93），『他性と超越』（95），『貨幣の哲学』（97）他．

訳　者

合田正人（ごうだ・まさと）

1957年生まれ．一橋大学社会学部卒業，東京都立大学大学院博士課程中退，同大学人文学部助教授を経て，明治大学文学部教授．主な著書：『レヴィナス』『レヴィナスを読む』（ちくま学芸文庫），『ジャンケレヴィッチ』（みすず書房），『吉本隆明と柄谷行人』『田辺元とハイデガー』（PHP新書），『心と身体に響く，アランの幸福論』（宝島社），『幸福の文法』『思想史の名脇役たち』（河出書房新社），『フラグメンテ』（法政大学出版局）ほか．主な訳書：レヴィナス『全体性と無限』（国文社），同『存在の彼方へ』（講談社学術文庫），セバー『限界の試練』（法政大学出版局）ほか多数．

谷口博史（たにぐち・ひろし）

1962年長崎県生まれ．一橋大学法学部卒業．東京都立大学大学院人文科学研究科博士課程中退．現在，中央大学法学部准教授．訳書にラクー＝ラバルト『虚構の音楽』『経験としての詩』（未來社），ブランショ『望みのときに』（未來社），同『私についてこなかった男』（書肆心水），レヴィナス『われわれのあいだで』『歴史の不測』，『ベルクソン講義録１・２』（法政大学出版局）ほか．

◎ エマニュエル・レヴィナスの著作　（表示価格は税別）

178　時間と他者
原田佳彦訳　1900円

357　フッサール現象学の直観理論
佐藤真理人・桑野耕三訳　5200円

398　諸国民の時に
合田正人訳　3500円

415　われわれのあいだで
合田正人・谷口博史訳　4000円

449　神・死・時間
合田正人訳　4000円

512　聖句の彼方　タルムード――読解と講演
合田正人訳　3800円

522　実存の発見　フッサールとハイデッガーと共に
佐藤真理人・小川昌宏訳　5500円

575　歴史の不測　付論・自由と命令／超越と高さ
合田正人・谷口博史訳　3500円

711　他性と超越
合田正人・松丸和弘訳　2500円

779　貨幣の哲学
合田正人・三浦直希訳　2500円

◎『レヴィナス著作集』(全３巻予定)　(表示価格は税別)

三浦直希・渡名喜庸哲・藤岡俊博 訳

1　捕囚手帳ほか未刊著作
R. カラン，C. シャリエ 監修　5200円

2　哲学コレージュ講演集
R. カラン，C. シャリエ 監修　未 刊

3　エロス，文学と哲学
J.-L. ナンシー，D. コーエン=レヴィナス 監修　未 刊